基础教育核心素养实践与探索

王金
张晓丽
尚思雨
——
主编

新华出版社

图书在版编目（CIP）数据

基础教育核心素养实践与探索／王金，张晓丽，尚
思雨主编．—北京：新华出版社，2021.10
ISBN 978 - 7 - 5166 - 6083 - 6

Ⅰ.①基… Ⅱ.①王… ②张… ③尚… Ⅲ.①基础教
育—教学研究—文集 Ⅳ.①G632.0 - 53

中国版本图书馆 CIP 数据核字（2021）第 209062 号

**基础教育核心素养实践与探索**

主　　编：王　金　张晓丽　尚思雨
责任编辑：赵怀志
封面设计：武　艺
出版发行：新华出版社
地　　址：北京石景山区京原路 8 号　　　邮　　编：100040
网　　址：http：//www.xinhuapub.com
经　　销：新华书店
购书热线：010 - 63077122　　　中国新闻书店购书热线：010 - 63072012
照　　排：北京人文在线文化艺术有限公司
印　　刷：廊坊市海涛印刷有限公司
成品尺寸：170mm×240mm　1/16
印　　张：17.25　　　　　　　字　　数：247 千字
版　　次：2022 年 8 月第一版　　印　　次：2022 年 8 月河北第一次印刷
书　　号：ISBN 978 - 7 - 5166 - 6083 - 6
定　　价：60.00 元

# 前　言

百年大计，教育为本。教育是党之大计、国之大计。教育是国家和民族，也是每个家庭的希望所在。党的十九大明确提出，建设教育强国是中华民族伟大复兴的基础工程，必须把教育事业放在优先位置，深化教育改革，加快教育现代化，办好人民满意的教育。中国特色社会主义进入新时代，人民群众对教育的需求更为多样，对更高质量、更加公平、更具个性的教育需求也更为迫切，教育的基础性、先导性、全局性地位和作用更加凸显。

《中国教育现代化 2035》系统提出构建开放融合的现代教育体系。坚持以人民为中心的发展思想，顺应人民期盼，让教育发展成果更多、更公平地惠及全民。面对昌平区百姓在家门口"上好学"的需求，昌平区教委积极引入优质教育资源，为昌平教育不断注入新的活力，努力构建服务昌平发展、满足群众需求、促进社会和谐的教育体系和学习服务体系，为提升区域教育现代化水平，创办公平、优质、创新、开放、人民满意的昌平教育，创建首都教育发展新兴区奠定基础。

百年附中，底蕴深厚，守正创新，砥砺前行。首师大附中作为一所文化底蕴深厚、育人特色鲜明的百年名校，在不同的历史时期始终走在教育改革发展的前沿。在北京市推进教育优质均衡的过程中，首师大附中教育集团积极承担社会责任，不断探索名校教育集团本质及运行规律，扩大优质教育资源的辐射范围。历经 10 余年的探索，取得了集团化办学的先进经验和研究成果，形成了具有成达教育特色的，"做优集团、做强校区"的紧密型教育集团典型发展模式。在这样的时代背景下，昌平区教委与首都师大附中教育集团凝心聚力，顺势而起，深度合作，将优质教育资源和先进的办学理念引入昌平区，使其落地生根。首师大附中昌平学校是在北京市发改委、昌平区委、昌平区政府、北七家镇政府的大力推动下建成的"高起点、高质量、高标准"完全中学，2014年学校正式建成并投入使用。

历经7年的探索，首师大附中昌平学校充分利用集团办学优势，在昌平区教委的全力支持下，秉承首师大附中本部"正志笃行，成德达才"的育人理念，以"唤醒并成就每一个孩子"为办学目标，在校园文化、管理模式、课程体系构建等方面做了一系列的探索，形成了"学校文化为引领，课程建设为核心，丰富活动为载体"的育人模式，聚焦核心素养培养，探索多元育人途径，为学生全面而有个性的发展提供全方位助力。

本书是由首师大附中昌平学校一线教师结合自身工作提供的案例材料，由学科组长、年级组长及各部门负责人反复研讨修改完成。他们是学校教育教学成果的实践者，也是学校快速发展的见证者。我们对参与本书编写工作的全体教师表示衷心的感谢，对奋斗在学校教育教学一线的教师团队致以崇高的敬意！走过了奋进开拓的7年，"为昌平教育服务，为昌平学生服务，为昌平百姓服务"的办学初心不变，面对新的机遇与挑战，我们将再接再厉，奋勇直前！

由于我们自身水平有限，书中难免存在问题和不足，恭请各位专家和同仁批评指正。

王　金

**2021 年 6 月 26 日**

# 目　录

第一章　传承文化协同创新，优质发展力促均衡 …………（ 1 ）

第二章　多元课程唤醒成达学子 ………………………………（ 21 ）

以研学旅行课程为载体，促学生素养提升 … 陈　静　尚思雨（ 23 ）

依托校本选修课程，助力学生全面而有个性地发展 … 陈　静（ 34 ）

博识育素养　学子展芳华

　　——浅谈博识课程培育学生核心素养的实践探索 … 王雪芬（ 38 ）

走进博物馆，寻历史奥秘

　　——博物馆课程资源开发在中学历史教学中的应用 … 鹿香艳（ 42 ）

第三章　基于核心素养的教学研究 ……………………………（ 47 ）

以"人物群像"为主题的《四世同堂》整本书阅读教学

　浅谈 ………………………………………………… 张莉璇（ 49 ）

培养审美感知能力，提升语文核心素养 ………………… 刘银英（ 56 ）

善用"共情"之力，解语文情感之美 …………………… 杨月丽（ 62 ）

让思维能力在中学生数学学习中生根发芽 ……………… 袁一鸣（ 67 ）

如何有效落实数学学科核心素养的思维习惯 …………… 黄　玲（ 73 ）

激励初中生保持线上学习动力的措施 …………………… 晳如君（ 81 ）

浅谈"图式理论"在初中英语阅读教学中的应用 ……… 王雪春（ 90 ）

将生活中的物理问题带进课堂 …………………………… 李　享（ 96 ）

应用现代化虚拟技术培养创新思维 ……………………… 仇诗硕（100）

用心启蒙你我 ……………………………………… 董祎一（107）

学好生物，助力新冠肺炎疫情防控 …………………… 高 英（116）

在实践中成长，在成长中创新 ………………………… 解淑娜（120）

新课改"综合素质评价"背景下劳动技术教育自主学习

　模式的探究 …………………………………… 刘汝平（126）

基于学生核心素养的信息技术课堂教学策略 ………… 闫 冬（134）

历史课堂教学有效提问策略探讨

　——以《北宋的政治》为例 ………………… 武德娇（139）

浅谈智慧学习环境下的地理教学 ……………………… 贺翔宇（144）

论初中地理实践课的意义 ……………………………… 张 爽（149）

浅谈高中思政课如何讲好中国故事 …………………… 尚思雨（155）

立足元宵节综合实践　思考教育教学活动 …………… 李丽艳（159）

聚焦核心素养　探索有效课堂教学 …………………… 高 歌（164）

## 第四章　育人育心，静待花开 …………………………（169）

不忘初心，砥砺前行

　——三年班主任心得 ………………………… 王昭然（171）

情系三尺讲台，甘洒青春热血 ………………………… 侯晓宇（179）

为心灵护航，与成长同行 ……………………………… 王孟楠（182）

用心工作，用爱育人 …………………………………… 张 玫（186）

春风化雨育德才　润物无声注正志 …………………… 董祎一（190）

教育就是唤醒 …………………………………………… 赵学明（194）

主题探究式活动开拓班级建设新思路 ………………… 王雪芬（200）

心之所向　素履前往

　——以"目标与计划管理"为例的基于核心素养的

　班会课的设计研究 ………………………… 李雪艳（204）

用快乐启迪学生真、善、美 …………………………… 周亚跃（208）

从2016级新生国防教育和入学训练谈"学生会干部

　队伍建设" ………………………………………… 顾洪来（213）

铭记历史承遗志　强我中华肩大任

　　——纪念"一二·九运动 80 周年"远足活动 ······ 顾洪来 (222)

综合实践活动培育学生法治素养的实践探索 ·········· 王雪芬 (230)

缅怀革命先烈　弘扬爱国精神

　　——走进抗日战争纪念馆实践活动 ··· 侯晓宇　武德娇　王雪芬 (234)

以校园法治文化节为契机的法治教育实践 ············· 李丽艳 (243)

**第五章　我与母校共成长** ································· (249)

我的三位"挚友" ······························· 郅鑫磊 (251)

化"朽"成才 ································· 张自洁 (253)

青春之梦 ······························· 李牧俊 (255)

成长在附中摇篮 ····························· 王禹萱 (257)

我与母校共成长 ····························· 金凯旋 (259)

我与首师大附中昌平学校共成长 ················· 金凯歌 (261)

在迷茫与憧憬中成长 ························· 朱雅庄 (263)

首师附的春夏秋冬 ························· 东　汇 (265)

# 第一章

# 传承文化协同创新，
# 优质发展力促均衡

为更好地落实立德树人的根本任务，不断提升学校办学品质，我校致力于探索更科学的育人路径，为师生提供优质的平台，引导师生获得最丰富的体验，实现共同成长。我校始终坚持"学校文化为引领，课程建设为核心，丰富活动为载体"的育人模式，以国家课程的高质量校本化优质实施为基础，精品特色校本课程的开发为补充，完善与学生内在发展需求相一致的课程体系。聚焦核心素养培养，探索多元育人途径，为学生全面而有个性的发展提供全方位助力。

首都师范大学附属中学昌平学校是首师大附中教育集团成员校之一，位于昌平区北七家镇。学校是在北京市发改委、昌平区委、昌平区政府、北七家镇政府的大力推动下建成的"高起点、高质量、高标准"完全中学，2014 年学校正式建成并投入使用。学校占地面积约 40000 平方米，建筑面积约 25043 平方米，教育教学设施设备齐全，学校设计办学规模为 36 个教学班（初中 18 个，高中 18 个），学校现有 6 个年级，25 个教学班，在校生 708 人，教职工 113 人。教师队伍不断壮大，任课教师中有北京市骨干教师 2 人，昌平区学科带头人 5 人，区骨干教师 16 人。具备硕士研究生学历的教师达 50 人。

建校 7 年来，学校秉承首师大附中教育集团"正志笃行，成德达才"的育人理念，基于本地区实际情况，使其可以落地生根，走"内涵发展，优化供给"之路。制定了符合学校特色的发展规划，以"唤醒并成就每一个孩子"为办学目标，坚持"学校文化为引领，课程建设为核心，丰富活动为载体"的育人模式，聚焦核心素养培养，探索多元育人途径，为学生全面而有个性的发展提供全方位助力。建校以来，学校教育教学质量稳步提升，呈现出"起点高、发展快"的良好态势。

## 一、文化铸魂，引领发展

在学校发展过程中，我们越来越强烈地认识到，学校文化不仅仅是发展的力量和方式，其本身就意味着发展。学校文化是一所学校的灵魂，它在学校的发展中不断被演绎、深化，并逐渐形成特色和标志。学校文化不仅反映了一所学校的精神面貌，而且决定了学校的内聚力和发展内涵。

分校文化与本校文化有着千丝万缕的关系，但又与本地文化息息相关，是一种双母体共生的产物。本校文化为分校文化提供了基因，基因决定了内在规定性，分校特有环境为基因成长提供了不同于本校的外部环境，使得文化具有新的特征。提升学校文化传承与创新能力，坚持将对"人"的培养作为教育的终极目标，构建丰富而有创造性的新型学校文化，使之成为建设"学生喜欢、家长认可、教师信赖、社会赞誉"的人民满意的优质学校的核心动力。

**（一）学校文化的基本构成**

学校以观念文化为重点培育核心价值观，以制度文化为保障赋予制度灵魂；以行为文化为落脚点，以彰显学校行为主体的良好形象；以学校物质文化为基础营造良好的育人环境。唤起每一个孩子内心的希望与热情，激发每一个孩子的潜力，助力学生成为最完美的自己。

1. 观念文化

（1）办学宗旨：立足于优秀文明之根；面向世界、面向现代化、面向未来。

（2）办学目标：唤醒并成就每一个孩子。

（3）育人理念：正志笃行，成德达才。

（4）培养目标：具备一种意识、一种品格、两种精神和三种能力的德才兼备创新人才。

（5）教风：关爱、唤醒、严谨、生动。

（6）学风：尊师、乐学、责任、善行。

（7）作风：博爱、乐业、规范、高效。

（8）校训：自觉、勤奋、求实、创新。

2. 行为文化

（1）教学活动：以热爱教育、为人师表、教书育人、严谨务实、勇于开拓、不断创新为努力方向，全面关心每一位学生的学习，让孩子们学起来。

（2）校园文化活动：丰富多彩的校园文化活动，让孩子们动起来、活起来。

（3）人际交往活动：主动交往、注重礼仪，让孩子们美起来。

3. 制度文化

梳理并规范学校传统仪式，建立档案，形成制度；全面开展学校章程建设，健全学校各项规章制度，依法依规治校；加强德育干部管理，完善班主任队伍建设，推进家校合作进程。构建积极、包容、多元、凝聚的学校管理文化，旨在增强团队凝聚力，确定对于教育事业的基本共识，在共识的基础上通过规矩与规范框定事物，使学校能够形成多方合力、按照教育的发展规律前行。

4. 物质文化

（1）书香校园：着力打造动态、生态、常态的全方位阅读环境。创设一种好读书、读好书的浓厚氛围，以在"润物无声"中、耳濡目染中陶冶学生情操，培养阅读兴趣，养成思考习惯，形成自主探究意识。

（2）梦想乐园：用科技给孩子插上自由的翅膀。

（3）绿色家园：生态、环保、宜人。

**（二）学校文化发展展望**

（1）借助未来可能实现小初高一体化新学制，构建更为完整的教育圈，进一步凝练学校的文化，实现发展与突破。

（2）建立"互联网＋教育"的发展思路，以北京市首批"双百"示范基地等为契机，积极引进新技术，助推教育教学改进，逐步提升办学品质。

（3）通过完善与首师附教育集团智力互通的平台与渠道，借助资源与平台，实现文化的提升与突破。

## 二、理念转变，专业提升

学校坚持走内涵发展之路，把充分发挥教师的主导作用、促进教师的专业发展作为重要目标，立足课堂、课程和课题，通过教研、培训、交流、研讨等多种形式，努力培养师德高尚、业务精湛的教师队伍。面对高考综合改革形势，立足校情、学情，积极探索切合我校实际、适合学生发展需要的育人模式。开设生涯规划系列课程，推行全员导师制，助力学生精准定位。从研修优化、多元课程、自主探究 3 个方面着力，紧抓课堂这一提升学生核心素养的主阵地，关注学生的实际获得，努力打造高效课堂。

### （一）学校教师队伍构成及分析

我校隶属首都师范大学附属中学教育集团。2014 年在昌平区北七家中学的基础上重新整合教师资源成立我校，是一所城乡接合部乡村学校。我校情况复杂，学校教师队伍由原昌平区北七家中学教职员工、新聘教师及外区县调入教师 3 个部分组成。

第一，原北七家中学教师有一定的教育教学经验，但整体学历层次、专业素养偏低，多数为大专学历，部分存在"所学非所教"的专业不对口现象；教龄长，但缺乏系统的专业教学技能培训，教学理念和教学方法相对保守陈旧，教学能力难以胜任新课程的需要。

第二，新建校之后，学校招聘大量应届本科、硕士毕业生 50 人，多数为师范专业，新入职教师学历高，专业积淀好，但没有实践经验。在校期间接受过系统的本学科和教育理论知识培训，充满理想，精力充沛。但教龄短、年纪轻，还面临教师自我成长这一重要议题。

第三，从外区县、区内其他学校调入的学科教师。这些教师有一定的教学经验，年龄层次跨度大，已经处于教师职业的适应期或发展期，但有些是跨学段、跨年级或跨区调入，面对新的学生群体和工作环境，依然需要学校为他们提供支持和继续教育的平台。

### （二）学校实践探索及成效

为调动全体教师参与教学实践能力提升的积极性，在全校范围内形成教育合力，在区域内发挥名校引领的作用，更好地服务区域生源和家庭，实现名校办分校的良好社会效应，最终实现人才培养目标，学校进行了一系列的实践探索。

#### 1. 完善教师队伍管理与评价

综合德、能、勤、绩、廉等方面进行动态管理，规范教育教学行为。强化绩效考核，逐步形成导向明确、标准科学、体系完善的绩效考核评价机制，将绩效考核结果作为岗位聘用、职务晋升、续聘解聘、收入分配和奖励惩戒的重要参考依据。

2. 集团引领下的教学实践

（1）学校课程体系建设。在首师大附中教育集团的引领和指导下，我校移植了本部的优质课程，并结合学校实际进行了一系列的探索。我校成达课程本着既体现对教育集团的呼应，又体现对学生群体的分析，以及对课程助推学校未来发展的思考的原则，经过一系列的实践探索，打造了"博识课"等特色课程。"博识课"以"社会"为课堂，通过参观访问、专家讲座、交流探讨、实践操作、论文撰写等环节，将自然科学与人文科学融为一体，兼有学科融合、研究性学习、社会大课堂性质的综合校本课程。"博识课"将教学的重心由教材移向学生，以"博闻广见、卓有通识；内外兼修、知行合一"为基本理念。课程内容建设目标一直定位于紧密贴合学生需要，解决现有学校课程体系中存在的问题，促进学生学有专长、全面发展。

（2）学校课程建设的3个阶段。学校课程建设经历了3个阶段：一是起始阶段（2010—2014）。原北七家中学教育教学工作的开展以忠实落实国家学科课程要求为核心，以研究课堂教学、研究考试、研究考纲为主，校本课程以偶发形式存在。学校各类活动的开展呈现零散状态，以参加昌平区组织开展的主题竞赛活动为主，学校特色活动的建设并未提上日程。二是课程构建与探索阶段（2014—2017）。以学校文化与课程顶层双线设计推进为基本特征，既满足当前需要，又呼应未来挑战与未来需求。构建了"双母体共生"的新型学校文化和整合地域资源、优秀智力资源，与本部融通又彰显特色的"成达"课程体系。本校文化为我校文化提供了基因，我校特有的环境为基因成长提供了不同于本校的外部环境。三是课程实施创新阶段（2017年至今）。以双力课堂建设为核心的课程实施创新阶段。以问题为导向，以思维为脉络，以实践为特征，打造首师附中昌平学校良好的教学生态圈。

（3）成达课程采取分层实施的原则。唤醒课程主要是认真分析和了解每一个学生的学习准备，以志向、责任、担当为纽带，焕发兴趣、热情和发展渴望。成长课程作为课程体系的主干，进行广度及深度层面上的拓展、延伸，采取课内与课外、分散与集中相结合的方式实施，以此带动"成达"课程的实施。成就课程立足学生个性发展需要，关注优质引入资源与校本资源的融合，通过学生真实而丰富的实践与体验，满足孩子不同的个性完整发展需求。

唤醒课程层下设生涯指导课程、学科衔接课程、学科概要课程、三园课程及情感力课程5类。生涯指导课程在于引发孩子思考、规划人生；学科衔接课程帮助孩子度过学段的学科断层；学科概要课程帮助孩子建立学科完整观念；三园课程让学生在实景潜移默化中承志、立志；情感力课程激发学生的热情、提升情感力。指向唤醒的课程不是简单的衔接，而是在努力创设让每一个孩子"进入课程的机遇"。

以双力课堂为主阵地的创新实施为成长课程的实施策略，成长课程曾包括人文与社会、数科与技术这两大驱动领域，以及体育与健康这一根基性领域，语言与文学、艺术与审美这两个发展性领域。此外，还包括像优秀传统文化、专题教育、书法等课程。成长课程的改造不是单纯地降低难度，而是旨在提供"值得追求的挑战"。生涯指导课是唤醒课程层中的重要板块，从自我认知、环境探索、学习管理、职业了解等入手，通过角色体验和问题解决，实现学生知识与活动的统一。

成就课程从人与自然、人与社会、人与自我、人与他人、人与工具这5个方面对课程类别进行了划分。其本意是在唤醒与成长课程之上，关注与呵护学生的个性，提供丰富可选的品质课程，促进学生的不断成就自我。关注成就的课程不是单纯迎合学生的习性，而是在"发现、呵护与发展学生的个性"。

（4）学校课程目标与内容。整合地域资源和优秀智力资源，初步形成并进一步完善与本部融通又彰显特色的"成达"课程体系，扎实推进课程一体化建设与实施。培养有课程领导力、指导力、实施力的首师大附中昌平学校干部；培养有课程构建、实施能力的，具有"关爱、唤醒、严谨、生动"素养的教师；培养敢于担当、勇于探索、乐于合作、善于创新的首师大附中昌平学校学子，实现课程的整体育人功能（表1-1~表1-2）。

表1-1　课程分目标（初中）

| 培养目标 | 7~9年级 |
|---|---|
| 一种意识<br>责任担当 | 能够认识到作为公民的基本权利和义务，能够认识到祖国建设的使命，培养形成爱家、爱校的情感和为家庭、班级、学校努力学习和无私奉献的意识。初步具有爱国、爱党的深厚情感和为中国特色社会主义伟大事业努力奋斗的理想 |
| 两种精神<br>勇于探索<br>长于合作 | 培养和发展学生的文化类学科、艺术类学科、体育类学科，以及其他方面的兴趣爱好；注重培养学生的阅读习惯与能力；初步形成敢于探索能力、合作学习能力和审美能力。乐意与人交往，懂得与人交往的技能技巧和态度。养成良好的思维习惯和行为习惯，能自觉参加公益活动，有主动合作意识，对学习充满期待 |
| 三种能力<br>乐于自主<br>勤于动手<br>善于创新 | 形成良好的阅读习惯与表达能力，有初步的创新精神和实践能力，有正确的学习方法和探究能力，主动学习。热爱生命，形成健康的生活习惯和生活方式，有积极的生活态度。具有初步的学业、专业、职业和事业倾向 |

表1-2　课程分目标（高中）

| 培养目标 | 10~12年级 |
|---|---|
| 一种意识<br>责任担当 | 初步形成正确的世界观、人生观和价值观。热爱祖国，拥护中国共产党。弘扬中华优秀传统文化，继承革命文化，发展社会主义先进文化，培育和践行社会主义核心价值观，增强文化自信，树立为中国特色社会主义、人民幸福、民族振兴和社会进步做贡献的远大志向 |
| 两种精神<br>勇于探索<br>长于合作 | 具有强烈的好奇心、积极的学习态度和浓厚的学习兴趣。掌握适应时代发展需要的基础知识和基本技能，丰富人文积淀，发展理性思维，不断提升人文素养和科学素养。敢于批判质疑，探索解决问题，勤于动手，善于反思，具有一定的创新精神和实践能力 |
| 三种能力<br>乐于自主<br>勤于动手<br>善于创新 | 养成积极健康的行为习惯与生活方式，珍爱生命，强健体魄。自尊自信自爱，坚韧乐观，奋发向上，具有积极的心理品质。具有发现、鉴赏和创造美的能力，具有健康的审美情趣。学会独立生活，热爱劳动，具备社会适应能力。正确认识自我，具有一定的生涯规划能力 |

3. 教师队伍育人实践力提升探索

作为首师大附中教育集团成员校，在集团"学校发展指导团"和"学科发展指导团"的大力支持下，干部教师积极参加本部及成员校的培训活动，深刻领悟集团的育人理念，将本部优质的实践课程移植到昌平学校，并使之"落地生根"。作为首师大附中教育集团成员校，我们拥有得天独厚的优势，集团名师和专家指导团多次来校指导交流。30多位优秀教师到校就课程建设、分层走班、年级管理、班级管理、教研组工作、中高考专题、实验教学等方面进行专业指导，助力教师专业素养和育人能力的提升。我校教师随时走进集团本部和大兴北校区等其他成员校参加学习培训，不断优化理念，致力于教育教学质量全面提升。

学校每学期有针对性地组织校本教研培训活动，面向全体教师进行教育理念和教学实践的培训，如"教师职业生涯规划""教师教学实践能力提升"等，能有效促进教师教育教学观念的转变，增强教师提高自身素质、提升教育教学能力的内驱力。开展"打造有效课堂""教学目标的制定""一节好课的标准""全科阅读活动开展""教师教学基本能力标准解读"等一系列培训研讨活动。有效地促进教师教育教学理念与时俱进，并在实践中不断提升自身专业素养。

（1）为充分发挥典型经验的辐射功能，在校内形成良好的科研氛围，引导全体教职工争做研究型教育工作者，更好地服务于学生的全面发展，学校筹备并创办了SCF论坛。论坛主题包含两层含义：一是S代表首师附，C代表昌平学校，F代表论坛；二是SC代表Student-centered（以学生为中心），F代表论坛。论坛活动以学生发展为核心，将整合全校各部门的力量，将研究上升到自觉的层面，将自发的育人行为上升为自觉行为，形成合力，为学生的成长、学校的发展贡献智慧和力量。以"名师工作坊""SCF论坛"为载体，为教师提供实践和成长的平台。深入落实DOK教学法①，渗透全科阅读，全面提升学生核心素养。近两年来，共开展名师工作坊课程50余节，以及"骨干示范引领，携手共同发展""好书共读，智慧共享"等论坛活动9期，共30多名教师进行"撷经典之清泉，润教育之芳园——共读《论语》心得""以科研为基石，实现专业成长""教、学、评一体化的教学设计与实施"等主题智慧分享。

（2）依托市区级课题研究，引领科研兴校步伐。学校申请了北京市学生综合素质评价基地校，深入开展学生综合素质评价实践改革研究；昌

---

① 美国教育评价专家韦伯提出的"知识深度"（Depth of Knowledge），简称DOK理论。

平区"十二五"教育科学规划课题《以学校章程为纽带，激发学校内部活力》顺利结题；北京市教育学会"十三五"教科研滚动课题《城乡接合部乡村中学教师教学实践能力提升研究》已顺利开题，进入研究实施阶段；中央电化教育馆全国"十三五"教育发展规划重点研究课题的子课题《基于智慧学习环境下全科阅读策略研究》顺利开题。

在科研理论培训的指引和教研组科研氛围的熏陶下，学校教师结合各级课题研究，开展了一系列自主研修探索，越来越多的教师能够积极行动起来，把自己的实践感悟转化为科研成果。建校以来，教师论文在市、区级以上研究成果评比中多次获奖，研究内容越来越广。这些研究成果来自教师的工作实际，并有效地指导教师的教育教学活动，为学生们提供更优质的教育服务。为充分发挥培训功能和优势，促进教师专业化发展，结合校情和教师成长中的实际问题，学校每学期制订校本研究计划，先后在师德养成教育、学科专业教学和教师技能培养方面开展一系列培训。每学期初，校长对全体教职工进行教育理论和理念的培训。学校还针对教师当前教育教学中的实际问题开展有效研究，引导教师不断总结经验，提高教育科研能力。开展《基于智慧学习环境下全科阅读策略研究》《城乡一体化学校教师教学实践能力提升研究》《城乡接合部乡村中学教师教学实践能力提升研究》等课题研究活动。2015 年，作为北京市学生综合素质评价基地校，学校深入开展研究。2016 年，昌平区"十二五"教育科学规划课题顺利结题。2017 年，北京市教育学会"十三五"教科研滚动课题已顺利开题，进入研究实施阶段。2018 年，中央电化教育馆全国"十三五"教育发展规划重点研究课题的子课题顺利开题并获专家组肯定。各教研组积极开展校级课题研究，努力实现从职业型向事业型、经验型向科研型、高学历向高能力的转化。学校教师结合各级课题研究活动，开展了一系列自主研修探索。建校以来，教师论文在国家、市、区级以上研究成果评比中多次获奖，市级论文获奖数量递增，国家级论文初见成果。

（3）建校以来，青年教师比例逐年上升。为促进青年教师尽快成长，在集团本部和昌平区教师进修学校的大力支持和帮助下，我校聘请了思想作风过硬、业务水平精湛的教师与青年教师师徒结对，充分利用教研活动、集体备课等多种途径，深入指导青年教师快速成长。我校青年教师教育教学水平显著提升，在市区级比赛中屡获佳绩。涌现出一大批理念新、教育教学实施力强的优秀青年教师。

（4）在学校教学部门的统一指导下，各学科组把实践—研究—学习，学习—研究—实践作为学科组建设的基本路径，不断进行立足于本学科核心素养培养的教学研究，打造高效课堂，设计并开展了传统文化知识竞赛、求实杯辩论赛、英文歌曲大赛、学科实验竞赛、天文竞赛等学科特色活动。

（5）学校积极搭建平台，鼓励并指导教师开展教育教学研究。根据教师实际情况，针对当前教育教学中的实际问题，围绕全科阅读、如何激发学生学习兴趣、如何做好案例研究、教师教学实践力提升等内容开展有效研究，引导教师从教学实践中不断总结经验，提高教育科研能力。各教研组结合学科特色和教学中的实际问题，积极开展校级课题研究，努力实现教师从职业型向事业型、经验型向科研型、高学历向高能力的转化。

基于学校发展需求，我校积极申请了区"虚拟学校"项目并获批。在项目实施之初，高中部教学主任与其他3位教师申请成为实验教师，在探究过程中不断积累经验，逐步辐射带动其他学科和教师成长，现有7个学科，共计十几名教师加入实验教师行列，为进一步提升全体教师信息化教学水平奠定了基础。目前有《借助虚拟平台，提升思维品质——基于虚拟学校的高中英语课外阅读课例分析》《大牧场放牧业》等6篇文章发表在清华大学的《中国多媒体与网络教学学报》上。申请了中央电化教育馆"十三五"教育发展规划重点研究课题《基于大数据优化"学与教"方式的研究与实践》子课题并获立项，课题为《基于智慧学习环境下全科阅读策略研究》，课题组成员为虚拟学校项目全体实验教师，以课例为支撑，研究全科阅读策略，利用现代化信息科技手段助力课堂教学高效优质实施。

学校申请了北京市首批"双百"示范基地《基于人工智能和大数据的精准教学应用示范基地》并获批。重点解决3个方面的问题：一是教师方面。实现精准化教学，依托信息技术创造适合精准施教的环境和丰富可选择的题库资源，通过数据采集和分析，为老师提供翔实的分析及跨时间、跨区域的精准学情分析和学业评价；二是学生方面。实现个性化学习，利用大数据进行分析，从海量数据中挖掘反映学生真实学情的相关数据，进行精准分析预测，合理规划学习路径，专属定制为每个学生推荐有针对性、个性化的学习资源；三是管理方面。实现管理科学化，通过为学校建设考试与测练管理与服务信息化支撑平台，提升教育管理精准化和教育决策科学化水平。

项目目标及任务包括3个方面的内容：一是个性化学情诊断。基于学生考试、测验数据，在精准分析学情、定位知识点的基础上，为学生提供个性化学情诊断分析，包括原卷批阅、知识点掌握程度分析、考试错题归纳整理等，帮助学生及时查漏补缺；二是学科资源加工。结合教材版本、教学进度，对学校考试试卷及变式练习题从知识点、题型、难度、解题方法等多个维度进行资源精准标注，并通过审核、校对等环节严格把控。同时，精准加工后的试题资源及变式练习资源均同步至校本资源库；三是助力生涯规划。采集学生的过程性发展数据，整合学科潜在能力及专业兴趣，助其选择未来的专业学习方向和职业发展路径。通过平台获取系统支持，助力教师生涯规划，提升教师队伍教育教学实践力。

预期成果与应用绩效包括2个方面：一是以教师个人发展为立足点，建设促进教师间交流分享的全方位校园成长平台，激发教师的科研意识和创新意识；二是不断优化教学工具，探索教学模式。全面提高学校教师、学生运用信息技术进行工作和学习的能力，引导全体教师致力于打造具有核心竞争力的现代化教学模式，实现育人质量的突破。

实践的过程涉及4个方面的内容：

（1）教师职业规划——教师职业发展路径的评估。以学校发展现状分析为立足点，借助智慧平台，精准分析，致力于以教师专业素养和教学实践能力为核心竞争力。在全体教师范围内开展充分调研，收集青年教师、学科教师、班主任教师现状及提升建议，通过对不同对象和不同维度的调研分析，识别我校教师教学实践能力提升的需求和潜在路径，为制订和实施教师教学实践能力提升计划提供决策依据。

按照学校提升计划，依次开展课题研究开题、教师职业生涯规划主题讲座、教学基本能力标准解读主题讲座、校际交流，结合慧课活动的听评导课等研训活动，从人生，到职业，到课堂，再到教师个人，以立体化的视角帮助老师认识自我、激励自我和改变自我。

（2）教学实践过程——立足数据，精准教学。有针对性地为教师匹配研训方式和研训资源，如共性需求的满足适合采取线下主题讲座、线上专题文章等方式，部分年轻教师和骨干教师的个性需求适合采取线下主题讲座、线上专题文章等方式，部分年轻教师和骨干教师的个性需求适合采取线下听评导课、线上网络评课等方式。基于教师实践能力提升图谱和活动成长记录，可以看到每一位教师个人的需求变化和成长轨迹，在不同学科、不同教龄、不同职称等层面，也可以了解到教师之间的比较差异。教师根据学生的数据基础，进行课堂实践，以促进师生共同成长。

（3）师生成长情况。混合研训模式，为教师成长提供了四大空间，即知识构建空间、资源共享空间、跨界研讨空间、成果展示空间，不仅有结果性成果，更有过程性成果。基于教师自我评估和课堂实践，教师的自我认知更加清晰了，对教学问题的关注更加聚焦和具体了，也逐渐找到了自我努力的动力和方向。教师教学实践能力的提升直接作用于学生的全面发展上，师生在各级各类竞赛活动中均取得了优异的成绩，得到了长足的发展。

（4）取得的成果。一是建立了教师能力提升图谱，学校形成混合研训模式。基于跟踪式、互动式的教师教学实践能力提升需求调研分析，建立了教师教学实践能力提升图谱，提升了教师的自我评估能力、计划制订能力和总结反思能力。学校依据大数据平台，将线上和线下有效结合，以数据为依据，为教师制订教学实践提升计划，并做到动态匹配和逐步优化教师研训活动设计和管理，提高了教师研训实践工作的科学性、针对性和实效性。

二是国家级课题开题立项，学校成为第一批课题实验校。申请中国教育发展战略学会课题《信息化融合创新背景下学校变革与机制研究》的子课题《城乡教育一体化背景下教师教学实践能力提升研究》成功立项

开题，学校成为中国教育发展战略学会学校变革总课题第一批课题实验校，并已经完成了课题中期验收工作。

三是教师参与国家级赛课活动和展示活动，取得优异成绩。学校数名教师参与"首届全国中小学教师慧课展示活动"，展示学校和教师自身的专业风采。数名教师在中国教育发展战略学会学校变革课题组专题培训中执教展示课，表现突出。

四是积累线上、线下教师研训资源，形成教师教学实践能力提升校本课程。学校将线下活动和线上活动相结合，积累了丰富的教师研训校本资源，共计188篇、56802万字项目文本资源，涵盖计划、作业、调研报告、专题文章等，形成了277次网络研讨，积累了30节优秀课例，共同构成了学校教师教学实践能力提升校本课程。

### 三、聚焦素养，优化供给

为满足学生全面发展、个性发展的需求，立足区情、校情，在实践中研究，在研究指导下实践，结合《中国学生发展核心素养》的要求，在开足、开齐国家规定的必修课程基础上，学校还开设了博识课程、选修课程和研学课程。努力构建既能促进学生全面发展，又能满足学生个性发展需求的课程体系。在课程管理上，采取分层分类走班制与固定班级制相结合的方式，既实现了因材施教，又满足了学生的情感归属需求。

（1）"博识课"是附中本部的一项精品课程，也是教育部的重点课题，以"博闻广见、卓有通识；内外兼修、知行合一"为基本理念，是一门"走出去"与"请进来"的综合课程，具有开放性、亲历性、实践性和社会性等特点。5年来，我校借鉴集团的先进经验，结合我校的实际情况，先后共组织不同主题的"博识课"活动，老师根据学生的特点和各种课程资源的特点，利用丰富的社会资源，实现"博识课"与学科课程的整合。以社会为课堂，拓宽人文、科技视野，丰富文化积累，学会学习，学会合作，增强社会责任感。对学生综合素养的提升起到了极大的促进作用，赢得了学生的喜爱。学生根据自己的特长，在学习中学会分工合作、分享交流，并能将这样的学习方式渗透到日常学习之中。

（2）为充分满足学生的兴趣爱好，开展了内容丰富、学科涉猎广泛的校级选修课程。博物馆、无人机、机器人、微电影、综合实践探究等丰富的校本课程，为学生搭建了全面发展、学有所长的平台，展现风采的舞台，学生核心素养不断提升。5 年来共涉及 100 余门课程，其中艺术与健康类 16 门、语言与文学类 25 门、生活与实践类 12 门、科学与技术类 31 门、人文与社会类 16 门。选修课的建设从课程设置、制度管理、师资配备到硬件建设等方面均取得了很大的进步和提高。充分利用多媒体教学网络，逐步建立和完善了选修课的报名办法；根据学生的出勤与考核情况，建立了选修课的考核评价办法。丰富多彩的选修课程充分激发了学生的学习兴趣，深受学生欢迎。

（3）为贯彻《国家中长期教育改革和发展规划纲要》《基础教育课程改革纲要》《北京市实施教育部的课程计划（修订）的通知》精神，认真落实立德树人的育人目标，以培养学生的综合实践能力和创新能力为核心，以学生发展为本，实现全面提升学生综合素质的目的。自 2016 年起，学校开设了"走出去"的综合性研学课程。先后开展以"红色文化——西安延安游学"为主题的文化之路；以"重走古老商路，探寻丝路文明"为主题的综合研究型学习活动；"六朝古都、金陵胜地"的文化研学之旅；千年瓷都寻旧迹，婺源采风研学行；"探究大自然奥秘，感受塞罕坝精神"研学之旅。学生在教师的指导下，拓宽了思路，开阔了视野。从自然、社会和生活中选择和确定专题进行研究，在研究过程中主动地获取知识、应用知识、解决问题，逐渐形成了基本的学术研究素养和能力。

（4）创建多学科、多层次、全覆盖的社团发展模式。社团活动坚持以学生自主选择、自我完善与教师指导相结合的原则，以提升学生综合素养为目标，关注学生个性发展，激发创新精神。

（5）推行全员导师制，开设生涯规划指导课程，辅助解决学生发展过程中存在的个性化教育缺失，学习与实践脱节，生涯教育的内容集中、形式单一等问题。对学生进行以自我认知、学业规划和职业规划为重点的发展教育，引导学生处理好兴趣特长、潜能倾向与社会需要的关系，提高学生生涯规划能力和自主发展能力。关注学生非智力发展，引导学生开朗自信、乐于合作、善于表达，培养学生积极的人生态度和探索精神，发展实践能力，全面而有个性地发展。同时，促进教师的教育能力提升及科研意识、科研水平的提高，实现教学相长。

### 四、完善人格，开发人力

在"无活动不教育，无教育不活动"的工作原则指导下，积极为学生搭建各种综合实践展示平台，开阔视野，提高综合素养，厚植家国情怀。艺术、体育、科技类活动丰富多彩，学术延展、动手实践类比赛定期举办。

倡导全员育人，营造德育氛围。以课堂教学作为德育工作的主阵地，通过举办德育主题培训、青蓝工程及教育工作会座谈交流等活动，不断提高全体教师的师德水平、理论水平和管理水平。通过家长教师协会建立起家校沟通的纽带，致力于构建目标一致、内容衔接、功能互补、配合密切的家校联动机制，为学生全面健康的发展、家长教育水平的提高、学校教育环境的优化创造良好教育生态环境。

（1）年级组以学校整体工作计划为指导，依托综合素质评价平台，教师团队不断创新活动形式，为学生搭建自主成长的平台，并进行多元评价。以团支部、学生会活动为主阵地，尊重学生主体地位，发挥学生团员、学生干部榜样示范作用，学生在教师的引导下积极有序地开展自主管理、自主教育活动，激励、引导学生发掘自身潜力，确立自我发展目标，完善自主发展，实现自我价值。推出"示范自习室""诚信考场"等，并做好班级成长记录。

（2）为进一步完善学校课程体系，促进学生全面发展，举办了"聚焦素养优供给，课程建设育花开"首届课程文化节活动，共展示了各具特色的国家课程、地方课程、校本课程25节。展示内容设计精心、目标明确，展示过程中，教师激情飞扬，学生认真专注，积极体验、积极互动。课程文化节的举办为构建特色课程体系提供了一次有力的探索。

（3）信息助力，提升实效。智慧校园启用以来，我校信息化建设一直在有条不紊地进行中，校园网建设完全按照校校通、班班通、人人通的建设要求进行，实现千兆接入互联网，千兆到桌面，无线网络全覆盖，并经过合理的优化与改进，完全能够满足学校的教师与学生的教育教学活动需要。

①学校根据相关的信息化建设指示，结合学校具体情况，统一协调，充分利用各方资源，在学校校务、教务、教学、教研、管理、新中高考改革等方面，充分利用人工智能、大数据等信息化技术手段，覆盖学校备、教、考、评、管等各个教育教学场景，满足了全校师生的教学和学习需求。学校信息化建设初显成效，在校园管理、教学考试、教师评价等方面，均取得了良好的成果。以智慧校园为依托的大数据下的诊断系统起到了良好的作用。到目前为止，我校通过该诊断系统考试 100 多次、检查作业 430 多次、阅卷 21 万份，实现海量学习数据的采集和积累，基于这些数据的应用分析，大大提高了教师的教学效率。通过对学生学习过程的大数据分析，实现对学生学习的精准定位，实现对每个学生的个性化教学。

②利用智慧校园平台的学生生涯规划模块，采集学生的过程性成绩数据，整合学科潜在能力及专业兴趣偏好，辅助学生简单快速地掌握个人学科优劣势，助其选择未来的专业学习方向和职业发展路径。进而指导学校和教师厘清新高考背景下的未来高中发展指导思路，不管是涉及学生学科抉择的优化，还是涉及生涯教师队伍的培养等，都可以通过平台获得系统的支持，通过统计数据获得参考依据，从而抓住新高考模式下学校实现跨越式发展的先机。

昌平学校自建校以来，有 45 位老师被评为昌平区教学质量监控与评价学科优秀教师，学校连续 4 年被评为昌平区教育教学综合质量评价优秀学校。高中学段整体呈快速发展态势，在高考中取得喜人成绩。首师大附中昌平学校先进的育人理念深入人心，优异的办学成绩得到社会各界的广泛认可和好评，学校也收获了诸多荣誉，集体获奖达到 100 项，包括昌平区初中教学质量监控与评价优秀学校、昌平区教育系统关心下一代先进集体、北京市中小学生综合素质评价基地校、基础教育信息化应用示范学校、区教育系统五四红旗团委、"书香燕京——北京市中小学阅读指导"活动组织先进单位、丘瑞斯北京市中小学学生"英语达人争霸赛"优秀组织奖等。

　　首师大附中昌平学校自落户昌平区以来，一直积极利用集团优势为昌平区教育贡献力量，致力于集团先进的教育教学管理理念在昌平学校落地生根。始终为教育均衡发展、造福莘莘学子、服务一方百姓而不懈努力，赢得了良好的社会声誉。

# 第二章

# 多元课程唤醒成达学子

课程是学生成长时空的整合，是学校办学理念的载体。学校课程是培养学生发展核心素养的主要阵地，课程体系建设是贯彻落实《国家中长期教育改革和发展规划纲要》要求的必然途径。

　　秉承首师大附中教育集团"正志笃行，成德达才"的育人理念，首师大附中昌平学校以"唤醒并成就每一个孩子"为办学目标，聚焦核心素养培养，探索课程育人途径，旨在把学生培养成为德、智、体、美、劳全面发展的中国特色社会主义合格建设者和可靠接班人。学校确立了"学校文化为引领，课程建设为核心，丰富活动为载体"的育人模式。坚持"问题导向建学校发展长效机制，规范管理促办学水平全面提升"的工作原则，追求规范基础上的创新，优质前提下的高效，努力优化教育供给。学校拥有一支爱岗敬业、素质优良、勤于钻研、团结协作的师资队伍，硬件建设不断优化，满足课程建设发展的需求，致力于服务每一个学生个性发展，让每一位教师获得智慧成长。

# 以研学旅行课程为载体，促学生素养提升

陈　静　尚思雨

**摘　要：** 近年来，研学旅行课程逐步成为学生核心素养培养的主要途径之一，也是我校成达课程体系的重要组成部分。研学旅行课程的开发分为课程设计、课程实施、课程评价三大部分，有助于学生成才、教师成长和学校发展。在塞罕坝研学旅行课程中，学生通过小组合作探究，深刻感知塞罕坝精神，提升热爱祖国、保护环境的使命感和责任感，也在团队中懂得了感恩、尊重与责任。教师进一步丰富了课程设计理论，提升了专业素养，并为我校"走出去"系列课程提供了经验，进一步丰富我校的课程内容。

**关键词：** 研学旅行课程；核心素养；塞罕坝

## 一、我校研学课程开发背景

### （一）政策背景

2016 年 9 月，教育部发布了《中国学生发展核心素养》，指出研学旅行是落实核心素养培养的综合课堂，在社会课堂中更有利于增加学生实践与情感体验，培养学生社会责任感、动手实践能力、团队合作精神，实现立德树人。2016 年 11 月，教育部、国家发展改革委等 11 个部门联合印发了《关于推进中小学生研学旅行的意见》，提出要将研学旅行纳入中小学教育教学计划。2017 年，教育部在《中小学德育工作指南》中提出，把研学旅行纳入学校教育教学计划。

同时，近年的高考试题中也对研学旅行有所关注，从中可以看到研学旅行已成为一项重要的教育教学工作。

### （二）学校办学理念与目标

我校秉承"正志笃行，成德达才"的育人理念，"立足于优秀文明之根；面向世界、面向现代化、面向未来"的办学宗旨，结合学校的实际

特点，探索适合学校发展的路径。努力把学生培养成为具备一种意识（责任担当意识）、一种品格（自信坚毅品格）、两种精神（勇于探索精神和团队合作精神）和三种能力（自主学习能力、动手实践能力、创新思维能力）的德才兼备创新人才，唤醒并成就每一个孩子。

**（三）学校课程结构**（图 2－1）

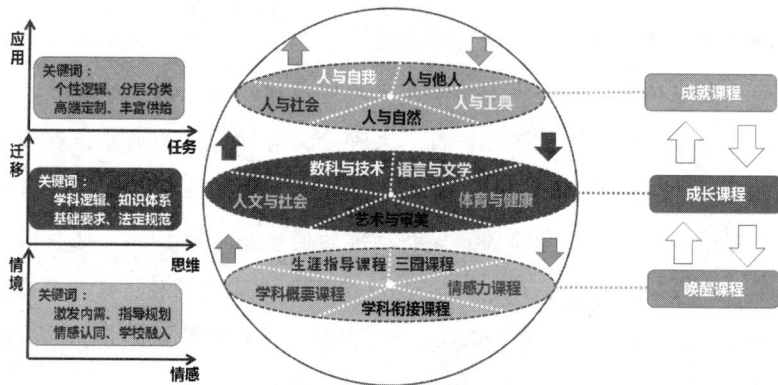

图 2－1　成达课程结构图

基于我校学生的特征和实际需要，为了激发学生投入学习的兴趣，唤醒学生思考未来的渴望，设置学科衔接、生涯指导等唤醒课程。学校课程的核心是国家学科课程与地方课程，这是促进学生成长的主体部分，也是国家和地区要求的直接体现，承载着国家意志。此外，为了满足学生个性凸显的需要，我校设置了成就课程，为学生提供丰富的研修课程、研究课题及项目，为学生扬长搭建舞台。研学旅行课程是学生成就自我的主要途径之一。

## 二、塞罕坝研学课程概要

### （一）塞罕坝基本情况

塞罕坝位于河北省北部，曾经是茫茫荒原。半个多世纪以来，三代塞罕坝林场人以坚韧不拔的斗志和永不言败的担当，坚持植树造林，建设出百万亩人工林海。如今，塞罕坝每年为京津地区输送净水约 1.37 亿立方米、释放氧气约 55 万吨，成为守卫京津的重要生态屏障。

2017 年 8 月，习近平总书记对河北塞罕坝林场建设者感人事迹做出重要指示：55 年来，河北塞罕坝林场的建设者听从党的召唤，在"黄沙遮天日，飞鸟无栖树"的荒漠沙地上艰苦奋斗、甘于奉献，创造了荒原变林海的人间奇迹，用实际行动诠释了绿水青山就是金山银山的理念，铸就了牢记使命、艰苦创业、绿色发展的塞罕坝精神。他们的事迹感人至深，是推进生态文明建设的一个生动范例。全党全社会要坚持绿色发展理念，弘扬塞罕坝精神，持之以恒地推进生态文明建设，一代接着一代干，驰而不息，久久为功，努力形成人与自然和谐发展新格局，把我们伟大的祖国建设得更加美丽，为子孙后代留下天更蓝、山更绿、水更清的优美环境。

2017 年 12 月，河北塞罕坝林场建设者被联合国环境规划署授予"地球卫士奖"。这是联合国表彰来自世界各地杰出环保人士和组织的最高奖项。

### （二）开发意义

生于 21 世纪的学生，对于新中国成立初期，北京曾面临沙尘暴肆虐、沙漠逼近的状况并不了解。正是由于 50 多年来，一代代塞罕坝人以改善生态、造福京津为己任，在极其恶劣的自然环境下创造出了世界面积最大的人工林，创造了生态文明建设的奇迹，才能有生态、绿色的北京。新时代的青年学生，也是未来中国特色社会主义事业的建设者和接班人，学习和了解塞罕坝精神，有利于用生态文明思想引领"美丽中国"建设。塞罕坝研学课程的开发，有利于落实"立德树人"的根本目标。

## 三、塞罕坝研学课程目标

### （一）知识目标

通过观看视频、参观学习、访谈等途径，了解老一代创业者和新一代务林人的事迹，学习他们用青春、汗水、热血乃至生命塑造的塞罕坝精神——"艰苦创业、无私奉献、科学求实、开拓创新、爱岗敬业"。

通过多个探究自然的课题学习，了解我国在水土保护、环境保护、生物多样性、天文学等领域的卓越成果，认识到生物多样性和环境保护对人类生存的重要性，关注人类与环境和谐发展。

### （二）能力目标

通过研学课程，在集体生活与学习中，提升自我管理的能力，特别是在文明素养、遵规守矩、生活能力等方面有明显改进和提升。

通过参与课题研究的学习活动，转变学习方式，主动探索，逐步形成善于质疑、乐于探究、勤于动手、努力求知的积极态度，培养创新精神、提升实践能力与参与意识。

在教师的引导和鼓励下，学生自主地发现和提出问题，设计解决问题的方案，收集和分析资料、调查研究，得出结论并进行成果交流活动，学习和掌握一些科学的研究方法；同时学会利用多种有效手段。通过多种途径获取信息，学会整理与归纳信息，学会判断和识别信息的价值，并恰当利用信息，以培养收集、分析和利用信息的能力；研究性学习的开展，创设有利于人际沟通与合作的教育环境，学生学会交流和分享研究的信息、创意及成果，发展乐于合作的团队意识。

### （三）情感目标

在小组学习的过程中，学生认真、踏实地探究，实事求是地获得结论，养成严谨、求实的科学态度和不断追求的进取精神；在团队中，主动承担、乐于分享、互相尊重彼此的想法，提升协作精神。

在课题研究中，学习历史文化与自然科学知识，进一步坚定文化自信，提升民族自豪感，提升热爱祖国、保护环境的使命感和责任感。

## 四、塞罕坝研学课程内容与课程实施

### （一）课程内容（表2-1）

表2-1　课程内容

| 阶段 | 内容安排 | 课时 | 组织 |
| --- | --- | --- | --- |
| 研学前 | 行前教育：安全教育、文明公约、行程介绍与小组构建 | 1课时 | 年级组长和班主任通过年级会、班会组织行前教育，为研学顺利开展做好准备 |
| | 塞罕坝综合探究：观看纪录片《大漠绿色梦——塞罕坝奇迹》，学生了解塞罕坝历史沿革、地理环境、自然资源等，初步了解塞罕坝精神 | 2课时 | 教师播放纪录片，学生自主学习，初步了解塞罕坝，做好研学知识和情感的铺垫 |

| 阶段 | 内容安排 | 课时 | 组织 |
|---|---|---|---|
| 研学中 | 塞罕坝精神探究：参观塞罕坝展览馆，通过三代务林人的事迹，了解塞罕坝的发展历程；邀请第二代务林人给同学讲述林场建设的艰苦过程，随后学生进行采访调查，深刻感受"牢记使命、艰苦创业、绿色发展"的塞罕坝精神 | 2课时 | 【学生】<br>生活上：学生组成生活小组，每个小组有2名安全员维持安全秩序，2名宣传员为此次研学做新闻宣传与推送，2名学习员介绍每日行程及研学目标，2名生活员协助老师查看房间、随时关注同学们的物品保存。<br>学习上：根据研究课题，学生自主形成12个课题研究小组。学生对自己选择的探究课题，提前预习、了解必备知识、做好课题探究的准备工作；通过小组内分工合作，在研究性学习中，完成文字资料的收集、图片资料的拍摄、数据记录、资源的整理分类等，完成课题研究任务<br>【教师】<br>根据学生小组，进行分工，成为某组导师，在生活上及学习上引导学生向好，并充分发挥学科优势，辅导学生进行课题探究 |
| | 放歌塞罕坝：朗诵《塞罕坝赋》，师生唱响《我和我的祖国》，重温入团誓词、重温入党誓词，坚定文化自信，提升民族自豪感，培养热爱祖国、保护环境的使命感和责任感 | 2课时 | |
| | 林业探究：走进森林开展学科实践活动，在专业老师的带领下分小组体验野外辨别方向的方法、认识森林中的树种；研究塞罕坝人工林和天然林林下植被多样性差异、塞罕坝阴坡和阳坡森林生物量和物种组成差异以及不同坡位土壤酸碱度、盐度对植被覆盖率的影响。<br>植物叶片课题探究：采集不同形状的植物叶子、制作植物标本（创意树叶画制作） | 4课时 | |
| | 天文探究：经过室内天文讲座后，了解深空天体特征及其拍摄方法，在老师带领下进行晚上室外星空观测和白天观日活动，使理论与实践相结合 | 2课时 | |
| | 生物学科探究：参观七星湖假鼠草湿地，学习湿地生态系统；探究七星湖湿地生态系统的功能与作用，有效保护七星湖湿地的自然资源。<br>草原沙化探究：乘坐越野车深入草原沙化严重地带，探究草原沙漠化的原因；探究草原生物的多样性和塞罕坝生态发展建设 | 4课时 | |
| | 蒙古族人文课程，如服饰体验、蒙语学习、敖包祭祀，重点对蒙古服饰进行探究 | 2课时 | |

续表

| 阶段 | 内容安排 | 课时 | 组织 |
|------|---------|------|------|
| 研学后 | 《我与塞罕坝》主题演讲活动 | 1课时 | 学生以小组为单位，整合学习资料，进行汇报会演；教师组成评审团进行评价 |
| | 完成研学报告手册 | 1课时 | |
| | 探究课题数据分析，形成学术论文，并以汇报的形式进行展示 | 1课时 | |

**（二）课程实施**

从时间顺序上来划分，本次研学课程分为3个阶段：准备阶段、执行阶段、总结反馈阶段。

第一阶段：准备（2019年4月至10月）

（1）确定研学行程。基本确定研学地点后，请相关专业机构对路线进行规划设计，规划大致的行程。然后针对这一行程进行再设计，结合学校和学生的实际情况，结合教师的研学主题，进一步规划路线，选择适合的研学地点和活动。

（2）组建研学小组。每8~10人组成1个研学小组。每个小组有一位指导教师，设立1位小组长，协助指导教师管理小组，并开展研学的各项活动。

（3）编制研学手册。研学手册是研学旅行课程设计理念的最直接体现，根据研学地点及学生的实际情况，编写研学背景、研学目标、课程规划、学科内容、体验活动、研究性课题、研学活动评价表等内容。

（4）做好此次研学的基础配套服务工作，进行火车票、酒店、餐厅、大巴车、出行保险、研学基地、研学导师、课程教具等一系列事项落实。

（5）学生行前会：文化教育（研学背景、线路、景区介绍），吃、住、行介绍及注意事项、安全教育、文明旅行教育，以及行前最后准备。

第二阶段：执行（2019年10月8日—10月12日）

研学旅行实施中提倡"自主、探究、合作、体验"等多样化学习方式，让学生成为学习的主人。在实践中促进学生学习的主体性、能动性和创造性的不断发挥，培养学生的创新精神、实践能力和社会责任感。

第三阶段：总结反馈（2019年10月13日—10月20日）

研学旅行结束后积极消化研学旅行成果，从学生、教师、学校3个层面做好总结评价：学生层面，开展研学汇报活动，完成相应的研学总结工作；教师层面，教师对研学中出现的问题进行梳理，积累指导经验，更有效地指导研学课题；学校层面，总结得失，及时改进方案，修订研学旅行课程的整体规划，设计出更有意义、更适合学生、更丰富多彩的研学课程。

## 五、塞罕坝研学课程的评价

评价是研学旅行课程内容的重要组成部分，研学评价由两个部分组成：一是对学生的评价；二是对课程本身的评价。课程本身评价，主要是从学校课程建设的整体出发，助力研学课程更好地发展。

### （一）关注学生成长的评价

学生是课程的出发点与归宿。学生评价主要从自我评价和教师评价着手，关注学生学习、生活的全过程，也看重学生的学习成果。

1. 学生自我评价（表2-2）

表2-2　学生自我评价表

| 一级指标 | 二级指标 | 内　　容 | 待提高 | 良好 | 优秀 |
|---|---|---|---|---|---|
| 自我管理 | 文明素养 | 1. 公共场合使用文明用语，不大声喧哗，维护公共秩序。<br>2. 参观讲解时，专心倾听，仔细观察，不妄加评论。<br>3. 人多时，按顺序边走边看，不推不挤，不妨碍他人。<br>4. 爱护公共财物，保护古迹，做文明参观使者 | | | |
| | 遵规守矩 | 5. 遵纪守法，安全意识强，遇事冷静，不侵害他人隐私。<br>6. 遵守行程要求，不随意离队，服从带队老师管理。<br>7. 时间管理强，遵守时间节点，不影响活动流程 | | | |
| | 生活能力 | 8. 注意饮食健康，不乱吃零食。<br>9. 生活有序，管理好自己的物品，不丢三落四，合理消费 | | | |

续表

| 一级指标 | 二级指标 | 内　　容 | 待提高 | 良好 | 优秀 |
|---|---|---|---|---|---|
| 实践活动 | 实践能力 | 10. 能够依据活动主题，自主选择恰当的活动方式开展活动。<br>11. 学会用多种方法收集、处理信息。<br>12. 能够在自主探究的学习中，运用所学知识解决实际问题 | | | |
| | 参与意识 | 13. 参与活动踊跃，敢于尝试，乐于发表自己独到的见解。<br>14. 认真对待小组分工，善始善终。<br>15. 不怕困难，思维灵活，恰当选择解决问题的方法。<br>16. 及时完成活动，积极参与交流分享 | | | |
| 协作精神 | 合作意识 | 17. 小组成员团结协作，合理分工，乐于分享。<br>18. 认真倾听同学的观点和意见，对小组学习做出贡献 | | | |
| | 合作态度 | 19. 关心同学，互相尊重，发挥优势，优劣互补。<br>20. 主动承担组内工作，不推诿，有责任意识 | | | |
| 自我评价 | | | | | |

2. 教师对学生的评价（表2-3）

表2-3　教师对学生评价表

| 一级指标 | 二级指标 | 待提高（60~69分） | 良好（70~84分） | 优秀（>84分） |
|---|---|---|---|---|
| 过程性评价 | 纪律意识、学习态度、团队意识、文明礼仪、品德修养 | 在他人的帮助和提醒下，能管理好自己的生活，在团队中参加实践活动 | 基本能按要求规范言行，具有基本的文明素养和团队合作意识 | 有良好的纪律意识、认真的学习态度，在文明礼仪上起到表率作用；团队意识好，在团队中不可或缺 |
| 终结性评价 | 学习效果、学习成果 | 基本能完成研学报告，有一定收获 | 研学报告内容完整，汇报展示顺利 | 研学报告资料丰富、内容翔实，成果突出；行后汇报效果好 |

## （二）指向课程改进的评价

根据学校课程审议的相关规定，每一次研学课程的开设也经历了从课前选定主题、确立核心目标、明晰学习内容，到课中跟进，再到课后效果分析、亮点分析、问题分析，以及后续改进的过程，并制定了指向改进的课程评价标准（表2-4）。

表2-4 指向课程改进评价表

| 评价对象 | 内　容 |
|---|---|
| 课程开发者<br>——教师 | □ 课程设计能否满足学生的个性发展需求<br>□ 是否对学生的学习过程进行了必要的指导<br>□ 是否完成了课程既定目标 |
| 课程实施过程 | □ 是否提供了丰富可选的课程辅助资源<br>□ 是否根据学生的情况对内容进行了调整或改造<br>□ 师生关系是否融洽<br>□ 小组合作学习是否可行 |
| 课程服务对象<br>——学生 | □ 是否符合自身发展的需要<br>□ 是否拓展了自己的知识面或技能<br>□ 是否体验到了该课程给自己带来的乐趣 |

## 六、塞罕坝研学课程的效果

### （一）课程的显著特色

其一，优选学习地，培育民族魂。2017年，习近平总书记充分肯定了河北塞罕坝林场建设者的感人事迹，向全党全社会发出了"把我们伟大的祖国建设得更加美丽"的伟大号召。建设美丽中国是新一代青年人的新使命，面对资源约束趋紧、环境污染严重、生态系统退化等严峻形势，作为祖国未来栋梁的学生要学习"牢记使命、艰苦创业、绿色发展"的塞罕坝精神，用青春、汗水、热血乃至生命，为推进绿色发展、建设生态文明而不懈奋斗。

其二，整合学习任务，自然科学与人文社会相结合，渗透学科核心素养。学生组成12个课题小组，分别对草原、人文、森林、湿地、天文5个主题进行自主探究；在科学探究的同时，通过唱响《我和我的祖国》、朗诵《塞罕坝赋》，重温入团誓词、入党誓词，邀请第二代务林人讲述林场建设的艰苦过程、采访调查学习老一辈创业者和新一代务林人的事迹，坚定文化自信、提升民族自豪感和保护环境的使命感和责任感。

其三，转变学习方式与评价方式，为孩子的全面成长提供舞台。在生活与学习上，学生自主组成小组。小组内成员合理分工、互助合作，在解决实际问题的过程中，提升组织能力、创新精神和实践能力。通过过程性评价与终结性评价相结合，兼顾学习、生活过程中的优秀品质与突出成果。

### （二）学生的实际获得

在学业上，通过此次研学，学生选择不同课题，在老师的指导下深入研究。走出课堂，领悟塞罕坝精神；探究塞罕坝是如何从一片荒漠变为一片绿洲的，探究星空的奥秘、时间的秘密和宇宙的奥妙，并在不同地区的文化展示、历史文化热点的讨论中，扩大视野，提升观察能力、解决问题能力和团队协作能力，增强未来的竞争力。

在精神上，学生逐渐告别依赖、走向独立；逐渐懂得感恩、尊重、责任，懂得独立自主、合作与帮助，培养坚韧不拔的意志、百折不挠的精神、宽广博爱的胸襟，还有兼善天下的情怀。

在集体生活中，学生能够做到听从命令、服从指挥，有事先报告，有事多请示，践行规则意识、时间意识、礼貌意识、诚信意识，切实做到正志笃行，成德达才。

### （三）教师的成长与学校的发展

一方面，通过研学课程的开发与实施，促进教师专业成长。此次研学，教师设计的研究课题经历了从理论走向实践，再到丰富完善理论的过程，理论与实践紧密结合，学科知识与社会实际相融合，进一步丰富了课程设计理论，提升了专业素养。

另一方面，研学课程的实施与完善，进一步丰富了校本课程体系。这次塞罕坝研学，历经行前、行中、行后的学习过程，也为我校"走出去"系列课程提供了经验，进一步丰富了我校的课程内容，完善了课程体系。

## 七、学校研学课程的思考与展望

### （一）当前政策的机遇与社会形势的挑战并存

2019 年，《中共中央 国务院关于深化教育教学改革全面提高义务教育质量的意见》明确五育并举及"一揽子"质量提高计划；同年 6 月，《国务院办公厅关于新时代推进普通高中育人方式改革的指导意见》明确提出要构建"全面培养体系"。学校在未来的发展中，研学旅行课程有利于践行活动育人与实践育人的理念，有利于培养德、智、体、美、劳全面发展的社会主义建设者和接班人。

然而，新型冠状肺炎疫情暴发以来，研学旅行课程也面临着前所未有的挑战。在落实国家课程方案，有序实施课程教学计划的同时，通过网络参观"走出去"与网上授课"请进来"相结合的方式，积极推动对线上线下融合式课程的思考。

**（二）学校研学课程未来的发展**

为进一步提升学校办学品质，更好地落实立德树人的根本任务，学校将在实践中进一步丰富研学旅行课程体系，为满足学生个性发展需求和教师专业发展提供广阔平台。

# 依托校本选修课程，助力学生全面而有个性地发展

陈　静

摘　要：校本选修课程是国家、地方、学校三级课程的重要组成部分，也是首师大附中构建"四修"课程体系的主要内容。校本课程的实施，不仅有利于学生的全面发展、学有特长，也有利于提升教师的课程开发能力，更丰富了学校课程体系。

关键词：校本选修课程；"一一二三"育人目标；核心素养

教育部于 2001 年印发的《基础教育课程改革纲要（试行）》（以下简称《纲要》）是我国 21 世纪基础教育课程改革的纲领性文件。《纲要》明确提出，"为保障和促进课程对不同地区、学校、学生的要求，实行国家、地方和学校三级课程管理"，并提出开设校本课程的规定。校本课程与国家课程、地方课程并存，是学校课程体系中不可缺少的部分，共同构成了学校的课程体系。我校根据首师大附中本部的"四修"课程体系（通修、选修、精修、研修），结合昌平区北七家地区学生需求，开发建设我校的校本课程。

为丰富学生的校园生活，将"全面发展"与"学有特长"有效统一，学校为每位同学提供感兴趣的、满足自身发展需要的校本课程。课程内容的设计着力培养有利于学生发展的人文底蕴、科学精神、学会学习、健康生活、责任担当、实践创新等素养；通过课程，落实我校育人目标，即学生具备一种意识（责任担当意识）、一种品格（自信坚毅品格）、两种精神（勇于探索精神、团队合作精神）和三种能力（自主学习能力、动手实践能力、创新思维能力）。具体课程体系如表 2-5 所示。

表 2-5 校本课程体系表

| 课程类别 | 课程名称 | 课程目标 |
|---|---|---|
| 科学与技术类 | 天文学 | 熟悉天文学中关于四季星空的基本知识，了解深空天体的形成与演化过程；<br>通过了解天文学发展历程，养成正确的价值观、宇宙观 |
| | 高中数学建模 | 学生探究现实问题表面之下的数学原理，注重数学实践，强调课本所学数学知识的灵活应用，引导学生从"解题"到"解决问题"能力的实现 |
| | 三维设计与科技创新 | 跨学科学习：本课程将科学、技术、自然、工程、艺术等学科融入 3D 打印课程里。<br>自主学习能力：通过对 3D 打印课程的学习和实际动手操作来提高学生们的手脑协调能力、创新意识和解决问题能力，在思考的过程中，提高学生自主学习的能力。<br>团队合作：在组里学生们每个人都有不同分工，当他们集体完成一件作品时，才真正懂得团结合作的意义 |
| 语言与人文类 | 语文戏剧社 | 通过学习戏剧表演，学生增加对戏剧的兴趣，并提升对戏剧的鉴赏、开发和理解分析能力。<br>通过分析戏剧作品，学生体验戏剧中的人文精神和文化内蕴。<br>通过解放天性等课程，学生能够突破心理障碍，勇于表现自己 |
| | 新闻 1+1 | 同学们围绕社会新闻片段能够理性分析社会新闻，能够与同学分享观点，在课堂上自信地表达观点。<br>提升分析问题、解决问题的能力，培养自己的阅读理解能力与语言组织表达能力。<br>渐渐观察身边的人与事，逐渐树立正确的价值观，提升自我的爱国热情和政治认同 |
| | "悦读空间"图书馆阅读 | 充分利用学校图书馆图书资源，让图书流动起来，调动学生读书积极性，热爱读书。养成热爱书籍，博览群书、博采众长的好习惯。<br>在活动中引导学生多观察、多积累、多思考、多动笔，从而感悟文学的内涵和人生的哲理，放飞思想，陶冶情操。<br>在活动中体验到读书给自己带来的快乐，提高欣赏能力，形成热爱读书的良好氛围 |
| | "雏鹰冲天"小记者社团 | 通过系列课程，培养学校小记者人才。引导学生利用课外业余时间从事新闻采访、写作的职业体验，以理论学习＋实践体验锻炼的方式，开展学生之于小记者相关知识的深入学习与理解。<br>通过系列课程，从专业教育的角度引导学生进一步认知小记者的职责及相关职业素养，同时也从系列的学习中，提升学生对自身文化修养及艺术内涵的关注度，提升我校相关学生的综合素质，进一步推进未成年人思想道德建设工作 |

续表

| 课程类别 | 课程名称 | 课程目标 |
|---|---|---|
| 体育与艺术类 | 走进中国民族民间舞——发现美丽的你 | 学习与体验中国民族民间舞，了解中国民族民间舞蹈文化，提高学生身体素质、肢体协调能力，建立学生肢体表演的自信心，让学生学会发现美、欣赏美、表现美。<br>以提高"舞蹈审美"能力为核心，引导学生在学习舞蹈动作的同时，进一步理解民族舞蹈文化，提升对舞蹈艺术的审美能力 |
| | 足球 | 了解足球这一"新型"体育项目的锻炼价值和魅力；掌握足球的一般技能和练习手段和方法；能参加各种形式的比赛，体验比赛全过程，提高自己体育活动的学习兴趣和参与积极性。<br>注重体育学科核心素养的培养，如运动认知能力、健康实践能力和社会适应能力 |
| | 篮球 | 了解篮球这项体育项目的锻炼价值和魅力；掌握篮球的一般技能和练习手段和方法；能参加篮球比赛，体验比赛全过程，提高自己体育活动的学习兴趣和参与积极性 |
| | 定向越野 | 了解定向越野这一"新型"的体育项目的锻炼价值和魅力；掌握定向越野的一般技能和练习手段和方法；能参加各种形式的定向比赛，体验比赛全过程，提高自己体育活动的学习兴趣和参与积极性 |
| | "玩"版画 | 引导学生认识版画的表现语言，感受版画与一般绘画的异同；引导学生根据版画的特点，有创意地设计并制作黑白版画作品；学生在创作实践中学习版画的造型方法，掌握黑白版画的制作全过程；作品体现发展性与时代性，突出以学生发展为本 |
| | 中国画——工笔花卉 | 学习中国画的基础知识，知道工笔画的概念及基本技法，提升观察能力及实践能力。<br>了解、掌握工笔花卉的起稿、拓稿、勾线、上色的步骤方法，提升学生的表现能力。<br>逐步养成细致观察周围事物的良好习惯，引导学生积极实践，提高综合表现水平。<br>热爱传统绘画，深化学生爱国情怀 |
| 跨学科综合类 | 博识课 | 总目标：学生通过"博闻广见"，促进全面发展和终身发展，实现"卓有通识"。<br>具体目标：以社会为课堂，学生拓宽人文、科技视野；学生走出学校，不断接触社会的文化积淀和最新的科技发展成果，丰富文化积累、社会实践。在课程学习中，逐渐具有社会责任感、团结协作精神、创新精神，为建立良好的素质结构打下坚实的基础 |

为了更好地推进校本课程的实施，学校制定了明确的实施方案：首先，规范申报流程，固定学时，统一管理。教师根据《校本课程开发纲要》自主申报课程，经学校课程室审核通过后，组织教师在校园网平台填报课程，最后学生根据自己的兴趣爱好自主选择。校本兴趣选修课，每周安排 1 次，每次 1 课时，初一、初二、高一、高二年级学生全覆盖。其次，开展区域特色博识课。初一、初二年级学生通修博识课，计入综合实践活动学分。每周 1 次下午安排半天（约 4 学时），使"走出去"与"请进来"相结合；学生以小组为单位进行活动，完成相应的学习任务，活动后年级要组织学生进行交流反馈；每学期末设置一次课程时间由学生进行回报展示、现场分小组研讨。

此外，为了进一步提升校本课程的实效，大力推进以评促教。课程评价分为以下 3 个方面：①对课程的评价。每学期结束时，年级组、教研组、学校教师发展指导中心，分级召开任课教师会议，听取任课教师对课程建设的意见，及时修正不足，完善方案；同时，要对开设校本课程的年级进行问卷调查或召开座谈会，关注学生喜好的程度，听取学生乃至家长的建议，并聘请专业的课程团队完善我校课程建设。②对学生的评价。以过程性评价为主：一是建立成长档案袋，让学生自己收集学习过程中反映自己成长的资料，如学习时收集到的故事、照片，办的剪贴报，写的采访日记、调查报告，家长、社会人士的评价等；二是教师根据各自校本课程开放纲要的评价办法，进行多种形式的评价。③对教师的评价。一是教师自我反思性评价，每次课后的及时反思总结，以及每学期课后的教研组分享总结。二是教学督察评价，学校重点检查备课、课堂教学及课程效果的情况。

总之，我校的校本课程以本校学生的需求和特点为出发点，贯彻"立德树人"的根本任务，落实我校"唤醒并成就每一个孩子"的办学目标。我们将继续借助各种平台与资源，努力提升教师校本课程的开发能力，突出学校课程特色，助力学生全面而有个性地发展。

# 博识育素养　学子展芳华

## ——浅谈博识课程培育学生核心素养的实践探索

王雪芬

**摘　要**："博闻广见、卓有通识；内外兼修、知行合一"的博识课程培育学生核心素养，促进学生全面发展。博识课程具有先进的课程理念，丰富的课程内容，开放灵活的课程形式。博识课程的设计和实施关注学生需求，注重实践体验，重视学科融合，利用多方资源。博识课综合性、开放性、研究性、实践性等课程特点，满足不同学生个性化、多样化的学习与发展需求，更利于培养学生创新精神、实践能力等综合素养。

**关键词**：博识课程；实践体验；学科融合；核心素养

博识课是最受我校学生欢迎的课程之一，博识课有着综合性、开放性、研究性、实践性等课程特点，让它独具魅力，成为我校高人气课程。接下来，让我们一起来感受和领略博识课程的魅力吧。

## 一、先进理念，魅力之魂

"博闻广见、卓有通识；内外兼修、知行合一"的博识课程理念，让我们在课程实施上有了方向和指导。博识课程不仅开发早且理念新。早在2001年，首师大附中就开始对博识课进行开发和探索，至今已实践了18年。关于理念新，2015年北京市教育委员会下发了"关于开展初中综合社会实践活动"的通知，通知要义之一就是通过初中综合社会实践活动、综合实践课程、社会大课堂助力学生综合素质提升。通过综合实践活动构建无边界、跨学科的开放性学习平台，满足不同学生个性化、多样化的学习与发展需求，努力培养学生创新精神、实践能力等综合素养。博识课的理念与市教委的综合社会实践活动的通知精神不谋而合，完全符合当前深化基础教育综合改革及全面实施素质教育的要求。

博识课的综合性、开放性、研究性、实践性的课程性质有利于学生丰富知识、拓宽视野、锻炼能力，为提升学生核心素养打下坚实基础。所以说，先进的课程理念是博识课的魅力之魂。

## 二、乐学博闻、经多见广

孔子说："知之者不如好之者，好之者不如乐之者。"所以，博识课就是学生想学乐学的课程。

博识课程内容丰富，涉及自然、历史、人文、科学、艺术等多学科、多领域。以走进中国园林博物馆博识课为例，中国园林博物馆是世界上唯一一座园林专题并全面展示中国和世界园林的国家级博物馆，是收藏园林历史文物、弘扬中国传统文化、展示园林艺术魅力、研究园林价值的国际园林文化中心。在博物馆里，学生沐浴在建筑、文学、书画、雕刻等共同铸造的艺术殿堂里，沉浸在自然雅致、精巧典雅、匠心独运的园林世界里，学生读楹联、赏书画，了解园林建造过程，感受中国劳动人民的智慧。不仅提高了学生的审美能力、丰富了学生的阅历，还使学生读懂了历史的传承和文化的自信。博识课无论在校内开展还是在校外实践，老师们都努力地挖掘学习资源，注意跨学科跨领域的融合，使博识内容丰富多彩。

博识课程形式开放灵活，有参观实践、展示交流、主题讲座、项目体验、合作拓展等。以"探索天坛"博识课为例，这次博识课的课程目标是，通过探索天坛的实践活动，激发学生深入了解祖国名胜古迹的兴趣，在"穿汉服、讲汉服""知礼行礼""古诗词打卡""解说志愿者"等活动中提高学生弘扬中华优秀传统文化的意识，提高合作、表达、解决问题等综合实践能力。通过与学科教学相结合的实践任务，引导学生观察和思考，在体验中探究天坛回音壁、天心石等声学现象；能从数学角度审视天坛里的建筑设计理念，感受中国古典建筑中的科学魅力；通过了解和寻找天坛的古树，激发学生对大自然的探索之情，在欣赏古典建筑风采的同时，感受天人合一之美，提高学生发现美、欣赏美的意识和能力。在

"探索天坛"的课程目标里,大家可以看到有"定向越野任务""诗词打卡""讲汉服文化""学科探究"等多种活动形式。丰富的课程内容和灵活多样的活动形式,吸引着学生,让学生乐学、爱学。

### 三、躬行真知、笃志明理

关注学生需求,为学生自主参与创造机会。发放问卷,征集学生意见和建议,比如在开展跳蚤市场博识课前进行了网上调查,在学生中广泛征集活动主题、活动场所、活动建议,而后老师再根据学生的建议调整方案。老师还在学生们的强烈建议下开展了篮球赛为内容之一的博识课。学校将努力满足学生的需求,使学生更爱博识课。

实践性强,重视学生的体验。以北京科学中心的科技体验学习为例,北京科学中心是在老科技馆旧址上进行建设的,那里现代感和科技味十足,采用立体影像、模拟试验、语音识别、VR 互动等多项高科技手段,学生可以进行全感官深度的科技探索,实现了从观察到思考、从思考到实践、从实践中有获得的学习目的。同时,海淀公共安全馆的学习也是如此,采用各种高科技手段,通过互动类、体验类不同性质的实践体验式学习,提升生命安全教育的学习效果。又如,民俗博物馆传统文化的学习、校内的多肉种植、感悟生命的课程等。无论是充分利用社会资源还是校内开发资源,都遵循了实践性强的课程特点,使学生学有所用、学有所悟、学有所乐。

与节日相结合,选择合适的时间点,抓教育契机。如初二第一学期开学第一课在海淀公共安全馆进行生命安全教育;初二第二学期开学第一课在法院博物馆进行的法治公民意识教育等,"三八"妇女节同学们在博识课上写祝福,中秋节同学们在民俗博物馆学习传统文化,青年节、国庆节前后进行理想和爱国主义教育,5月至6月开展自然科学的博识课。选择合适的时间点,抓教育契机,更好地提升博识课的学习效果。

与学校活动和地方课程等其他课程相整合,重视情感教育和道德升华。学校活动丰富,地方课程也需要落实,但时间有限,将博识课与学校活动、地方课程相整合,真正落实活动育人和课程育人。北京市规划展览馆、天坛、首都博物馆等博识课都充分与地方课程《我爱北京》相结合。农业嘉年华博识课中设计有《我爱昌平》地方课程的学习任务。园林博物馆、首都博物馆、天坛等博识课与学校的传统文化教育活动形成系列。每次博识课前充分准备和铺垫，博识课中任务引导，博识课后学习成果升华。课程活动整合，优化育人效果。

## 四、探索与收获

博识课汇聚着集体的智慧。博识课的质量来自老师集体的智慧，活动形式的设计一次比一次创新，学案的编写越来越细致有章法，还有让老师们引以为豪的公众号推送也更趋于专业。老师可以针对不同问题想出有针对性的解决办法。比如，植物园博识课，因为活动场地大而开放，出于对学生安全的考虑，每位学生都可以带手机，但是又担心学生会拿手机打游戏，于是老师便布置了一个健体任务，每个同学走步不低于8000步，并截图传到班级群相册进行评比，让学生运动并快乐着。为了避免学生单独行动而脱离小组，要求学生上传小组不同地点的合影。总之，方法总比困难多。博识课凝聚着集体的智慧，也激发着每个人的智慧。

博识课凝结着集体的力量。为了切实提升博识课育人效果，充分的课程准备是前提。设计课程方案、选择活动场地、沟通场馆、踩点、行前教育等常规性事务必不可少，更为关键的是在学习方式和学案的设计上需要老师们反复琢磨。课程开展过程中，每位老师都会负责跟班带组、管理学生、指导学生完成任务，还会负责摄影拍照。全员参与，人人有任务。博识课老师分工合作，配合越来越默契。即使有时候班主任有进修或者某个老师临时有其他工作安排，也总能有人立刻补位。博识课的开展验证了集体的力量是无可替代的，它也让我们的年级组老师合作越来越默契。

"博闻广见，卓有通识"，博识课的魅力来自它先进的课程理念，来自综合性、开放性、研究性、实践性的课程特点，来自老师的智慧，而学生的成长和发展让博识课的魅力更加熠熠生辉。多彩博识课，它给每位师生留下了美好而深刻的回忆。未来的博识课程还需要我们不懈探索、勇于实践、守正出新，让博识课魅力永存。

# 走进博物馆，寻历史奥秘

## ——博物馆课程资源开发在中学历史教学中的应用

鹿香艳

**摘　要**：博物馆课程资源是学校课程校外资源中非常重要的一部分，同时博物馆也是历史学科进行校外学习的重要场所之一。近年来，作为博物馆的三大功能之一的教育功能越来越受到重视，北京市出台的一系列教育政策也大大推动了博物馆资源开放与学校课程开发之间的合作。如何有效地开发博物馆的资源使其应用于中学历史教育，培育学生历史核心素养显得尤为重要。

**关键词**：博物馆课程；历史教学；历史核心素养

学校教育资源的重要补充之一便是博物馆资源。以中学历史学科为例，重要的历史博物馆中的资源是历史课程中所需要的重要史料之一，因此若教师在授课时能有效地利用博物馆的资源，将会达到更好的历史教育效果，这就是博物馆资源和学校历史教育资源内容的共通部分。博物馆资源具有丰富性，既有历史展览，也有数字展厅，这种丰富的资源在一定程度上激发了学生的学习兴趣。博物馆学习活动是历史课堂教学的延伸和补充，它不仅弥补了课堂教学中教师语言、教具等方面的不足，而且发挥了任何资料和方式都无可代替的教育教学作用，更给学生提供了实践、创新的场所和机会，有助于更好地培育学生历史学科核心素养。

## 一、博物馆课程资源是学校历史课程资源的一个重要来源

### （一）博物馆课程资源有助于提升学校历史课程品质

现今博物馆资源在学校教育中仅仅作为一个补充的角色，它既没有形成系统的课程，也没有成为真正的"第二课堂"。博物馆教育的输出缺少

一些标准化的东西，造成在区县地区博物馆教育人员力量薄弱的情况下，即使有好的教育资源，即使有好的课程理念，也会因缺少相应的课程标准，而无法输出相对有质量的博物馆课程。北大考古文博学院的宋向光教授在其微博中指出，博物馆在初中历史教学中占有重要的地位，按"课程标准"，博物馆是历史教学的资源，意在培养学生的历史实物感和历史现场感。他认为，博物馆在坚持多维度社会教育的同时，应该为中小学提供适宜的、有意义的教学资源和教学环境，而不是给学生灌输文物知识。由此可见，如何有效地开发博物馆资源已经成为学校教育关注的中心课题。为了更好地合作，为了让学生能有更好的博物馆课程学习体验，学校与博物馆都在不断努力。

众所周知，学校教育资源的重要补充之一便是博物馆资源，有效地利用博物馆的资源将会达到更好的历史教育效果。例如，我们在讲授秦朝历史的时候，自然可以去挖掘秦始皇兵马俑博物馆中有效的历史资源，从而可以使我们相对单调的历史课堂更为生动。又如，我们在讲授北京地方史的时候，可以带领学生参观首都博物馆，了解北京历史的演变过程，生动而有趣，学生的学习兴趣也会大大提升。类似的例子还有很多，但都说明了一个相同的问题，即博物馆教育与学校历史教育内容的整合将有利于二者共同发展。

### （二）博物馆课程资源开发与历史课程改革

博物馆作为历史课程资源开发的一个重要内容，通过新课改的推动及科技的发展，博物馆课程资源的开发呈现着新的趋势，不但形式多样，功能也在不断地完善。比起学校教育，博物馆教育方式更灵活、多样，在某种程度上二者可以结合，充分利用教育资源。近年来，博物馆与学校都开始积极探索合作的新形式。在世界各地，已有不少的博物馆发展成为学生非常喜欢的"第二课堂"。同样在历史教育中，学校可以根据本校课程需要，选择合适的博物馆，组织学生参观。通过参观和活动，增长知识，补充和巩固在校内学习的知识，加深理解，进而把在学校所学的历史知识进一步综合、概括并牢固地保留下来。

### （三） 中学历史教学开发博物馆课程资源的难度

我国博物馆的教育功能大多都是通过展陈、讲解教育工作者、参观学习者三位一体的互动平台实现的。其中，讲解教育工作者在展陈与参观学习者之间起着重要的桥梁沟通作用，也是教育价值实现的关键。因此，博物馆的讲解员与学校的历史教师都需要对博物馆的教育功能进行深刻分析，在此基础上，了解观众、陈列、讲解之间的关系，从而明确自己的角色定位。

提升专业能力的关键在于如何"导"。在"导"字上下功夫，有利于使观众更好地进入展览的情景。这种"导"不仅包含陈设的导览，更重要的是包含以下两方面：

一是抓住思想引导。无论是博物馆讲解员还是学校历史教师，在对参观者进行思想引导的过程中都要注意表达清晰、概念明确、逻辑合理，通过讲解渗透思想指导。

二是抓住行为引导。这一指导关键是需要博物馆、学校教育工作者设置合理的互动，使参观者能够参与其中，深刻体验博物馆课程。

总之，博物馆现场、博物馆学校教育工作者、参观者始终是三位一体的。这就需要博物馆、学校教育工作者不断学习，更好地发挥引导作用。

## 二、中学历史教学开发博物馆课程资源的几点建议

诚然，博物馆资源已经受到越来越多的关注，但是如何恰如其分地开发它，让它走进学校，也是本文着重探讨的部分。博物馆课程资源的开发与利用有利于丰富中学历史课程资源，激发学生的学习兴趣，是一种十分有效的新型课程，值得被广泛推广。当然论文中还有很多的不完善，需要在未来的研究中继续努力。对于博物馆资源开发在中学历史教学中的应用，综合研究，笔者提出的建议如下。

### （一） 博物馆方面：全力支持和配合学校开展博物馆课程教育

学校博物馆资源的开发离不开博物馆的支持。博物馆可以为学校提供多方的支持，不断创新学习项目、提供讲解等。这是促进馆校合作的有效途径之一。

### （二）学校方面：制定有效的博物馆课程学习方案

学校在博物馆资源开发方面应该作为一个助推者。更好地帮助博物馆和学校建立有效的合作，方便师生进行博物馆课程资源开发。

第一，学校可开发以博物馆资源为基础的选修课程。选修课程近年来已经在中小学广泛出现了，目的就是丰富学生的知识面。那么，博物馆资源的开发当然也可以通过这种方式来实现。

第二，学校可设立博物馆课程研究社团。众所周知，社团活动是学生课余时间丰富生活的组织，那如果将博物馆资源的开发融入社团，既能丰富学生的社团生活，同时也有利于学生更进一步利用博物馆课程资源。

第三，学校设立博物馆讲解日。学校可设立固定的周期进行博物馆讲解日活动，号召学生走进博物馆、置身博物馆，向参观群众讲解博物馆知识。这不仅能使学生收获知识，同时也能提升学生的综合素质，可谓一举两得。但在实施过程中，学校一定要先和博物馆建立良好的合作关系，这是"博物馆讲解日"活动得以进行的前提保障。

### （三）教师自身：组织合理的博物馆教学活动

第一，教师要做好"探路者"。在学生进行博物馆课程学习之前，教师应提前对博物馆进行实地考察，了解博物馆的展览设置，并结合博物馆的实际展览，进行教学设计的编写。这个"探路人"的身份十分关键，这是学生进行博物馆课程学习的前提和保障。

第二，教师要做好"指导者"。在博物馆课程学习的过程中，除了博物馆参观学案的指导外，教师应对学生进行及时的现场指导，解决疑惑，这也是对学生学习的一种督促。有了教师的指导与督促，博物馆课程学习的效率自然也就提升了。

第三，教师要做好"总结者"。一次博物馆课程学习结束，除了学生提交相应的任务之外，应及时对此次博物馆课程学习加以总结。可以是学生的多媒体课件展示分享总结，也可以是手抄报形式。这样学生在博物馆课程学习过程中所收获的知识才能得到巩固。

博物馆课程资源开发在中学历史教育中应用，可促使教师转变以往的教学方式，创立师生互动型课堂，以学生为主体，引导学生去探索，做一个引路人。但在开发的过程中，教师要具备一定的文物鉴赏能力，以便结合教学内容开发合理的课程资源。在农村地区的教师们可以寻求帮助，借助博物馆及网络资源的优势，将博物馆资源做成教学视频，方便博物馆资源的利用。借助博物馆课程资源，在真实的情境中展开的历史教学，更能使学生感知过去发生过的抽象历史，使历史成为活的历史。因此，这种启发式博物馆教学不但能够引导学生加深历史理解，同时还能培养学生的历史思维，是符合课程改革的一种非常好的教学方式，值得广大教师借鉴。

**参考文献**

[1] ［美］国家科学资源中心、国家科学院史密森协会. 面向全体儿童的科学——改进小学科学教育的指南 ［M］. 李勇译. 北京：科学普及出版社，2005.

[2] 加藤有次郎. 博物馆学绪论 ［M］. 日本：雄山阁出版社，1980.

[3] 中美联合编审委员会. 简明不列颠百科全书 ［M］. 北京：中国大百科全书出版社，1985.

[4] 范兆雄. 课程资源概论 ［M］. 北京：中国科学出版社，2002.

[5] 段勇著. 当代美国博物馆 ［M］. 北京：科学出版社，2003.

[6] 王宏钧. 中国博物馆学基础 ［M］. 上海：上海古籍出版社，2001.

[7] 李文儒. 全球化下的中国博物馆 ［M］. 北京：文物出版社，2002.

[8] 赵亚夫，等. 国外历史教育透视 ［M］. 北京：高等教育出版社，2003.

# 第三章

# 基于核心素养的教学研究

核心素养是全面深化课程改革、落实立德树人根本任务的基础，全面提高核心素养能够为学生在打下坚实知识技能基础的同时，为未来发展留有足够的空间。首都师范大学附属中学昌平学校全体教师秉持首师大附中教育集团"成达教育"的理念内涵和办学特点，立足教育教学实际，不断促进学生学习方式变革，落实学科核心素养培育，在教学内容研究、教学方式改进、学科活动创新等方面展开了深入的研究和广泛的实践，切实促进了我校课程结构的调整、教学组织形式的转变和学生能力素养的提升。

# 以"人物群像"为主题的《四世同堂》
# 整本书阅读教学浅谈

张莉璇

**摘　要**：新时代属于朝气蓬勃的青年人，青年人必将在新时代得以圆梦。圆梦需以高尚的爱国情怀为前提，厚植青年学生家国情怀，我们责无旁贷。首师附中昌平学校更是一直以"正志笃行，成德达才"为育人理念，并在学校各种活动和课堂上一以贯之。《四世同堂》一书呈现了战争背景下不同的人物，它能够给学生提供理解战争年代下人物行为的机会，能够弥补学生在和平年代下对"他人"的认知空白，这对激发学生的爱国精神和家国情怀具有重要意义。

**关键词**：《四世同堂》人物群像；家国情怀

习近平总书记在中国共产党第十九次全国代表大会报告中指出："中国梦是历史的、现实的，也是未来的；是我们这一代的，更是青年一代的。中华民族伟大复兴的中国梦终将在一代代青年的接力奋斗中变为现实。"[①] 回望历史，中华民族多难兴邦，百年征程波澜壮阔，而生活在和平年代的青年学生对于中华民族百年来的艰苦奋斗史还缺少更加深刻全面的认识与理解。

现代教育的根本目标指向立德树人，这和我校的培养目标达到高度契合。一直以来，首师大附中昌平学校致力于将学生培养成为具备一种意识（责任担当意识）、一种品格（自信坚毅品格）、两种精神（勇于探索精神、团队合作精神）、三种能力（自主学习能力、动手实践能力、创新思

---

维能力）的德才兼备创新人才。语文课由于其自身的人文性，无疑承担着重要任务。而语文课程体系中的 18 个学习任务群之首的"整本书阅读与研讨"也是最佳路径之一。

经典之所以能够被称为经典，就在于它经过历史长河的淘洗之后，还依旧具有震撼人心的力量。我们在阅读经典的过程中不仅能够锻炼自己的阅读能力，积累整本书的阅读方法，更能够提高自己的审美鉴赏能力，拓宽自己的视野领域，从而建构自己独特的精神世界，提高自己的人生格局。苏霍姆林斯基认为，让学生变聪明的方法，不是补课，不是增加作业量，而是阅读，阅读，再阅读。[①] 所以，阅读经典，对于高中阶段的学生而言尤为重要。

老舍的代表作之一《四世同堂》，描写了卢沟桥事变爆发，北平沦陷之后的小羊圈胡同的人生百态，并借小羊圈胡同中的一群人映射了战争爆发之后的各个阶层、各色人等的生死存亡。在这些人之中有为了国家"粉身碎骨浑不怕"的爱国志士，也有卖国求荣的卑鄙小人，不同的人在国难当头做出了不同的选择，走向了不同的人生道路，个中缘由是非常值得我们深思的。老舍极尽笔墨之能事赞扬了中国人浴血奋战、奋勇反抗的精神，鞭挞了敌人的野蛮行径，肯定了中国在反法西斯战争中所做出的贡献。阅读《四世同堂》能够给学生提供理解战争年代下人物行为的机会，能够弥补学生在和平年代下对"他人"认知空白，也能够让学生深刻认识到当今的和平得来不易。正是应了那句话——哪里有什么岁月静好，只不过有人替你负重前行。

## 一、自主初读阶段

暑假期间，学生以书中每三节内容为单位进行阅读，并完成制作了阅读任务单（表 3-1），任务单中的条目包括词语摘录、出现的人物、内容概括、摘抄与评析等，旨在让学生能够通过自主阅读，初步扫清文本中的词语障碍，在此基础上了解《四世同堂》中的人物关系，能够概括整本

---

① 沈兴连，陈多秀. 整本书阅读指导方法浅谈［J］. 课外语文，2018（3）：121.

书的大致情节，并通过自己的初步阅读能够获得对整本书的第一印象。

表 3 - 1 《四世同堂》阅读任务单

| 阅读章节 | 第一天：1~3 | | | | | | | | |
|---|---|---|---|---|---|---|---|---|---|
| 词语摘录 | | | | | | | | | |
| 出现的人物 | | | | | | | | | |
| 内容概括 | 1. | | | | | | | | |
| | 2. | | | | | | | | |
| | 3. | | | | | | | | |
| 摘抄与评析 | | | | | | | | | |
| 感受 | | | | | | | | | |
| | | | | | | | | | |
| | | | | | | | | | |
| | | | | | | | | | |
| | | | | | | | | | |
| | | | | | | | | | |
| | | | | | | | | | |
| | | | | | | | | | |
| | | | | | | | | | |
| | | | | | | | 150 | | |

## 二、主题阅读阶段

在主题阅读阶段，我以《四世同堂》中众多人物为抓手，以时间为线索，进行以"人物群像"为重点的主题阅读。在众多人物中，祁瑞宣的身上"忠"与"孝"的矛盾体现得淋漓尽致，所以将"钟摆人"祁瑞宣作为课堂示范阅读范本。

首先，我们可以从文本中找到作者对于祁瑞宣的详细介绍：

瑞宣，胖胖的，长得很像父亲。不论他穿着什么衣服，他的样子老是那么自然，文雅。这个文文雅雅的态度，在祁家是独一份儿。在思想上，他与老三很接近，而且或者比老三更深刻一点。所以，在全家中，他只与老三说得来……可是，与老三不同，他不愿时常发表他的意见。这并不是因为他骄傲，不屑于对牛弹琴，而是他心中老有点自愧——他知道的是甲，而只能做到乙，或者只做到丙或丁。他似乎有点女性，在行动上他总求全盘的体谅。①

通过祁瑞宣的人物介绍，学生能够对祁瑞宣的人物形象有一个鲜明的印象，从表面上看，这是一个胖胖的人，总是有着自然、文雅的样子，但是文中又明确说明：他有着深刻的思想，但是由于自身的"知道的是甲，而只能做到乙"的局限，他无可奈何，他没有办法改变别人，甚至是他自己，新旧两种思想这个时代下猛烈撞击，而这种猛烈的撞击又集中在这一个人身上！

除此之外，按照本卷中的时间顺序，整理了本卷中祁瑞宣经历的事件及其思想的变化：

### 七七事变

祁瑞宣：瑞宣先笑了一下，而后声音很低地说："还是打好！"②

### 北平陷落

事件：祁瑞全计划出城抗战

"大哥，咱们一同走！"

瑞宣的浅而惨的笑又显露在抑郁的脸上："我怎么走，难道叫这一家老小都……"

"我没办法！"老大叹了口气，"只好你去尽忠，我来尽孝了！"

……

"老三你说对了！你是得走！我既走不开，就认了命！你走！我在这儿焚书，挂白旗，当亡国奴！"老大无论如何再也控制不住自己，他落了泪。

---

① 老舍. 四世同堂［M］. 北京：北京十月文艺出版社，2012：27.
② 老舍. 四世同堂［M］. 北京：北京十月文艺出版社，2012：22.

事件：瑞宣请辞

瑞宣的脸上烧得很热。他从神父的脸上看到人类的恶根性——崇拜胜利（不管是用什么恶劣的手段取得的胜利），而对失败者加以轻视及污蔑。他一声没出，走了出来。已经走出半里多地，他又转身回去，在教员休息室写了一张纸条，叫人送给窦神父——他不再来教课。[①]

### 八·一三事变

事件：瑞宣协助钱先生，送瑞丰和王排长出城抗战

瑞宣沉静了一会儿才说：“我是说，逃出去以后，不就是由地狱入了天堂，以后的困难还多得很呢。前些日子我留你，不准你走，也就是这个意思。五分钟的热气能使任何人登时成为英雄，真正的英雄却是无论受多么久，多么大的困苦，而仍旧毫无悔意或灰心的人！记着我这几句话，老三！记住了，在国旗下吃粪，也比在太阳旗下吃肉强！”[②]

### 保定陷落

事件：瑞宣生活拮据

瑞宣的眼忽然看出老远老远去。今天缺煤，怎见得明天就不缺粮呢？以前，他以为亡城之苦是干脆地受一刀或一枪；今天，他才悟过来，那可能的不是脆快的一刀，而是慢慢地，不见血的，冻死与饿死！想到此处，他否认了自己不逃走的一切理由。[③]

### 上海撤退

本卷无描写

### 南京陷落

本卷无描写

通过对这一卷祁瑞宣事件的详细整理，我们能够清楚地看到祁瑞宣在战争伊始的心理状态，他作为“钟摆人”的心态在文章之初已经初见端倪，作为祁家的顶梁柱，长子、长孙，他的心里始终挂念着祁家，而国难当头，战争的硝烟战火，他又怎能视而不见！作为知识青年，他又怎能不

---

① 老舍. 四世同堂 [M]. 北京：北京十月文艺出版社，2012：30－48.
② 老舍. 四世同堂 [M]. 北京：北京十月文艺出版社，2012：75.
③ 老舍. 四世同堂 [M]. 北京：北京十月文艺出版社，2012：166.

知道"捐躯赴国难,视死忽如归"!在他的心里,保家卫国,他只能先做到"保家"!

在完成这一卷中祁瑞宣相关事件的整理之后,学生通过自己的阅读体会,依据对祁瑞宣这个人物的研究思路,继续横向比较小羊圈胡同中众多人物的相同时期的不同表现,并以此对其中的人物进行归类,从而获得一个人物群像的概念,下面借卷一"小羊圈"1~10节中部分文本为例,展现人物群像。

卷一中的人物群像主要可以从两个方面进行分析,即正面人物和反面人物。其中,正面的主要人物有祁瑞全、钱默吟、钱仲石、尤桐芳;反面的主要人物有冠晓荷夫妇等。我们在课堂上进行细细研读,透过字里行间,揣摩文字背后人物的性格。我们为钱默吟"只为玉碎,不为瓦全"的精神所折服;为钱仲石的英雄气概感叹;为尤桐芳的深明大义由衷敬佩。当看到冠晓荷夫妇时,每个同学的脸上都写满了愤慨,恨不能振臂高呼参加到这场战斗中去!我们看到了这些人物在相同的历史背景下,面对国破家亡时不同的家国情怀,我校的学风中明确写出"尊师、乐学、责任、善行",只有知晓了我们国家的历史,知晓了苦难的中国人民所做出的正义的选择,青年学生才能够肩负起自己的责任,以一己之力保家卫国。

其实通过我们的阅读不难发现,本书在塑造人物形象方面,避免了单一化、扁平化,突破了以往作品中的人物形象脸谱化,展现了更加丰富的人物群像。诸如,祁家三兄弟的形象、女性形象、卖国贼形象等。本书中几十个三教九流的人各有其典型意义,人物群像的概念能够帮助学生划分典型人物的类型,看到人物共同的文化品格和文化心理。①

### 三、收束阅读阶段

#### (一) 阅读分享

在阅读的过程中,我们始终将读、说、写结合在一起。"说"的环节主要设计为每完成一个部分的阅读,我们就会邀请学生分享自己的读书感

---

① 吴欣歆,许艳. 书册阅读教学现场 [M]. 北京:教育科学出版社,2016:150.

受，谈谈自己对这一章节的看法。学生的不同观点也在这一环节中得到碰撞，当学生的观点出现分歧时，每位同学都会在课本中找出证据，试图反驳对方观点，最精彩的莫过于"你是否支持祁瑞宣"这一话题的分享，"誓死不当亡国奴""长子长孙决定了他必须在家尽孝，这是规矩"，学生的讨论声此起彼伏，这样的场景也让语文课堂精彩纷呈。

### （二）读写结合

读书贵在个性化阅读，贵在输出，在阅读《四世同堂》以后，学生借助自己的笔触写下了自己对于每个人物的理解：

瑞宣，我理解你。你劝走了刘师傅，可你供养了他的家属；你劝走了瑞全，但他身上带着你的期待与祝福。他们都可以走，但你不能走。你是家里的老大，是家里的顶梁柱，你的家中还有四世同堂，你的妻儿，你的祖父，还有那不争气的老二！当暴风雨袭来，你要用自己的身体去遮挡，报国就无法守家。你知道，你也应该走，可你走了，家就没了！你心中的苦闷，只能让你给予敢走之人送上帮助，却不能让你丢下你的四世同堂！

我和学生一起走进小羊圈胡同，随着胡同的众生百态走进了那段硝烟弥漫的历史，每个人的心灵都在阅读的过程中得到了洗涤。我们见证了祁瑞宣忠孝难两全的痛苦，见证了高第人生的蜕变，见证了韵梅"巧妇难为共和面之炊"，见证了中国的抗战历史！

正志笃行，成德达才，历史上的硝烟弥漫离我们越来越远，新时期青年学生应将自己的志向紧密地和社会、国家联系在一起，坚持奋斗。唯有奋斗，才能够成就美好人生；唯有奋斗，才能够实现个人价值！

涓涓不塞，是为江河；源源不断，是为奋斗；生生不息，是为中国！

**参考文献**

[1] 沈兴连，陈多秀. 整本书阅读指导方法浅谈 [J]. 课外语文，2018（3）：121.

[2] 老舍. 四世同堂 [M]. 北京：北京十月文艺出版社，2012.

[3] 吴欣歆，许艳. 书册阅读教学现场 [M]. 北京：教育科学出版社，2016.

# 培养审美感知能力，提升语文核心素养

刘银英

**摘　要：** 审美教育是语文教学中的一项重要任务，它是培养学生感受美、认识美、鉴赏美、创造美的情感教育。本文结合自己的教学实践，主要从"调动审美感官，提高审美感受能力；创设审美情境，启发审美欣赏能力；创设审美情境，启发审美欣赏能力；培养审美语感，进行审美感知训练；开展经典阅读，培养审美探究能力"五个方面进行阐述，强调在语文教学中应重视对学生进行审美教育，培养学生的审美感知能力，从而提升学生的语文核心素养。

**关键词：** 审美；学生；语言

语文核心素养已经成为广大语文教师普遍关注的一个核心问题。《义务教育语文课程标准（2011年版）》提出："语文课程还应通过优秀文化的熏陶感染，促进学生和谐发展，使他们提高思想道德修养和审美情趣，逐步形成良好的个性和健全的人格。"可见，语文教师在教学中要重视对学生审美能力的培养。我们教给学生的不仅是文化知识，还有对美的发现和追求，让学生能主动探知美、感受美、体察美。

就语文教学而言，所谓审美感知能力，是指学生在学习文本时，各种感官（主要是大脑）对文本中的语言文字符号、各种意象等产生反应，获得审美愉悦和感悟的能力，是一种能让人自觉获得美的内在驱动力。它包含两个层面：一是对文本的语言文字、句式、段落和结构、层次等外在形式美的感知能力；二是对文本语言文字背后隐含着的情感、意蕴等内在美的要素初步理解的能力。

## 一、调动审美感官，提高审美感受能力

中学语文教材中多数都是文质兼美的文章，这些文章蕴含着丰富的美

的要素。课堂教学的主要任务是引导学生感受作品的自然美、社会美和艺术美。要想感知它们，仅仅依靠眼睛和大脑是远远不够的，如果我们教师能调动听觉、味觉、嗅觉和触觉等多种感官共同参与，定会取得课堂教学的最佳效果。

如在教学部编版朱自清的散文《春》时，教师可以指导学生认真品读课文，联系生活和感受，说一说最喜欢文中哪一种颜色，最喜欢文中哪一种声音，最喜欢文中哪一种气息，最喜欢文中哪一种味道，最喜欢文中哪一种感觉。这样设计可以调动学生的视觉、听觉、嗅觉、味觉、触觉等感觉器官来全方位感知文本，充分体会到作者的细笔描绘，绘声、绘色、绘态、绘动、绘静，使学生眼前再现一幅绿满天下、繁花似锦、蝶飞蜂舞、花香醉人的春光图，让学生走进春天，感受春天的生机勃勃，这种调动多种感官参与审美感知的训练，能够增强学生审美感官的敏捷性。在教学过程中，我们要重视训练和调动学生的各种审美感官，让他们具有"绘画的眼睛""音乐的耳朵"，使他们能够透过文字所表现的色彩、音韵、节奏、结构等形式进行感知，形成如闻其声、如见其人、如临其境的艺术境界。

## 二、创设审美情境，启发审美欣赏能力

当代美学家朱光潜认为："美感教育是一种情感教育"，"美感教育的功用就在于怡情养性。"语文教学中审美情境的创设，核心是"情"。根据课文内容，教师有意识地创设一定的情境，能渲染课堂气氛，使学生置身于特定的情境中，激发学生的学习兴趣，引起学生的共鸣，充分提高教师"教"和学生"学"的效果。

### （一）导语情境的设计

课堂导入时，教师用生动、极富感情色彩的语言创设一定的情境，渲染课堂气氛，就能让学生置身于特定的情境之中。

如在学习鲁迅的《孔乙己》时，我这样导入新课："鲁迅先生说过，在他创作的短篇小说中最喜欢《孔乙己》中的形象——孔乙己。为什么他最喜欢孔乙己呢？孔乙己究竟是怎么样的一个艺术形象？有人说，希腊

的悲剧是命运的悲剧，莎士比亚的悲剧是性格的悲剧，而易卜生的悲剧是社会的悲剧。悲剧往往催人泪下。而读完《孔乙己》后，眼泪不是往外流，而是感到内心的刺痛。它究竟是怎样的悲剧呢？学习了本文后，我们就可以获得答案。"教师的导入，抓住了文章的重点，学生会带着疑问深入文本，主动探究，寻找答案。

"感人心者，莫先乎情，莫始乎言，莫切乎声，莫深乎义"。教师入境动情的语言，可以唤醒学生的主体意识，把学生带入一定的情境，起到事半功倍的效果。

### （二）问题情境的创设

苏联教育家苏霍姆林斯基说过："人的心灵深处，总有一种把自己当作发现者、研究者、探索者的固有需要，这种需要在中小学生的精神世界中尤为重要。"

在学习部编版教材七年级（上册）《散步》时，学生一开始对于《散步》的选材觉得很普通，这时，我向学生提出问题："'散步'这件事的确极其寻常，可作者笔下的'散步'与我们平时的'散步'有些不同，能不能找出其不同之处，说说自己的理解？"学生深入阅读课文，进入文章的字里行间，将自己的生活与文章进行比较。有的学生说自己家很少带老人一起散步，从作者劝母亲出门散步，能感受到作者对母亲的关心、对老人的孝顺；有的学生说自己散步即使观察周边的景色也不会像作者一样从充满生机的初春联想到"生命"，更不会想到中年人肩负的责任，对文章主题的感受随之厚重起来……当学生们从开始以为文章普通无味到逐渐认识到文章每个部分的存在价值，他们真正享受到了阅读作品所带来的精神愉悦。

接受美学原理认为："作品的美学价值是作者在创造过程中和读者在接受过程中共同创造的，这创造的基础便是作品的空白。"空白会给人以无限遐想和想象的空间，收到言有尽而意无穷的艺术效果。因此，在教学中，我们要充分利用教材中提供的"空白"，激发学生的求知欲，引导学生去联想、想象，填补这些"空白"。

### （三）多媒体的运用

语文教师可以充分借助图片、动画、音乐、视频等多媒体技术，创设一定的情境，来吸引学生的注意力，调动学生情绪，激发学生兴趣，促使学生多种感官参与，从而优化课程教学过程。

安塞腰鼓是陕北的一道特殊风景，在学习部编版语文教材八年级（下册）《安塞腰鼓》这一课时，为了让学生感受到安塞腰鼓宏大的场面、奔放的动作、铿锵的节奏，以及作者对陕北人民的赞美之情。我在导入环节播放了一段安塞腰鼓表演的视频，在观看视频过程中，学生的激情一下子被调动了起来，感受到了安塞腰鼓豪迈、粗犷的动作变化，刚劲、奔放的雄浑舞姿。其实，只要我们语文教师在教学中有效地创设情境渗透美育，引导学生进行审美体验，学生就会像叶圣陶说的那样——"自会抽芽舒叶，开出茂美的花，结出丰实的果。"

### 三、激发审美想象，拓展审美感知空间

审美想象是审美感知的丰富和提高。德国美学家莱辛说："凡是我们在艺术作品里发现为美的东西，并不是直接由眼睛，而是由想象力通过眼睛去发现其为美的。"可见，激发想象是进行审美教育不可缺少的方面。同样，没有想象，抽象的文字符号就难以还原为具体可感的形象。

想象可以把一个个独立的景物、场面、人物等形象整合在一起，形成鲜活的画面，使我们获得更直观、更全面、更丰富的感性认识。我们可以通过对画面意境的品味，体会作者的情感和意蕴。比如，在学习《天净沙·秋思》时，我鼓励学生大胆进行想象，在脑海中浮现出画面，感悟"枯藤老树昏鸦""断肠人在天涯"这两句诗中所表达的悲秋之景和作者的思乡之情。让学生把诗中描绘的情境画出来，在绘画中，学生很容易就感悟到"枯藤""老树"等词语构建出的意境和"断肠人"这个词语表达出的诗人情感。诗与画的有机结合，学生很容易感受到一个游子在秋天思念故乡，那种漂泊无依的凄苦心情。

美学家王朝闻说："无论什么样的艺术形象，如果没有欣赏者的联想和想象来充实、拓展其诉诸人的感官的有限空间，那么，它反映生活的广度和深度都将受到大大的约束和限制。"

## 四、培养审美语感，进行审美感知训练

《义务教育语文课程标准（2011 年版）》中强调，学生在语文学习过程中，朗读是一种非常重要的方法，学生对文章进行多次朗读中，可以更好地理解书本知识和中心思想。

鲁迅说过："汉字有三美：音美以感耳，形美以感目，意美以感心。"只有诵读才能达到对这"三美"的理解和把握。第一次、第二次诵读，学生可能只能粗略地感知语言文字的音美、形美及文本的表层意义，但第三次、第四次诵读，学生对语言文字的"意美"可能会有所领会。因此，要把学生读的积极性调动起来，使学生有感情地投入读中来。因此，诗歌诵读要读出抑扬顿挫感，读出节奏感和韵律感。文言文诵读时要求读准字音，处理好文言虚词，特别是语气词，注意句中停顿和语气，读出文言味道。散文语言优美，意境深邃，它虽然不像诗歌那样有规整的节奏和严格的韵律，但朗读时也要讲究节奏和韵律美。小说以刻画人物形象为中心，所以朗读前要通过作家对人物的刻画，揣摩人物性格特点，把人物读"活"。

## 五、开展经典阅读，培养审美探究能力

### （一）转变观念，发挥教师导航作用

要想成为一名优秀的语文教师，首先要有阅读意识，做一个爱读书的人，只有热爱阅读的教师才能培养出热爱阅读的学生。目前，中考、高考都加强了"名著阅读"的考查力度，而且考查的题型与形式越来越深入具体。如果教师自己都没有博览古今中外的名著，没有丰富的阅读实践，自身的阅读素养不高，却要求学生阅读名著，那么怎能承担起指导学生阅读的重任呢？

### （二）多种渠道，激发学生阅读兴趣

美国教育家布鲁诺说："学习的最大动力乃是对所学材料的兴趣。"开展名著阅读最重要的是如何激发起学生阅读的兴趣。学生一旦对名著阅读产生了兴趣，就会变"要我读"为"我要读"，变"我要读"为"我学会主动读"。在名著导读上，教师的着力点应该放在激发兴趣上。方式

灵活多样，可以以作品的亮点吸引学生，借名家名言或精辟语言推荐，用精彩片段让学生获取感觉，用教材名篇之"点"带动相关名著之"面"，也可以尝试引入"影视阅读""以演促读""讲故事""说评书"等生动多样的形式，让学生从思想上和视觉上汲取名著营养，把自读行为变为主动。

**（三）方法引领，提高学生阅读的质量**

在名著导读教学中，教师要重视培养学生良好的阅读习惯和阅读方法。要让学生掌握一般的阅读顺序，即先初读，感知大意；然后精读，品析；最后评议摘录。要教给学生一些具体的读书方法，比如圈点批注法、抄录精彩片段法、写读书随笔、写读后感、写人物评论等。同时，阅读时还要让学生养成随时摘录的好习惯，要求学生把自己喜欢的词句摘录下来，在阅读过程中不断地去寻找"感点"，书写阅读体验和鉴赏评价，在读、品、悟、思中提升阅读鉴赏能力和审美能力。

总之，语文教学的基本目标是帮助学生学会运用语言文字，即用语言理解、思考、表达和交流，用语言理解美和发现美，用语言传承和理解文化。审美教育在语文教学中无处不在，我们教师要注重渗入审美教育，用心去发现和调动教材中美的要素，让学生成为美的发现者、参与者、探究者，用美的形象去塑造学生，用美的语言去感染学生，用美的情感去启迪学生，让学生在美的情境、美的熏陶、美的感受中去体验、创造美的生活，提高学生的审美能力和人文素养，塑造学生美的心灵。

**参考文献**

［1］义务教育语文课程标准（2011 年版）［M］. 北京：北京师范大学出版社，2012：2.

［2］吴红芳. 情到深处润无声［J］. 语文天地（初中），2017，566（11）：5.

［3］蒋函. 巧牵妙引激思　走出"一望而知"［J］. 语文天地（初中），2017，566（11）：4.

［4］王朝闻. 王朝闻集：审美谈（11）［M］. 河北：河北教育出版社，1998：116.

# 善用"共情"之力，解语文情感之美

杨月丽

**摘　要**：共情是指个体在与人交往过程中共享并理解他人的情绪状态倾向，包括情感共情和认知共情两部分。本文主要是通过在语文教学中进行合理的教学活动设计、有效的实践活动安排，引导学生换位思考，激发其同理心、培养其共情能力，助力学生真切感受情感之美、语文之美。

**关键词**：语文教学；共情能力；思路追踪；内心独白；生活实践

从现代教育理念和《义务教育语文课程标准（2011 年版）》来看，语文教学不仅致力于培养学生语言文字运用能力，还致力于为学生形成良好个性和健全人格，为其全面发展和终身发展打下基础。而在教学中发现，知识性内容易掌握，而情感方面培养、落实却有一定难度。部分学生面临以下问题：以自我为中心，同理心弱，难以换位思考，人际交往中也屡屡碰壁；学习仅停留在书本知识里，情感发展单一，缺乏对生命的真实感受，缺少人文情感、家国情怀。面对这些现象，教师在教学中需要积极对学生进行情感引导，激发其同理心，培养其共情能力，为学生体验真情实感架桥铺路，助力其真切感受情感之美、语文之美、生活之美。

## 一、共情能力概述

共情（empathy）最早出现在哲学和美学领域，后被引入心理学领域，自出现以来便在不同领域展开了探讨。而认同度最高的是美国著名心理学家铁钦纳（Titchener）的理论——"共情，是感觉进入他人思想的一种过程，在这个过程中，我们不仅能感觉他人的情感，更能理解他人的情感。"其他心理学家后续研究中又将共情能力划分为认知共情能力和情感共情能力。情感共情即共情中的情感成分，主要指个体在认知上体察到他人的情境及情绪线索后，所产生的对他人情绪相同或相似的一种替代性情绪反应。认知共情即共情中的认知成分，主要指个体对他人的意图、想法及情绪状态的理解，对其内在状态的认知觉察，明了其情绪产生的原因。①

共情能力在心理学、社会学领域中多用来帮助儿童认识和区别情感、理解和体验别人的观点，以及理解和体验自己的情绪来提高他们的亲社会行为。笔者试将共情能力的培养引入语文教学，以此来解决学生情感力不足的问题。

## 二、语文教学中共情能力的培养实践

语文教学基本理念在于全面提高学生的语文素养，注重通过优秀文化的熏陶感染，促进学生提高思想道德修养和审美情趣，逐步形成良好的个性和健全的人格。共情是人与人之间情感连接的纽带，也是自我与他人关系的核心，是社会生活的基础，与我们的生活密切相关。拥有良好的共情能力，能够帮助学生在语文学习中激发审美想象，发展审美能力，领悟人生哲理。下面本文将从"情感共情"和"认知共情"两个方面来进行阐述。

### （一）情感共情能力的培养

角色扮演法。通常让扮演者听取情境故事，然后让其把自己想象成情境中的人物进行思考、感受并表演。角色扮演法是语文教学中较常采用的模式，但大多是让学生自己进行课本剧表演，学生易脱离文本随意解读。需要教师搭建支架，让学生有意识地与文中人物建立情感共鸣。采用戏剧教学"思路追踪"方式，即学生在表演前后进行思考，为何这样表演，依据什么，并以人物第一人称形式叙述出来。学生在思考过程中，深入理解人物形象与情感，从而达到共情。例如，《变色龙》文本教学，学生在角色扮演过程中，通过完成"思路追踪"任务，主动挖掘文本，依据细

---

① 刘莹. 农村留守儿童共情课程的开发与应用［D］. 漳州：闽南师范大学教育硕士专业学位论文，2017（6）.

节，还原所表演的人物形象。当奥楚蔑洛夫随着狗主人身份的不断变化，态度随之改变时，学生便揣摩他变化的心理、动作、表情、语气等；思考其内在原因，即身份、地位、社会背景等，以全面还原人物形象。在此过程中，学生通过角色扮演、思路追踪、自觉融入角色，达到与文中人物共情，体会人物情感的微妙变化。

共情能力的培养，在教学实践中，还可采用"内心独白"形式。"内心独白"，即演员在台上，把角色的思想感受、心底动机、种种挣扎，如实地告诉观众，把思想化作说话，讲求演员声音效果，以强调角色内在精神世界。语文教学中散文、诗歌教学尤其注重情感把握，此时便可用"内心独白"做支架，来理解作者深层情感。例如，《秋天的怀念》感情真挚，文辞兼美，但教学中发现学生对文中情感难以深入理解，因此设计"内心独白"任务使学生依据文中相应词句去推断人物内心世界。学生从母亲"扑""抓"等词语中，推测母亲的内心独白为"儿啊，我多愿能代你受苦，未来还长，不能这样折磨自己，你得振作起来，好好活，儿啊"！针对母亲忽然不说了，推断其内心独白为"我怎能这么不小心，这些字眼该烂在肚里，绝不能再出现让孩子伤心啊"！可以看到学生能从独白体验中去感受母亲复杂的情感，理解其良苦用心，从而更深刻地体会作者再回忆起时的悔恨、遗憾之情。"内心独白"方式的合理运用，能够帮助学生走入人物内心从而达到共情。在不断地引导、强化、训练中，学生逐渐从语文学习中迁移到人际交往中，设身处地为他人着想，从他人立场出发，感受人与人之间真挚的情感美。

**（二）认知共情能力的培养**

认知共情能力主要是对他人意图、想法、情绪状态的理解，初中阶段，学生人生经验不足，知识储备有限，认知共情能力不足。这就需要通过合理的语文活动扩大其知识储备，丰富其人生阅历，从而增强学生认知共情能力，使学生能更好地理解人生、体会世间百态情感。

教学中贯彻知人论世思想，在了解人物人生经历基础上理解其作品及情感。例如，可以利用寒暑假及网课下课之余较充足的阅读时间，让学生在规定范围内，选择一两个人物进行探究，了解人物的主要人生轨迹，相应时期的重要作品，做出简单的人生大事图或者人生轨迹时间轴。再利用阅读课时间分组进行专题人物故事分享、讲解或比赛。当学生对诗人、文人的人生有了较多理解后，对其蕴含在作品中的情感也能更好地理解。在这个探索过程中学生懂得"知人论世"，将诗作的情感还原到特定的历史背景、生活经历中去理解，并在其中逐渐了解人生经验、处世经验，明确世事无常，培养积极乐观面对生活的态度，从而增强认知共情能力。

将教学与生活实践紧密相连，帮助学生丰富生活经历，增加生活体验。此阶段认知情感的培养可以合理活用课本中的活动单元。将语文学习扩展到日常生活中去。例如，部编版八年级上册新闻教学单元，课文中选取了不同类型的经典新闻，但这些新闻相距学生生活实际较远，较难调动学生学习热情。那么，可以将活动任务与新闻学习相结合，和社区、街道办事处等协商合作，学生针对某一新发生事件实地采访并进行新闻写作。在任务驱动下，变要学生学习新闻为学生主动要学。为顺利完成任务，学生需要进行充足准备，例如，在采访时需要提前准备采访内容，明确话语是否得体；在实地学习过程中不断尝试、调整；采访完毕，需要及时对内容进行选材写作。学生在生活运用中不仅学到及时、有效的新闻写作，还能学到说话、做事要从对方、受众的心理出发，来进行有效沟通。在实践中自觉迁移知识、解决问题、领悟道理，从而更好地达到认知共情，在生活实践中体会语文之美。

## 三、总结与展望

设计良好的教学方案，引导学生学会换位思考，设身处地去为对方着想，发展情感共情能力。设计合理的活动方案，帮助学生拓展认知，丰富人生经验，增长人生智慧，逐步完善认知共情能力。学生在学习、生活中逐渐适应共情并自觉运用，不仅对学生的语文素养提升、良好人格形成有积极的影响，还在此过程中引导学生感受思想魅力，体会人与人之间的情感之美，提升学生审美能力，帮助其在未来自觉去发现并传扬语文之美、生活之美！

**参考文献**

［1］中华人民共和国教育部. 义务教育语文课程标准（2011 年版）［M］. 北京：北京师范大学出版社，2012.

［2］刘聪慧，王永梅，俞国良，王拥军. 共情的相关理论评述及动态模型探新［J］. 心理科学进展，2009，17（5）.

［3］解方舟，吴姗姗，杨平，何成森. 共情能力的作用及其培养［J］. 中国健康心理学杂志，2016，24（9）.

［4］崔芳，南云，罗跃嘉. 共情的认知神经研究回顾［J］. 心理科学进展，2008，16（2）.

［5］刘莹. 农村留守儿童共情课程的开发与应用［D］. 漳州：闽南师范大学教育硕士专业学位论文，2017（6）.

# 让思维能力在中学生数学学习中生根发芽

袁一鸣

**摘　要**：为了能够让学生更好地掌握数学思维能力，克服思维定式所带来的困扰，我们选取了北京市昌平区示范性中学和非示范性中学初二学生进行测试调研。调研结果表明：在初中生数学解题过程中，思维定式对问题解决的影响普遍存在，学生的思维定式是由学生自身和教师等因素产生的，学生普遍受到了知识性、技能性、策略性三大思维定式影响。在掌握数学思维能力和克服思维定式寻求新解方面，示范性中学的学生较优于非示范性中学的学生。

**关键词**：数学思维；思维定式；初中学生

所谓定式（即心向）是指由一定的心理活动所形成的准备状态，影响或决定同类后继心理活动的趋势或形成的现象。也就是人们按照一种固定了的倾向去反映现实，从而表现出心理活动的倾向性、专注性。20世纪80年代，我国学者开始对思维定式问题展开广泛研究。有人说，思维定式是"指人们受已有知识、观念的影响，在解决问题时，所具有的倾向性和心理准备"。又有人指出"思维定式是指人们解决问题时所具有的心理倾向"。我国对于思维定式研究主要集中在法律、刑事侦查等领域，针对数学学科教育领域的研究较少。那么，在初中学生数学解题过程中，思维定式对问题解决的影响是否真的普遍存在？存在程度如何？思维定式对数学问题的解决到底存不存在消极影响？本研究编制了一套与思维定式有关的测试卷，对初中生在解决数学问题过程中存在的思维定式进行了研究。

## 一、研究方法

### （一）被试

为了能够让学生更好地掌握数学思维能力，克服思维定式所带来的困扰，我们选取了北京市昌平区示范性中学和非示范性中学初二学生进行测试调研。示范性中学（一个班）：发放问卷 45 份，有效问卷 42 份。非示范性中学（两个班）：A 班发放问卷 45 份，有效问卷 45 份；B 班发放问卷 45 份，有效问卷 38 份。

**（二）测查工具**

本研究采用初中生数学调查问卷方式进行调研。本套调查问卷包括 3 道大题，所考查知识点均分布于初一到初二上学期所学习的内容，题目根据知识性、技能性、策略性三大思维定式特点编制而成，具有明显的代表性，适合初二学生进行测试。

**（三）调查过程**

北京市昌平区示范性中学和非示范性中学初二的 3 个班的测试时间均为 40 分钟。在施测过程中有任课老师的积极配合和帮助，并由调研老师主持测试。

## 二、调查结果

问题 1：试比较 $\frac{10}{13}$，$\frac{12}{17}$，$\frac{15}{19}$，$\frac{20}{23}$ 的大小。

设计第一题是为了说明数学解题过程中，定式对初中生问题解决的影响普遍存在。

思维定式分析：①学生采用两两作差比较方法或者两两作商比较方法；②部分学生采用分母通分方法来进行计算，过程极其烦琐复杂，使得思维陷入误区，无法自拔；③学生采用直接相除，拿小数来进行大小的比较，其方法比较前两种较为简单，但因数字复杂，计算起来也不是很方便。

突破思维定式：此题我们需要转换思路，跳出思维定式误区，采用通分分子的方法比较新的分母，即得到 $\frac{60}{78}$，$\frac{60}{85}$，$\frac{60}{76}$，$\frac{60}{69}$。因为 $\frac{60}{69} > \frac{60}{76} > \frac{60}{78} > \frac{60}{85}$，所以 $\frac{20}{23} > \frac{15}{19} > \frac{10}{13} > \frac{12}{17}$。

北京市昌平区非示范性中学初二 A 班学生在解决此题的方法上有比

较明显的差异，其中采用"比较解法"处理此题的学生有 19 人（占 42.22%），采用"分母通分"的学生有 6 人（占 13.33%），采用"小数计算"的学生有 8 人（占 17.78%），然而采用"分子通分"这一突破思维定式方法的只有 4 人（占 8.89%）。同样的方法，经过分析，北京市昌平区示范性中学初二学生采用分子通分方法也只占到 33.33%。由此可见，在初二学生解题过程中思维定式对问题解决的影响普遍存在。

本题学生受分母通分和比较大小等方法的影响，从而造成技能性思维定式。分析南宁市非示范性中学 A 班学生技能性思维定式比率为 73.3%，示范性中学学生技能性思维定式比率虽低于非示范性中学，但也达到了 52.8%，由此说明在初中生数学解题过程中技能性思维定式对学生影响程度较大。

问题 2：若直角三角形的三边为 5，12，$x$，求 $x$ 的长。

通过第二题的调查让我们了解在数学解题过程中，知识性思维定式对学生影响程度如何。

思维定式分析：一般学生会直接用勾股定理求出，不少同学在求解时直接把 $x$ 当作斜边，求得 $x=13$。而实际上，直角三角形的斜边不一定是 $x$，也可能是 12，所以此题答案除了 13 之外，还有学生在日常生活和学习中形成了固定的模式，由此产生了知识性思维定式，进而在解答此题过程中使得有些学生造成漏解。在调查过程中，北京市昌平区非示范性中学 A 班思维定式程度占 20%，B 班占 47.4%，说明在初中生解题过程中，知识性思维定式对学生也存在着普遍的影响。在比较两所学校学生的思维定式程度中，北京市昌平区非示范性中学 B 班学生的定式比率为 47.4%，显著高于示范性中学（示范性中学学生思维定式比率为 4.7%）。

问题 3：解方程 $\sqrt{6-x}+8=x$。

设计第三道题的目的在于了解初中学生是否能够采用新的策略来解决此题。

思维定式分析：一般学生会采用常规方法移项、再平方，将此无理方程划归为有理方程再求解，但是太过烦琐。调控思路，改变策略：由平方根的意义知 $6-x \geq 0$ 且 $x-8 \geq 0$，显然这样的解不存在，故原方程无解。

此题在解答过程中要求学生选择新策略，以此来解决问题，所以体现了学生的策略性思维定式的特点。在调查过程中，非示范性中学 A 班采用新策略解答此题的学生有 2 人，虽然示范性中学学生采用新策略解答此题人数明显高于非示范性中学，达到 10 人，但所占比率却只有 23.8%。由此说明在初中生解题过程中，学生也普遍受到了策略性思维定式影响。

## 三、讨论

我们在问题 1 编制过程中并未提出采用尽可能多的方法进行大小比较，但大部分学生都采用常规方法进行比较，进而形成了思维定式。这也说明在解题过程中学生的思维定式已经根植于脑中，学生宁可采用常规烦琐方法也不思考使用分子通分法。这与石瑾所提到的"思维定式有相对稳定性，人们的某些思维活动可以转瞬即逝，而思维定式一旦形成，就具有了相对的稳定性和独立性，它不易受外界干扰而发生波动"理论相符合。简要分析是由于以下两大原因造成的。

**（一）教师教学**

在现在教师教学过程中，教师总是采用单一教学方法、固定的教学模式进行课程讲授，时间一长，势必会造成学生不勤于动脑、按照固定套路解题，最终走向思维定式的误区当中。

**（二）学生学习**

在现在学生学习过程中，有些学生在题海战中摸出了所谓的"经验方法"，遇到此种类型题目，学生习惯于套用这些所谓的"经验方法"进行生搬硬套，机械计算，最终形成思维定式，严重影响了学生的解题思路。

总之，师生间在进行认知信息传递的同时，也传递着情感信息，师生之间的交往的成败决定着教学的成败，师生交往是师生之间的多向、多边、多维度的人际交往与沟通，情感交流和互相理解。

在分析问题 2 中我们了解到两所中学的初二学生在掌握数学思维能力和克服数学思维定式寻求新解方面，示范性中学学生较优于非示范性中学学生。分析其原因，是因为北京市昌平区示范性中学是某重点中学初中部，学生由小学进入初中时入学成绩较好，数学基础知识掌握程度较高。北京市昌平区非示范性中学是一所普通中学，学生入学成绩普遍低于示范性中学。我们从老师和学生的简单访谈中也了解到，两所学校在平时的数学教学过程中都没有专门培养和训练学生数学解题思维能力和克服思维定式寻求新解的能力。从这两所学校学生思维定式程度来分析，示范性中学明显要低于非示范性中学，这说明数学基础知识对数学思维能力有较为重要的影响。这也就是为什么在分析试卷过程中，北京市昌平区示范性中学中基础知识较好的学生，在解答问题 3 的题目时，采用多种方法进行解答，思路清晰明朗，步骤简单，思维能力也比较强，而在非示范性中学基础知识薄弱学生中则极少出现。这也与张仁清的研究结果相符合，张仁清认为："良好的认知结构的形成是培养学生的思维能力的基础与前提。数学思维能力较强的学生大都具有良好的认知结构，具备相对自动化的智慧技能和正确的思想方法。"

## 四、结论与建议

### (一) 结论

为了能够让学生更好地掌握数学思维能力，克服思维定式所带来的困扰，我们选取了北京市昌平区示范性中学和非示范性中学的初二学生进行测试调研。调研结果表明：思维定式对初中生数学解题存在着较为消极的影响，学生思维定式是由学生自身和教师等因素产生的。在初中生数学解题过程中，学生普遍受到了知识性、技能性、策略性三大思维定式影响。就示范性中学和非示范性中学相比，非示范性中学学生思维定式程度较高。

### (二) 建议

#### 1. 培养学生良好的解题习惯

在学生解题过程中，有些学生因为缺乏审题意识、作图意识、分析意识，看到题目就盲目模仿以前做过的题目进行求解，而对题目所给出的条件并没有认真阅读和理解，从而造成思维定式。思维定式对初中生数学解题存在着较为消极的影响，学生思维定式是由教师等因素产生的。所以针对此情况，教师在教学过程中要让学生注意解题中所给出的细节条件，使得学生养成良好的解题习惯。

2. 重视基础知识的教育

在数学教学过程中，教师要讲清每一个数学概念、定理、公式，让学生明白知识之间的内在联系，使得学生能够建立起良好的知识结构网络。要避免学生由于掌握知识不牢固而造成知识性思维定式，从而导致学生在今后的解题过程中，对相关知识理解不透彻盲目套用公式等现象的产生。

3. 注重变式教学运用

所谓"变式"，就是指教师有目的、有计划地对命题进行合理的转化。即在教学中，在不改变问题本质的基础上，教师有目的变换问题的条件或结论，从而激发学生的内在潜能，调动学生学习的积极性，得到思维的真正乐趣。

4. 培养学生的发散思维能力

发散思维是创造性思维的重要活动形式之一。要突破思维定式，就必须培养学生的发散思维能力。在教学中，教师要善于指导学生，总结数学思想方法和思维策略，采用一题多解、一题多变、一法多用的教学，使得学生更好地摆脱思维定式的束缚。

**参考文献**

[1] 宋书文，孙汝亭，任平安. 心理学词典 [M]. 南宁：广西人民出版社，1984.

[2] 陈光全. 怎样避免思维定式的负效应 [J]. 新华文摘，1985（5）.

[3] 张晋斌. 突破思维定势是创造性思维的一种方法 [J]. 科学技术与辩证法，1988（2）.

[4] 叶澜. 教育概论 [M]. 北京：人民教育出版社，1999.

[5] 张仁清. 初中生数学思维能力培养探究 [D]. 大连：辽宁师范大学教育硕士研究生学位论文，2006.

# 如何有效落实数学学科核心素养的思维习惯

黄　玲

教学是一种科学活动，又是一种艺术活动。好的教学能让听过其课的师生无一不深受其人格魅力和教学艺术所震撼与熏染。细加剖析，这其中的原因是多方面的，仅从"核心素养"的角度考虑，是其对学生"核心素养"的培养落实得到位。具体而言，其含义有二：一是帮助学生把陈述性知识变成程序性知识，即让学生掌握了分析问题、解决问题的思维方法，培养了学生可以迁移的自主学习能力；二是在师生共同的活动过程中，让学生充分体验到学习的快乐，有效地锻炼了学生的开拓进取、知难而进的意志品质。体现在教师的观念和教育智慧中，在实际教学中用好课堂教学主阵地。培养与训练学生创新性思维的"核心素养"教学实践，成为我们数学教学工作者一生的追求。下面我将结合自身的教学实践浅谈一下自己的观点与做法：

## 一、创设良好的思维情境，使课堂"活"起来

### （一）创设情境思维，使数学思维"活"起来

新课标指出："数学教学应从学生实际出发，创设有助于学生自主学习的问题情境，引导学生通过实践、思考、探索、交流，获得知识，形成技能，发展思维，学会学习，促使学生在教师指导下生动活泼地、主动地、富有个性地学习。"也就是说，数学课堂不应该只是"理性"的体现，更应该被赋予感情色彩。有鉴于此，教师必须精心创设教学情境。有效地调动学生积极、主动、乐于参与教学活动，使其学习的内部动机从好奇逐步升华为兴趣。兴趣是创新的源泉、思维的动力，教师应主动引发学生的创新兴趣，增强思维内驱力，在解决问题中学会思考、学会创新。初中生有强烈的好奇心、求知欲，教师应抓住学生的心理特征，加以适当引

导，激发学生的学习兴趣，使思维"活"起来。

**（二）合理满足学生好胜的心理，培养创新的兴趣**

学生如果在学习中屡屡失败，就会失去学习的信心，打击学生的好胜心，教师要创设恰当的机会使不同学生都能在不同层次上感受到成功的喜悦。比如，不同难度的思维问题，不同特长的竞赛等，让不同层次的学生都能在不同的机会中得以发展，让他们展开想象创新的翅膀，在活动中充分展示自我，感受自我成功与快乐的机会，增强创新的兴趣。使学生人人都能获得必需的数学，不同的人都能在不同的数学上得到不同的发展，在创造性活动中"活"起来。

**（三）精心设计教学内容，培养学生发散思维**

教师应就课堂教学内容设计具有趣味性、探索性、适应性和开放性的情境问题，并为学生提供适当的指导。通过精心设置问题的变式，巧妙地将学习目标任务置于学生的最近发展区。让学生产生认知困惑，引起反思，形成必要的认知冲突，从而在发现问题、分析问题、解决问题过程中鼓励学生大胆质疑、释疑，引导学生敢于表达，并学会在合作探究中注重思维的碰撞，从多角度中培养思维的灵活性、全面性与创造性，促使学生在构建知识中"活"起来。

例如，在学习 $n$ 边形内角和时，我的导入如下：

1. 知识回顾（从回顾三角形开始）

（1）什么是三角形？

（2）三角形的内角和是多少？

（3）如何求得三角形的内角？（投影展示求内角和的几种方法，为本课学习内角和的方法，增强思维的发散性与创造性埋下伏笔）

2. 联想对比、迁移探究新知

（1）什么是四边形？（联想对比三角形的定义）

（2）动手画出你喜欢的四边形。（同学在实践中画出的可能是凸四边形与凹四边形，引导他们通过直观想象、分析、比较、综合、归纳、概括出定义）

（3）什么是 $n$ 边形？（联想与创造）

（4）四边形的内角和是多少？（能否转化成三角形求解？）

（5）$n$ 边形的内角和如何求？（利用对旧知识的揭示，类比猜想，迁移到未知的对象上，同时促进学生迫不及待地探讨研究，引发创新思维）

这样导入新课既有效地复习了旧知识，又自然地引入了新知识，利用揭示新旧知识内在联系，对新知识产生过程的探究有水到渠成之功效。注意适时引导，加强"一般观念"的指导作用，如"如何思考""如何发现""从什么角度观察"；观察结构特征可从"数""形"两个角度（静态）入手，若从动态角度入手，用数学的观点、思维方式和方法去观察、分析、解决问题的能力及其倾向性，包括数学意识、数学行为、数学思维习惯、兴趣、可能性和品质等在经历知识的探究过程，最大限度地调动学生的积极性，激发兴趣，使之全身心投入活动之中。

## 二、鼓励学生自主探究，合作交流，引导学生"动"起来

学生是学习的主体，学生只有真正参与到活动中，主动参与、主动探究、主动思考、主动实践，才能真正地成为学习的主人。数学教学是数学活动的教学，实践告诉我们，"学"的最好方法不是"教"，而是"做"。学生的学习只有通过自身探索活动才有可能是最有效的。而有效的数学学习过程不能单纯地依赖模仿与记忆。只有营造和谐、自主、创新的课堂氛围，师生的交流才能达到最佳状态，才能让各种智力和非智力的创新因子都处于最佳活动状态，才能尽可能地增加学生自己探索知识的活动量。因此，教师要通过问题思维的变式，给学生一定的自由，让他们充分展示特有的好动性、表现欲。教师应引导学生主动从事观察、猜测、实验、验证、推理与合作交流等，在数学创造性活动中引导学生发现问题、探索规律、习得方法。通过尝试，在实践中获取新知。引导学生在课堂探究活动中，自由、大胆地表现好奇心、挑战心、想象力等，既生动活泼、学有兴趣，又能使学生牢固掌握知识。在引导学生走向结论的"动"的过程中，有效发掘他们的个性，发展他们的创新能力。

例如，在学习 $n$ 边形内角和时，我们的新知探究：

（1）探索四边形、五边形、六边形的内角和：动手画图，将它们分

成三角形，解决问题时追问对角线的作用是什么？（创新是从"质疑"开始）

（2）你能从四边形、五边形、六边形的内角和的研究过程获得启发，发现多边形的内角和与边数的关系吗？能证明你发现的结论吗？（通过"造疑"激发强烈的探究欲望，使学生积极思考，不断发现和探索）

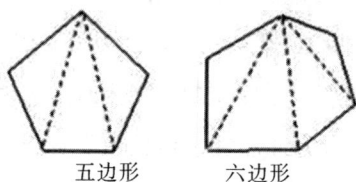

图 3 - 1　五边形和六边形

如图 3 - 1 所示，从六边形的一个顶点出发，可以作几条对角线？它将六边形分为几个三角形？六边形的内角和等于 $180° × \square$（让学生敢于想象，敢于质疑）

你能从四边形、五边形、六边形的内角和的研究过程获得启发，发现多边形的内角和与边数的关系吗？能证明你发现的结论吗？（引导学生体验从具体到抽象、从抽象到具体的实践过程，以知识迁移的方式进一步体会将多边形分割成几个三角形的化归过程，为从具体的多边形抽象到一般的 $n$ 边形的内角和的研究奠定基础）

通过前面的探究，填写表 3 - 2。

表 3 - 2　多边形内角和与边数的关系

| 边数 | 从某顶点出发的对角线数 | 三角形数 | 内角和 |
| --- | --- | --- | --- |
| 4 | | | |
| 5 | | | |
| 6 | | | |
| …… | | | |
| $n$ | | | |

引导学生体会从具体到抽象的研究问题的方法，感悟化归思想的作

用。而表 3－2 的填写，能帮助学生回顾 $n$ 边形内角和的探索思路，并能让学生在活动中学会合作。通过问题的变式引领，学生在课堂上自由大胆地表现好奇心、挑战心、想象力、创造力等，这样才有可能提出一些极具创新思维的问题。通过尝试、实践获取新知，既生动活泼、学有兴趣，又能掌握牢固，从而提升学生的尝试精神和探究合力。学生在解决问题的过程中去享受成果，更加注重培养学生动手及动脑能力，这就是一个本质的改变。学生在参与活动中，只有积极主动地进行探究性、思考性、实践性学习，才能真正成为学习的主人。

### 三、注重“开放性”问题的教学，使知识“新”起来

数学作为一门思维性极强的基础学科，在培养学生创新思维方面有其得天独厚的条件。初中数学的开放性问题不仅能够为学生提供多元化的解答机会，还能够在实际问题解答过程中，全面整合自己所学到的知识和技能，将这些知识与技能进行综合运用。所以，初中数学的开放性问题教学可以有效培养学生的优化意识，在提高他们解决问题能力的同时，尽可能调动学生去主动发现、主动创新的积极性，形成一种开放性思维的逻辑推理，让建构教育理念得到贯彻，实践创新得到落实。

例如，在学习 $n$ 边形内角和时，我们对新知探究的开放与落实：

（1）前面我们通过从一个顶点出发作对角线，将多边形分割成几个三角形，进而探究出 $n$ 边形的内角和，那么，是否还有其他分割多边形的方法呢？“资源有限，创造无限。”而创新性思维的实质就是求新、求异、求变。让学生在参与“知识再现”的过程中用脑去想，用手去做。自主探究，小组讨论交流。把握关键，灵活多解。

（2）注重数学创造性思维教学，培养学生想象能力。爱因斯坦指出，“想象力比知识更重要，因为知识是有限的，而想象力概括着世界上的一切，推动着进步，并且是知识进化的源泉。”同学们要在问题的引申与拓宽过程中探究、猜想、构造、发展、创造，在了解知识来龙去脉和产生背景的情况下，从不同角度、运用不同思路把握关键，开拓思维，灵活多解。

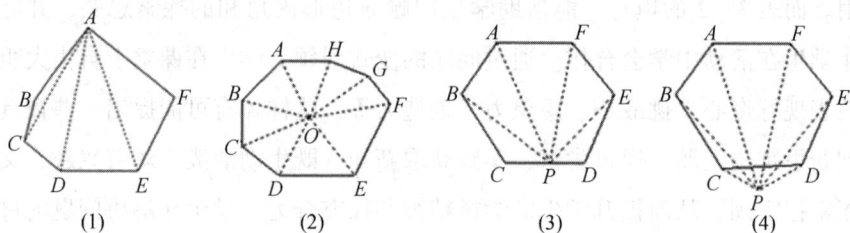

| (1) | (2) | (3) | (4) |

图 3 - 2  多边形

方法 1：如图 3 - 2 (1) 所示，取六边形上任意一个顶点，将它与和它不相邻的顶点连接，则"多边形的内角和"可转化为与"三角形内角和"之间的关系，即六边形 ABCDEF 的内角和等于 4 个三角形内角之和：$4 \times 180°$，从而边数为 6 的多边形内角和为 $(6-2) \times 180° = 4 \times 180°$。再列举其他多边形可以归纳总结出 n 边形内角和为 $(n-2) \times 180°$。

方法 2：如图 3 - 2 (2) 所示，在多边形内任意找一点 O，连接它与各个顶点，则多边形的内角和可转化为三角形内角和之间的关系，即八边形 ABCDEFGH 的内角和等于 8 个三角形内角和减去一个周角的度数：$8 \times 180° - 360° = 8 \times 180° - 2 \times 180° = (8-2) \times 180°$。再列举其他多边形可以归纳总结出 n 边形内角和为 $(n-2) \times 180°$。

方法 3：如图 3 - 2 (3) 所示，在多边形的一条边上任意取一点 P，连接这点与各顶点的线段把六边形 ABCDEF 分成了 5 个三角形，所以此六边形的内角和等于 5 个三角形的内角和减去一个平角的度数：$5 \times 180° - 180° = 4 \times 180°$，归纳之后得到 n 边形的内角和为 $(n-2) \times 180°$。

方法 4：如图 3 - 2 (4) 所示，在多边形外取一点 P（点 P 不在 n 边形任一边的延长线上），连接此点与各顶点，得到 5 个三角形（不含 △CPD），所以此六边形的内角和等于 5 个三角形的内角和减去 △CPD 的内角和：$5 \times 180° - 180° = 4 \times 180°$，归纳之后得到 n 边形的内角和为 $(n-2) \times 180°$。

综述以上 4 种方法，不难发现，推导多边形的内角和公式，都是利用了转化思想，即把多边形分成若干个三角形，从而将多边形问题转化为三角形问题来解决，这种转化思想对于学好数学是极为重要的，而且对学生的理解、掌握及构建知识也有一定的帮助，更重要的是培养了学生的问题意识。

在变化中找规律，在规律中认清知识之间内在的变化与联系，以不变应万变，举一反三，灵活转化学习方法，发展数学思维的深刻性、灵活性、开放性与创"新"性。同时创设情境，为学生设置悬念，培养学生的思维能力，促使他们用积极的态度投入学习，用自己的方法去探索新知识，并体验成功的愉悦，从而对数学产生亲切感。另外，课堂上采用多种多样的形式，让学生经历知识的探究过程，最大限度地调动学生的积极性，激发兴趣，使之全身心投入活动之中。同时，关注小学生数学学习的过程。原来在教学中，教师更加注重结果，而新课标的改变却将过程与方法放在重要位置，由学生在解决问题的过程中去享受成果，更加注重培养学生动手及动脑能力，这就是一个本质的改变。这就是老师成了学生学习的辅助，而不是学生学习的主体的原因。

学生主体地位的改变使学生更加对学习感兴趣，我把动手实践、自主探究与合作交流作为学生学习数学的重要方式，使学生有充分的从事数学活动的时间和空间。在课堂教学中让孩子在亲身体验中认识数学，解决问题，理解和掌握基本的数学知识、技能和方法。在合作交流的、与人分享和独立思考的氛围中倾听、质疑、发展、提高。我在课堂中注意培养孩子以下习惯：一是多动，培养动手操作能力。通过动手不仅可以使学生掌握基本知识技能，而且懂得如何去获取知识；二是多思，通过自学、操作、尝试等活动，让学生主动去获取知识，获得能力的提高。

在问题的形式变化中，进行等价转化后再让学生观察，进行必要的模式识别，学生往往会有新的发现，这时学生又可得到"直观想象""数据分析"的训练。

## 四、在活动中及时多元化评价，让学生的头"抬"起来

数学新课标提出：要面向全体学生，关注学生的个体差异，强调合作探究，培养学生良好的学习习惯，使学生掌握恰当的学习方法。同时，我们要倡导动手实践、自主探究、合作交流的学习方式，并对学生学习过程

给予多元化的评价，有利于学习信息的交流培养。学生评价自我和评价他人的能力。充分调动不同层次的学生学好数学的积极性。使学生体验成功、建立自信、促进学生的全面发展。因此，我在教学活动中及时采用师生评价、生生评价、学生自我评价的多元评价方式，在此基础上尝试建立态度、情感、能力、知识并重的多元评价。把评价的焦点从学生的学习能力上扩展到学习态度、参与状态、交流状态和情感状态上。有效树立学生自信心，激发学习的正能量。只有让课堂活起来，学生动起来，让学习成为学生自己想做的事情，在做事中寻求乐趣，才能在自主学习、合作探究中有效地互动、互进、互评，才能改变数学课堂机械、沉闷、枯燥乏味的局面，使数学课堂异彩纷呈，显露勃勃生机，让数学课堂充满智慧和激情，让学生的自主创新潜能得到最大限度地开发，使教学真正成为一门艺术！

# 激励初中生保持线上学习动力的措施

昝如君

**摘　要**：2020 年春，一场疫情防控阻击战在中华大地骤然打响，为阻断疫情向校园蔓延，确保师生安全，教育部要求春季学期延期开学，特殊时期下产生特殊要求，开展线上教学，实现停课不停学，师生一"线"牵。线上教学无法实现现实教学中的面对面交流，学习效果的优劣更取决于学生是否有足够的学习动力。实践中，通过一系列教育激励措施，激发了学生的学习热情，取得了比较满意的教学效果。

**关键词**：学习动力；线上教学；教育激励

面对线上教学这种全新的教学方式，教学目标能否实现成为教师最为关心的问题。在这种"看不见，摸不着"的网络教学环境中，学生课程学习的优劣很大程度上取决于学生是否具有学习动力。基于线上教学的这种特殊环境，学习动力的培养成为决定线上教学效果的关键因素之一。线上教学过程中，抓住学习动力培养这一主线，通过合理的教育激励措施，激发学生的学习动力，从而确保学生学习效果及课堂目标达到最大化。

## 一、学习动力是学生能否学好课程的关键

### （一）学习是一个内因起决定作用的过程

所有外因必须通过内因起作用，学习过程中内因的作用尤为凸显。没有动力的学习是一种被动消极的接受过程，效率低下。课堂教学中，学生是学习的主人，在教师的引导下，通过梳理、理解、感悟、内化，才能最终实现迁移创新和学科核心素养的落实，如果学生没有自己的积极思考，只是被动接受，那么习得的知识只是表面化、零碎化的片段，不成体系，缺乏关联。因此，学生的学习动机对于课堂教学至关重要。课堂设计从最

初的热身导入到最终的总结评价环节，都应以激发学生的学习动机为立足点，从而保证课堂目标的达成。

**（二）线上教学的特殊性需要学生具备学习动力**

特殊时期，线上教学确实具备很明显的优势，广大师生足不出户，尽享高质量的精神食粮；教学不受时间和空间的限制，课程可以反复观看和学习，重点知识不再错过；丰富的教学直播、录播等功能，为学生打造更好的学习体验等。但这些优质资源能否材尽其用，最终还是取决于学生是否具有充足的学习动力，是否真正在思考研读，让学习真正发生。如果学生只是流于形式，挂机凑时长应付老师检查，那学习效果将大打折扣。因此，只有学生的学习动力得以激发，线上教学的优势才能得以真正发挥。

但是，线上教学也有很多缺点，最显著的便是学生缺乏对课堂的敬畏之心，老师也无法实时监测学生的学习状态和学习反馈。为克服线上教学这一先天不足，教师需要激发学生的学习动力，在备课、上课到结课各环节的设计中，实施不同类型的教育激励措施，促使学生在提出问题和解决问题的过程中不断攻克课堂学习的重难点。

**（三）初中生具备学习动力和学习能力的可塑性**

通过初中半年的学习，多数学生已经适应了初中学习的节奏和强度，积累了基本的学习方法和策略，形成了独特的认知个性及学习风格。线上课程设计如果能以学生现有认知水平和心理特点为基础，可帮助学生大大激发学习动力。面对瞬息万变的世界，终身学习已经是每个人不可回避的问题，线上教学的合理设计可以使这一培养目标在平时的教学过程中得以实现。

## 二、线上学习动力的教育激励策略

**（一）设置驱动型任务，确保评价科学化**

根据学习需要制定学习目标的关键在于，学习目标的可行性程度和效能性状态。针对初一学生的特点，我认为学生在现阶段英语学习方面，主要是打好语言基础，培养语言学习兴趣。所以，我和同备课组老师给学生英语学习制定的基本规划是"语法和泛读隔周并行"，一周语法，一周泛读，同时在每周最后一节课融入时事英语学习（表3-3~表3-4）。

表 3－3　初一英语第二周停课不停学安排

| 周一 | 周二 | 周三 | 周四 | 周五 |
|---|---|---|---|---|
| 阅读文本<br>观看视频 the giving tree 第一课时<br>完成学案 | 阅读文本<br>观看视频 the giving tree 第二课时<br>完成学案 | 阅读文本 Anger<br>观看说明文阅读（一）视频<br>完成学案 | 阅读文本 Anger<br>观看说明文阅读（二）视频<br>完成学案 | 观看新冠病毒讲解英文视频，做好笔记<br>完成新冠病毒英文手抄报 |

提示：1. 合理安排时间，劳逸结合，自主学习；2. 提前一天到学习群下载学习材料

表 3－4　初一英语第三周停课不停学安排

| 周一 | 周二 | 周三 | 周四 | 周五 |
|---|---|---|---|---|
| 观看语法视频（一）名词的分类＋可数名词变复数<br>记好笔记<br>完成一起中学语法练习（名词） | 观看语法视频（二）不可数名词变复数＋所有格<br>记好笔记<br>完成一起中学语法练习（名词） | 观看语法视频（三）名词易混点<br>记好笔记<br>完成一起中学语法练习（名词） | 无课 | 观看演讲 We Are All Fighters，摘抄好词好句或仿写<br>完成一起中学 We Are All Fighters 配音练习 |

提示：1. 合理安排时间，劳逸结合，自主学习；2. 提前一天到学习群下载学习材料

语法是学习语言的基础，学生在小学阶段也接触过语法，但是不成体系。在语法周的第一节课中，我们就向学生展现了基本的语法分类和学生在本周应掌握的语法内容。比如，语法包括词法和句法，而词法包括构词法和词类（包括名词、动词等）；句法包括句子分类和句子成分。初一阶段，学生主要掌握词法的相关知识。比如，名词单复数、动词时态等知识点，而语法课第一周就是让学生先从名词学起，四课时的安排分别为名词的概念及分类，名词单复数，名词所有格，名词易混点。语法第二周学习代词，四课时的安排分别为人称、物主、指示代词，反身、疑问、不定代词，代词易混点（上），代词易混点（下）。在听课过程中，要求学生做好个性化笔记，课后完成对应的语法练习题。通过对两周语法课的系统梳理，学生对中考中的名词、代词的知识点做了基本的梳理，对初中语法体系有了基本的认知。

阅读是学习语言的必备，而泛读又是一项重要的阅读形式。选择贴近学生、贴近生活、贴近实际的泛读材料，不仅能够激发学生的学习兴趣，

而且可以帮助学生在具体的语境中积累地道的语言、培养语感、提升英语综合运用能力。在两周泛读课程中，我们选择的文本都是原版引进的英语母语学习材料，融故事性、趣味性和知识性于一体。每个读本分两个课时完成：第一课时主要帮助学生梳理文本内容，体会故事的教育意义；第二课时主要进行语言知识的讲解和积累运用。学生可以通过语言知识自测、完成分层学案（图 3 - 3）、跟读录音、复述仿（续）写、绘制绘本插图（图 3 - 4）、表演等多种形式，检测学习效果。经过两周的泛读学习，学生已完成 4 篇英语泛读材料的阅读，掌握了初级的泛读策略（如根据图片及标题预测文本信息），逐渐养成了通过阅读学习语言的习惯。

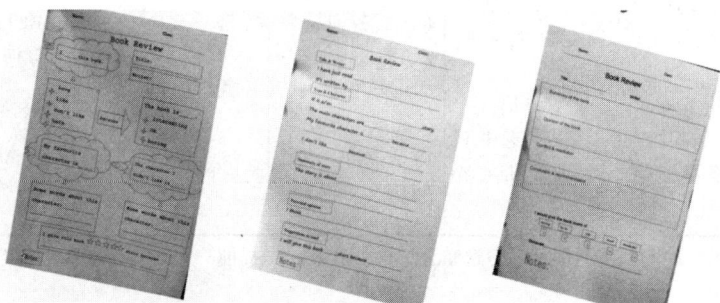

图 3 - 3　分层学案

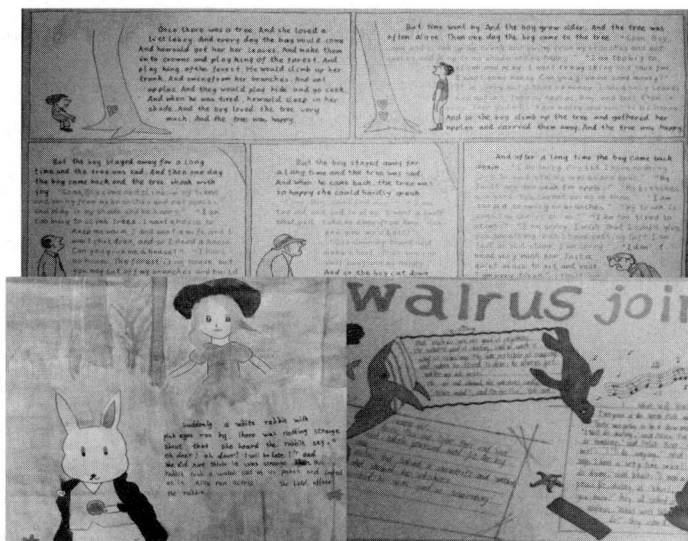

图 3 - 4　绘本插图

在语法和泛读学习之余，我们会在每周的最后一节课加入时事英语学习，让学生通过英语了解当前发生的大事。比如，针对近期发生的新型冠状病毒肺炎疫情，我们就安排了两节课：第一节课给学生播放有关新型冠状病毒的英语词汇的视频，让学生做好笔记，并画出思维导图；第二节课让学生观看针对当前新型冠状肺炎疫情发展的英文演讲"We Are Fighters"，在观看过程中，积累单词及最触动自己的句式表达，之后全班同学根据自己喜欢的段落，在"一起中学"软件中进行配音（图3-5），程度稍好的同学可以模仿所积累的演讲句式进行仿写。这两次课程安排极大地调动了学生的积极性，学生参与度很高，大家都在用自己的智慧表达着战胜疫情的决心。

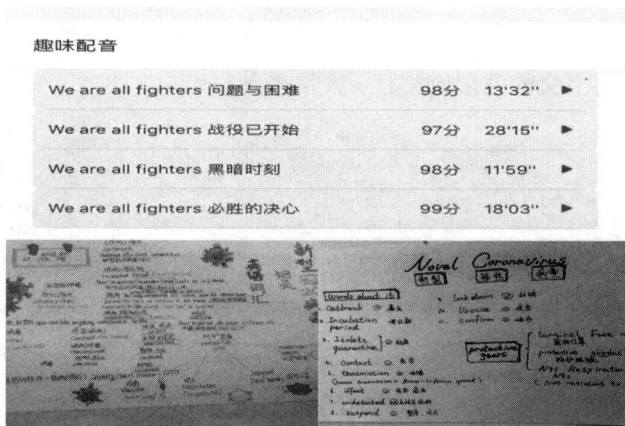

图3-5　配音、思维导图

### （二）加强学法指导，提升自我效能感

社会学习理论者对自我效能感的观点是，它会从内部影响学生对学什么、怎么学，以及坚持的长久度。可能一线教师有个困惑，有时候我们理所当然地认为学生已经明白了自己的意思，但最终的产出效果却不那么让人满意。我认为导致这种现象最根本的一点在于，老师还是没有把指令说清楚，没有把自己的意思传达明白。在特殊时期，师生无法面对面交流，所以，要想减少后续一系列麻烦，老师在布置任何一项任务之前，都应该

告诉学生"怎样去做"才能更好地完成任务，而不仅仅告诉学生任务"是什么"。常言道，授之以鱼不如授之以渔，这里的"渔"在教学中指"学法"。停课不停学的这一时期，我在学法方面，主要对学生进行了做个性化笔记、勤查字典、积累典型错题等指导。

1. 做个性化笔记

笔记是自学能力的最好体现，在前几次学生提交的课堂笔记中，我发现有的学生记了满满好几页，但是做题依然错很多；有的学生笔记潦草，记了也不会回看，觉得浪费；有的学生笔记内容远远低于自己学习的程度等。针对这些问题，我录制微课，给学生专门讲解如何记笔记。首先，记笔记的目的是帮助自己梳理知识，方便日后回看复习，同时也是培养自己静心的过程。笔记内容应该包括标题、日期、重难点、学习过程中产生的新想法等。笔记排版可以个性化设计，思维导图、文字叙述、多样的标注方式均可。最后再一次明确优秀笔记的标准（图3-6）。经过这一次的讲解，后期学生上交的笔记质量有了大幅提升。

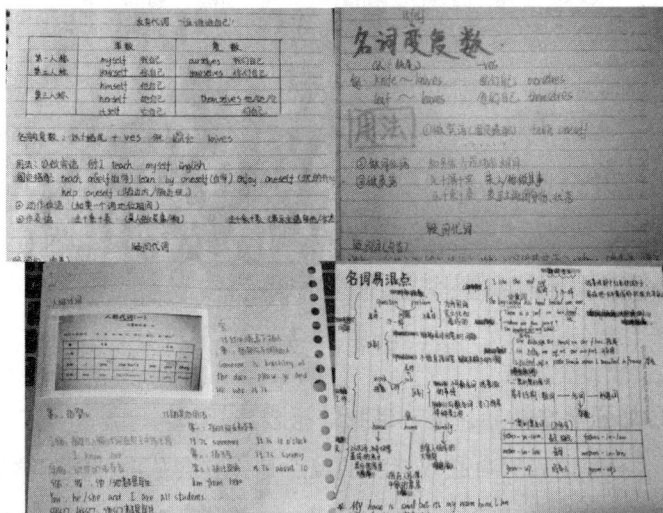

图3-6 个性化笔记

2. 工具书的有效使用

在线答疑时，我发现大部分学生的问题都停留在词汇层面，针对这一问题，我告诉学生解决词汇的最佳方式就是勤查字典，现在有很多高质量的字典 App，我都推荐给了学生。比如，有学生问 what for 的用法，我回复学生"为什么"，之后再把字典的解释截屏发给学生，两者对比，让学生自己体会哪种回答更好。借此机会告诉学生，问老师只能问出词语的个别意思，但是问字典就可以问出许多知识点，包括词语的常用意思、用法、例句、相关的其他表达等。同样，用字典查单词还可以查到单词的词义、词性、固定搭配等用法，帮助学生更为直观地感受勤查字典对语言学习的重要性。

3. 错题积累

在语法学习周，最后一天给学生布置的任务是重做本周做错的语法错题，通过系统记录发现，再次做题，学生的错误率依然很高，这说明第一次学生做错的题并没有真正弄懂。针对这一问题，我录制微课，专门讲解了如何积累错题。首先，做错的题一定要抄原题题干和正确答案，选项可以不用抄，这样可以把选择题当成语法填空题来做。其次，重点是分析错因，用颜色醒目的笔写出解析。错因和解析必须详细，针对知识点，不能一笔带过。最后，要有错题归类意识，同类型的错题可以放到一起进行对比总结，以加强记忆（图 3-7）。这样坚持下来，后期学生在第二遍做错题时正确率提高了很多。

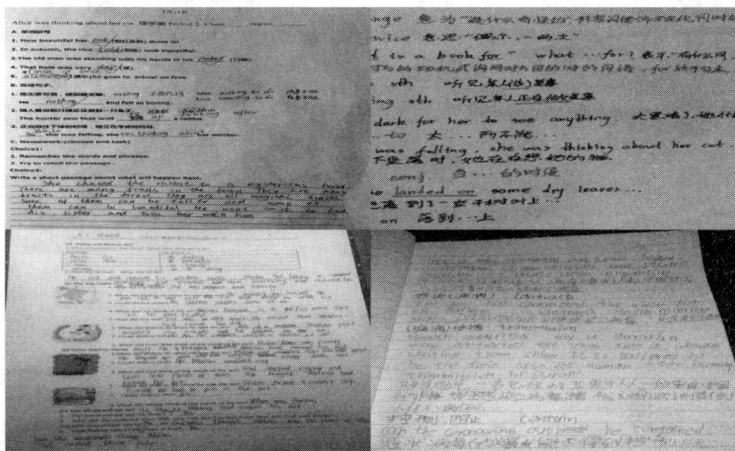

**图 3-7 错题积累**

### （三）树立榜样引领，加强荣誉认同

榜样的力量是无穷的，如果一个群体中榜样逐渐变多，那么群体效应会激励一些后进生不掉队，迎头赶上。在这一方面，我主要做了两项工作：一是反馈每日任务完成情况和表彰优秀作业。在这段特殊时期，对学生的激励表扬比说教批评更奏效，我每天都会在家长群和学生群同时反馈任务完成情况及对优秀作业进行表彰，在获得家长的监督和配合的同时，也激发学生的积极性，创造团结的竞争氛围。这样坚持了4周，加之平时和学生、家长的不断联系，班内学习自主性最弱的学生任务提交次数也保证在了80%；二是组建导师助教团，实行组长负责制，发挥学生的主观能动性。在线教学，师生分散各地，班级管理面临困难，这种情况下，需要更多地发挥学生的主观能动性。我将学生分成了5个小组，每组7人，选出一位组长，其余同学两两结对。组长负责日常学科纪律监管、任务布置、收集反馈组员问题、在线与组员互动等。结对同学一帮一，进行学习上的帮助、激励、督促和评比。通过这些活动设计，更大程度激发学生的主观能动性，对积极参与、表现较好的学生，及时给予评价与鼓励，以激励后进（图3-8）。

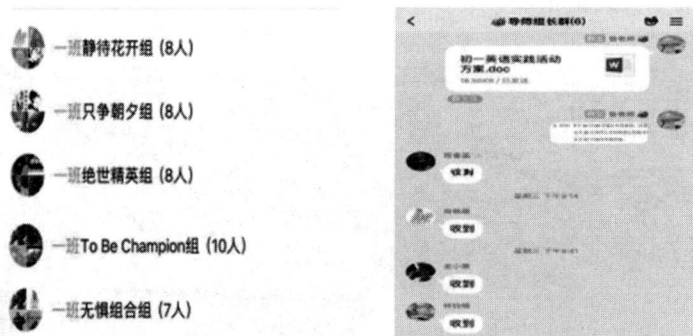

图3-8 导师助教团分组

## 三、结语

在线上教学过程中，通过实施多种物质和情感层面的教育激励策略，循序渐进地提升了学生的学习动力。作为一线教师，开展任何教育教学活

动都要避免形式主义和"一刀切",尽可能系统规划、多了解学生的所需所求,对于那些自主性较弱的学生,应该更加怀有耐心、爱心和关心,对其正确引导,科学安排,帮助其在初期养成良好的习惯,这样对后续学习热情的保持和学习状态的调整,会产生可持续性的积极影响。

**参考文献**

[1] 赵攀,靳越,蒋志良. 学生学习效果的影响因素及提升策略 [J].
西部素质教育, 2019 (15): 208.

[2] 廖涛,甘霞,邱亮. 提升大学生自主学习能力的内外因分析 [J].
教育现代化, 2016 (8): 61-63.

[3] 穆肃,王孝金. 参与和投入而非肤浅和简单——在线学习中的深层
次学习 [J]. 中国远程教育, 2019 (2): 17-25.

[4] 牛丽云,刘晓庄,杜广如,代彬,武轶楠. 以任务驱动学生学习动
力——线上教学实践与分析 [J]. 中国轻工教育, 2020: 24-27.

[5] 李白,沈璿. 新时代大学生学习动力的教育激励策略研究 [D]. 西
安:西安理工大学, 2020.

# 浅谈"图式理论"在初中英语阅读教学中的应用

王雪春

**摘 要**：本文结合图式理论的主要观点和内容，探究图式理论在初中英语阅读教学中的应用，结合初中《英语》外研版（新标准）教材深入浅出地探索图式理论对英语阅读教学的启示，以进一步培养和提高初中生英语阅读水平和能力。

**关键词**：初中英语；图式理论；阅读教学

## 一、引言

《初中英语课程标准》要求学生具有综合阅读能力，并对英语阅读教学的目标做了分级定位，对初中英语阅读教学的要求逐级提高。由此可见，课程标准对初中英语阅读教学的要求进一步提高。阅读教学的过程既是对词汇和语篇进行理解的过程，又是对句子进行分析和解码的过程。英语阅读是英语学习重要的一部分，为了有效提高学生的阅读能力，英语教师在不断地探索各种有效的教学方式。笔者通过长期的教学实践认为图式阅读理论在培养和提高学生的阅读能力方面具有重要价值。

## 二、图式理论概述

图式（schema）一词最早出现在德国哲学家康德的著作中。20 世纪 70 年代，美国的人工智能专家鲁梅尔哈特（Rumelhart）指出，"图式理论基本上是一种关于人的知识的理论，也就是说，它是关于知识是怎样被表征出来的，以及关于这种对于知识的表征如何以其特有的方式有利于知识的应用之理论"。① 该理论强调人已经具有的知识及知识结构对当前的

--------

① Rumelhart D. E. Schemata：Understanding 1984.

认知活动起决定作用。按照图式理论，人脑中所储存的知识都组成单元，这种单元就是图式。

## 三、图式理论与英语阅读

对阅读而言，图式一般分为 3 种类型，即语言图式、内容图式和修辞图式。语言图式指读者已有的语言知识，即关于语音、词汇和语法等方面的知识；内容图式指读者对阅读材料所讨论主题（内容范畴）的了解程度；修辞图式指读者对阅读材料文章体裁、篇章结构的熟悉程度。

图式理论认为，任何语言信息，无论是口头的还是书面的，本身都无意义。它仅指导听者或读者根据自己的已有知识结构恢复或构成意思。根据该理论，阅读理解首先是文字信息输入，然后读者在自己头脑储存的信息中寻找能够说明所输入信息的图式。当这些图式被找到以后，读者就产生了理解，否则就不能理解，或不能完全理解。例如，初一学生一般都能认读下面的英文句子：Jack will never be a gentleman. 其字面意思很简单：杰克永远都不会成为一位绅士。然而他们却很难明白这句话究竟表达的是何意？因为他们头脑中没有英美国家相关文化背景知识的图式。这个 Jack 当然不是指某个特定的人，而是"暴发户"的代名词。这里是英语词汇中人名的借用现象，是约定俗成的。懂英文并具有这方面文化背景知识的人都明白上句意为暴发户永远不会有绅士风度。

从上文分析可以看出，在阅读时，需要读者和作者拥有共享的一部分图式。如图 3-9 所示：

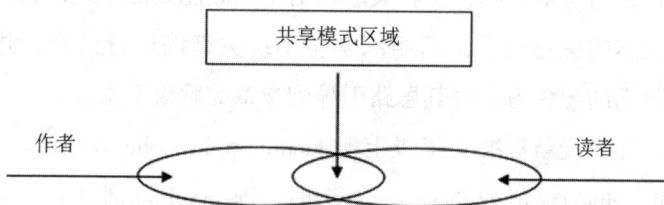

图 3-9 共享模式图

显然，如果读者和作者各自的原有图式没有共享的交集，那么读者的阅读理解就会失败。另外，根据图式理论，读者接受文字信息进行阅读理解的过程是一种主动的"猜测—证实"过程，即文字符号输入人的大脑之后，人就不断地在头脑中寻找有关的图式，直至找到能说明输入信息的图式，即完成阅读理解。

## 四、图式理论对初中英语阅读教学的启示

图式理论认为，读者对阅读材料的语言、内容和修辞结构具有的知识越多，其理解的程度就越深。那么，教师在阅读教学中应怎样帮助和指导学生有效阅读呢？目前，在阅读教学实践中多采用"读前—读中—读后"3个阶段阅读教学模式，每一阶段都有具体的目的及相应的阅读活动。笔者通过教学实践认为在阅读教学中可采取以下教学方法来激活学生已有的图式并建立新的图式，帮助他们把已有的背景知识与阅读材料中的文字信息联系起来，培养学生在阅读中运用图式的能力。

### （一）Pre-reading 有效激活内容图式

教师在阅读教学中应拓宽学生视野，加大背景知识输入，进而丰富学生头脑中的原有图式。

1. 预测法

教师可指导学生根据标题、副标题、图片或非文字提示等预测课文内容。让学生在阅读文本之前谈论他们对文章内容的预测，阅读后与原文对照。然后，看哪个学生的预测接近原文，这样做能激发学生的阅读兴趣。

2. 关键词的介绍与讨论

关键词是与文章主题紧密相关的词语，因此能激活图式。阅读前，教师可出示文本的关键词，然后组织学生围绕关键词进行讨论，并因势利导，发挥他们的想象力，将其思路引导到文章的脉络上来。

例如，在教授新标准八年级上册 Module 5 Lao She Teahouse Uint 2 It describes the changes in Chinese society. 时，Pre-reading 部分先出示课题和老舍先生及老舍茶馆的相关图片，它不仅激活了学生头脑中的原有图式，并进一步对作家和作品进行思考，紧接着笔者便进行头脑风暴，提出以下问题：What do you know about Lao She and Teahouse? 可以让学生分组讨

论，并结合学生个人已有背景知识的积累，引导学生展开讨论。同时，同伴间的讨论也是图式内容不断丰富的过程。从而十分有效地调动学生积极性，活跃了课堂气氛，并为随后的课文理解减少障碍。与此同时，学生在讨论过程中已涉及文章当中大部分相关词汇，此时再引导学生围绕关键词进行讨论，因势利导，然后再让学生验证他们所谈论的关键词及预测的信息在文章中是否出现过，当学生发现自己的预测得到证实，当然也就信心倍增，积极性也更高了。

**（二）While-reading 内容图式的呈现**

在阅读教学中，教师指导学生建立语篇图式，一方面有助于引导学生整体理解文章；另一方面，建立图式后，因有了视觉上的结构，可以加深对语篇的理解，便于记忆。实际上是分析语篇结构和综合语篇内容的过程。因此，建立语篇图式可以锻炼学生的分析能力和综合能力。重视语篇中的非语言因素，即语篇中的时空顺序、图式图表、因果关系、文章体裁、语气心绪等，引导学生准确地理解和体会所阅读内容。同时，学生的收获不仅是认识了多少词汇或理解了多少内容，更重要的是学会了阅读。

以新标准八年级上册 Module 8 Accidents Unit 2 I was trying to pick it up when it bit me again. 为例，在阅读前有效诱导学生的内容图式后，教师可帮助学生建立语篇图式（图 3-10）。

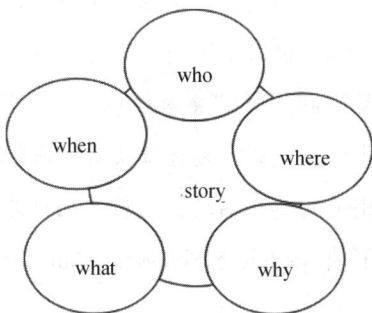

图 3-10　语篇图式

这是一篇以记事为主的记叙文，它带给学生的信息能够激活学生头脑中有关记叙文要素的图式。学生会在这个图式指引下，了解故事的主要内容。于是，课文中的信息被纳入了图式提供的框架中，整合为一体。

再以 "Module 4 Planes, ships and trains Unit 2 What is the best way to travel?" 为例（表 3 - 5）。

表 3 - 5 例句对比

| Ways of travelling | Good points | Bad points |
|---|---|---|
| Train | more relaxing than by coach | more expensive than by coach |
| Cars and ship | the most comfortable way to travel | the most expensive way to travel |
| Coach | cheapest | crowded in summer; taking a long time |
| Plane | fastest and not very expensive | may have to wait for hours at the airport because of bad weather |

通过此图式，还可以培养学生逻辑思维和整体把握事物的能力，对提高学生的阅读效率有很大的帮助。

### （三）Post-reading 内容图式的综合运用

《初中英语课程标准》要求在英语教学中要努力使基础知识转化为言语技能，并发展成运用英语进行交际的能力，因此在 Post-reading 中采用自上而下的模式深化语言知识学习与运用，是提高学生阅读能力和语言技能的必然要求。鲁梅尔哈特指出，图式描述了记忆内容的排列布局，有利于读者有计划地回忆文章中的信息。例如，可以通过阅读后列提纲、画图表、写总结等来加深记忆，也可采用讨论写作意图、围绕内容进行语言交际活动等形式来巩固及拓展所学的文章信息，可采用仿写、缩写、改写、续写文章或其中一段或口述大意、复述课文等交际练习形式，同时也可以开展与文化背景知识相关的英语活动，寓教于活动之中。

以新标准七年级下册 Module 5 Shopping Unit 2 You can buy everything on the Internet. 为例：

Task1：Discussion

Q：In the future, will Internet shopping totally replace the traditional way of shopping?

Why or why not?

让学生以小组为单位进行热烈讨论，发挥创造性想象，通过开放性问题的设置将文本主旨思想升华。同时，也有利于为接下来的 Writing task 埋下伏笔，达到很好的铺垫效果。

Task2：Writing Task

Write a composition according to what you have discussed about.

学生在阅读文章后，大脑中形成新的内容图式，教师设置相关的写作训练使学生结合旧的内容图式，探讨未来网购的发展趋势，发散学生思维，为学生思想交流提供平台，碰撞出智慧的火花。

因此，教师在进行读后活动时，应指导学生利用已建立的图式进行各种活动，鼓励学生大胆地发表自己的见解，并为学生创设自由、宽松的讨论氛围，以充分调动学生学习的积极性。

## 五、结语

综上所述，图式理论对提高学生的英语阅读能力起着关键的作用，阅读的过程实际上是读者的图式体系被有效激活的过程。此外，图式理论也有利于学生逐步完成自己的认知结构，有利于培养学生分析问题和解决问题的能力，真正体现了"用语言做事"这一任务型教学的核心，以切实提高学生的语言理解能力。

**参考文献**

[1] Rumelhart D. E. Schemata：Understanding 1984.

[2] 中华人民共和国教育部. 义务教育英语课程标准（2011 年版）[M].
北京：北京师范大学出版社，2012.

[3] 杨晓燕. 图式理论及其在外语阅读理解教学中的应用 [J]. 中小学
英语教学与研究，2000（2）.

[4] 张晓勤. 图式理论与英语阅读教学 [J]. 山东电大学报，2007.

[5] 王蔷，程晓堂. 英语教学法教程 [M]. 北京：高等教育出版社，2000.

[6] 张琦. 图式论与语篇理解 [J]. 外语与外语教学，2003（2）.

[7] 周梅. 图式理论及阅读前期任务的设计原则 [J]. 重庆大学学报，2005.

# 将生活中的物理问题带进课堂

李　享

摘　要：初中阶段物理学科的考查内容倾向于基础知识，但是物理教学不能只停留在基础知识上，对学生能力的培养才是重中之重。特别是学生利用所学知识解决实际问题的能力。因此，如何在物理学科素养的指导下，把能力教给学生是每个物理教师需要思考的内容。

关键词：核心素养；自制教具；联系实际

当前我国基础教育的实验教学普遍存在"重理论，轻实践"的现象，物理实验的教学及实验的考查往往以基础知识为主，实验技能考查大多也是纸上谈兵，学生的动手和创新能力被弱化。学生在学科成绩上能够达标、优秀，但是他们不一定具有将所学知识应用到实际生活中的能力。归纳、总结了各个学科在教育教学中存在的问题和不足后，教育部启动了"立德树人工程"，而基于核心素养的课程改革，也成了深化基础教育课程改革的重要举措之一。

物理学科的核心素养包括物理观念、科学思维、科学探究、科学态度与责任。作为一门以实验为基础的自然科学学科，物理课堂当然也离不开实验。初中的物理教学更是如此，而在此基础之上更为重要的就是让学生具备在实际生活中应用学科知识解决实际问题的能力，真正地将物理知识、物理思维内化为自己的生活能力，从而推动自身的全面发展。所以，无论是物理观念、科学思维、科学探究还是科学态度与责任，每部分的核心素养都不可避免地围绕着两点来实施，即课堂实验、生活实际。因而，如何激发和引导学生主观地将二者相结合，让学生在生活实际中学习物理知识，带着物理知识走向生活实际，是物理教师在日常教学中应该考虑的问题。

## 一、发现实际问题，模拟实验情景

初中物理的知识虽然涉及力、热、光、电等多方面的内容，但是均为基础知识，难度相对较低。物理教材经过多次改版，保留下来的也是物理学科中的经典实验。但是随着社会的发展，生活中也有越来越多的实际问题与这些基础的物理知识相关联。若要让学生具备这种知识迁移的能力，那么作为教师就应该善于发现这些实际问题，将这些实际的问题或现象以情景再现的形式带到物理课堂中来。在经典实验的基础上以这些离学生更近、学生更感兴趣的实际问题为辅助，引导学生建立物理观念、发展科学思维，让学生在探究式的学习中形成尊重事实、善于质疑的科学态度，最终学生才能把所学的知识迁移到其自身的生活实际中并且有所创新。

"发现问题"能力也属于物理学科核心素养中"科学探究"的一部分。这一能力主要体现在 3 个方面，即能够从日常生活中、自然现象或实验观察中发现相关物理现象之间的联系；能发现两个不同物理现象的区别；能发现在其他场合下和以往事件中没有出现过的物理现象。比如，初中教材中的液体压强一节内容的重点之一就是让学生体验到液体有压强。与固体压强不同，对于液体压强学生接触得不多，需要在课上结合生活实际强化学生体验。加强学生对液体压强的认识。与液体压强相关的实际应用中，汽车落水后车门无法推开这一现象造成了很多的伤亡事故，并且这样的事故频频发生。这就体现出"从日常生活中、自然现象或实验观察中发现相关物理现象之间的联系"这一科学探究能力。如果把这一情境通过自制教具的形式，将汽车落水情境在课堂上加以演示。学生体验之后就能明显感知到是因为液体压强的存在使得车门无法打开，这一实验也就达到了让学生体验液体压强存在的目的，同时也能够促使学生思考如何克服这一困难从而实现打开车门逃生，引出学生接下来的学习内容。

## 二、注重知识联系，拓展实验功能

如果想要把生活中的物理问题带进课堂，还需要考虑如何设计演示器材的功能，演示实验按照教学功能可以分为引入类演示实验、探究类演示实验和应用类演示实验。

（1）引入类演示实验，是指为了创造理想的、有物理趣味性的、有启发性的、能产生认知冲突的实验现象，以激发学生的兴趣和探究欲望。

（2）探究类演示实验，是指为了引导学生自主探究、发现并建立概念、理解物理规律而设计的演示实验。这类演示实验可以提供充分的感性材料，条件鲜明，观察对象突出，演示层次分明，便于学生在观察和思维过程中建立概念、探究规律。

（3）应用类演示实验，是指为了巩固新知识（或复习知识），促进学生知识迁移，进行知识评估而设计的演示实验。有利于发展学生理论联系实际、分析问题、解决问题的能力。

以生活实际为依托的情景模拟实验可以融合多种演示器材的功能。比如，汽车落水情境既是引入类演示实验，又是应用类演示实验。因为它不仅可以引导学生体验液体压强的存在，还可以结合其他内容巩固新知识并促进学生知识迁移。在学习完影响液体压强因素的内容后，可以让学生思考当车外的积水缓缓渗进车内时，逃出落水车的最佳时机是什么时候？学生通过观察实验会发现，当车门内外水位一致时，门内外水压相互平衡，门很容易被推开。此时即为逃出落水车的最好时机。实验结果与学生学习的液体压强与深度的关系相印证。大大强化了学生对本节课内容的理解。

### 三、落脚问题解决，挖掘实验价值

若让实验教具更加充分地发挥其价值，教师还需要考虑本节课、本章节、本学科乃至与其他学科知识内容之间的联系，并引导学生建立知识之间的联系。最终让学生看到一个情景或模型时，能够有意识地联系到所学的知识内容，掌握这种知识迁移的能力，有效地解决实际问题。这也是物理学科核心素养中"物理观念"的重要体现，即创设真实的教学情境，让学生经历科学探究和思维加工，保证物理概念和规律的内化，形成学科的思想，并将这些观念用于解决实际问题，发展学生分析问题、解决问题的能力。

在液体压强一节中，汽车落水情境的演示，能够体现出液体对容器壁有压强这一知识点。同时在分析如何利用液体压强知识逃出落水车的学习过程中，也对所学知识有了很好的运用。在此演示实验的基础之上，教师还可以让学生通过分析逃生方法回顾总结压力压强相关的知识点。水缓缓渗入车中时，可以保存体力，等待车内外水位一致时逃生，而若汽车已被水淹没时还可以利用尖锐物品打破玻璃逃生，这样增强学生的安全意识的同时也极大地提高了学生的学习兴趣。此外，液体压强在其他情境中也有应用。比如，遇到山洪需要开闸放水时，如果水压过大，阀门提拉时受到的摩擦阻力会很大，导致无法向上拉动，不能放水。让学生在上一个情境的基础之上结合摩擦力的相关知识思考如何解决这一实际问题，这样可以真正磨炼学生分析问题、解决问题的能力，也可以发挥出将生活中的物理带入课堂这一举措的真正价值。

## 四、结语

物理学科素养对物理教学有很多指导，而学生学习物理的目的一定要落脚于解决实际生活中的问题。每一个学生都会有自己不同的发展方向，物理学科教学不仅要教会学生知识，更要教会学生观察生活的能力，利用学科知识解决在实际生活中遇到的问题的能力。只有教师将生活中的物理问题带进课堂，学生才能把课堂上的知识应用于生活。

**参考文献**

[1] 孔令发. 初中物理实验教学存在的问题与解决策略 [J]. 中学物理（初中版），2014，32（7）：32-33.

[2] 其木格，林海河，郭继成. 物理演示实验设计：以问题为导向——兼论课堂教学中演示实验的统筹问题 [J]. 内蒙古师范大学学报（教育科学版），2007，20（12）：93-95.

# 应用现代化虚拟技术培养创新思维

仇诗硕

**摘　要**：在"新冠"疫情的影响下，教学转移至线上。为尽可能地还原化学实验的价值，笔者发展了线上虚拟实验平台的应用，现代化的技术应用丰富了学生探究体验，材料的多元，进一步开拓了学生的设计思路，在探究中发展了学生的创新思维。

**关键词**：虚拟实验；中和反应；学生体验；创新思维

## 一、问题的提出

由于"新型冠状病毒肺炎疫情"的防控政策，2020年春季学期转为线上学习。学习模式的转变，对于化学教学而言，实验教学难度加大，难以实现学生自主的实验探究活动。此外，近些年，教育部也提出发展教师信息技术的应用能力，应用现代化的技术手段，培养学生的创新思维。双重背景下，本节课积极应用虚拟实验平台，利用线上模拟实验的方式，增强学生的参与性、实践性。充分应用虚拟平台的开放性，使得学生有更多自主选择和尝试实验的空间，发展创新的能力。

## 二、实验教学的方向

### （一）探究实验的重要性

2011年发布的《义务教育化学课程标准（2011年版）》中指出，科学探究是一种重要而有效的学习方式。传统实验中凸显出的实验室开放时间不够、实验仪器缺乏、实验药品成本高等问题，教师习惯传统教学方式，忽略学生动手操作能力培养，导致实验教学效果不明显。演示实验、实验视频的大量应用，容易导致学生对于实验的热情丧失，对化学学习的兴趣逐渐减弱。而课上的探究实验，药品单一，实验器材的预见性，都限制了学生的思维。因此，积极发展开放性的信息技术平台，让学生拥有更加丰富的选择试剂、选择仪器的空间，更加有助于思维的发展，更加能够体会实验探究的乐趣。

### （二）"探究酸碱中和反应"内容对于虚拟实验的需要

关于酸碱中和反应的学习内容，《化学（九年级下册）》（北京版）教材中以演示实验呈现，因此在日常教学中，大多教师采用演示实验或者播放实验视频的方式进行教学。而该内容已有的教学设计中学生分组进行实验探究占大多数，并将教学重点均放在了实验探究部分，说明部分教师认为探究酸碱中和反应的演示实验转变为学生自主的探究活动更加有助于本内容的教学难点"理解探究酸碱中和反应实验的设计思路以及设计意图"的突破。在酸碱中和反应的学习中，证明氢氧化钠与盐酸发生反应的方法众多，学生的探究积极性较为强烈。该平台的应用，相较演示实验更加能够满足学生进行实验设计的需要，给予学生更多的实践机会与实践平台，有助于学生创新思维的发展，也能够对酸碱中和反应的学习起到重要的辅助作用。

### 三、本次教学中所应用的虚拟实验平台

虚拟实验平台，可以通过鼠标操作完成实验的演示，并且实验演示的过程中，还会根据已有的理论，进行相应的现象显现。本次教学应用"NB 化学实验"平台，该平台提供常见的实验仪器及实验药品，学生在实验设计的基础上可通过该平台模拟进行实验操作，并且能够观察到理论上的实验现象。该虚拟实验平台有良好的体验性，包含"交互性""智能性""探究性""可错性与可重复性"等特点。

### 四、应用虚拟实验平台技术的"中和反应探究"线上教学

在"探究酸碱中和反应"的教学中，以虚拟实验平台代替图片实验及实验视频进行教学。在课后任务布置中，鼓励学生应用该平台进行实验设计以及实验演示，并进行分享，教师在课下进行引导。具体的教学环节如表3-6所示。

表3-6 "探究酸碱中和反应"的教学流程表

| 教学环节 | 教学过程 |
|---|---|
| 活动1：从宏观现象探究盐酸和氢氧化钠是否发生化学反应 | 情景引入：抗酸药——复方氢氧化铝。设问：复方氢氧化铝为什么能够治疗胃酸过多？类比常见有明显现象的实验，提出初步的实验策略，并进行虚拟演示。回顾证明二氧化碳与水发生反应的探究思路，通过类比分析，进行实验设计，并观看模拟实施过程尝试对实验进行分析得出结论 |
| 活动2：从微观视角认识酸碱中和反应本质 | 回顾微观视角下酸、碱在水溶液中的存在形式，从微观角度模拟演示酸碱中和反应的微观实质，理解中和反应的实质 |
| 活动3：符号表达——中和反应方程式的书写 | 结合微粒的变化、质量守恒定律，从电荷的角度再认识中和反应 |
| 活动4：酸碱中和反应在生产生活中的应用 | 解释复方氢氧化铝片能够治疗胃酸过多的原因，用化学方程式进行表达，以此出发了解酸碱中和反应在实际生产生活中的应用 |
| 小结 | 回顾本节课的内容 |

本节课完成后，留有思考题：根据对氢氧化钠和盐酸的其他性质的分析，自主进行实验设计，验证酸碱中和反应的发生。在后期的实验过程展示的环节中，学生分享了自己实验设计的思路和改进过程，以及对实验现象的分析。方法有以下几种：

组一：加入紫色石蕊证明反应发生

实验操作：取少量的氢氧化钠溶液于试管中，滴加少量的紫色石蕊溶液，然后向其中滴加稀盐酸。实验结果如图3-11所示。

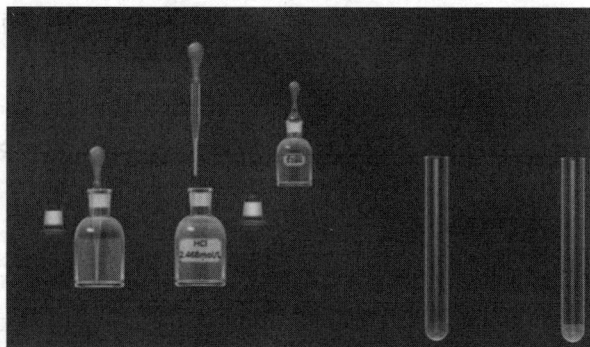

图3-11 实验现象图

组二：加入铁钉证明反应发生

实验操作：取少量的氢氧化钠溶液于试管中，滴加少量的盐酸，然后向其中加入铁钉，实验结果如图 3－12 所示。

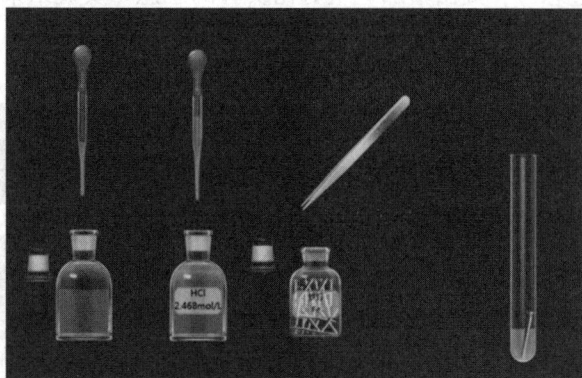

图 3－12　实验现象图

教师引导：铁钉被反应，能说明盐酸一定没有与氢氧化钠发生反应吗？学生：盐酸还可能没有反应完。

对实验进行改进，通过改变反应物的量继续进行实验，改进后的实验结果如图 3－13 所示。

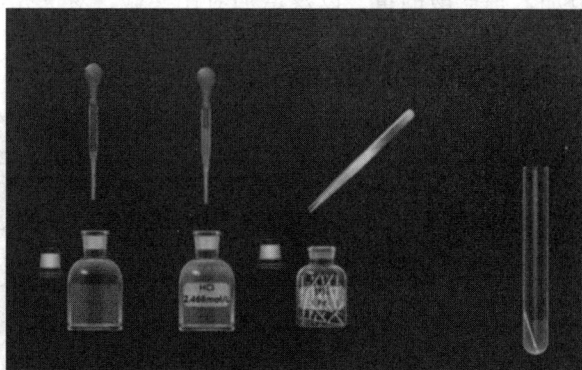

图 3－13　实验现象图

引导学生进一步思考：前面的实验能够说明盐酸就消失了吗？如何改进实验能够更加明显地对比得出盐酸的酸性消失了？

这时有同学提出，先在试管中滴加盐酸，观察到有气泡产生，然后再向其中滴加氢氧化钠溶液，观察到气泡消失。但是这个想法也遭到了部分同学的质疑，认为可能是盐酸已经被反应掉了，导致了气泡的消失。

学生经过思考，提出增加一组对比实验的思想。实验结果如图 3 - 14 所示。

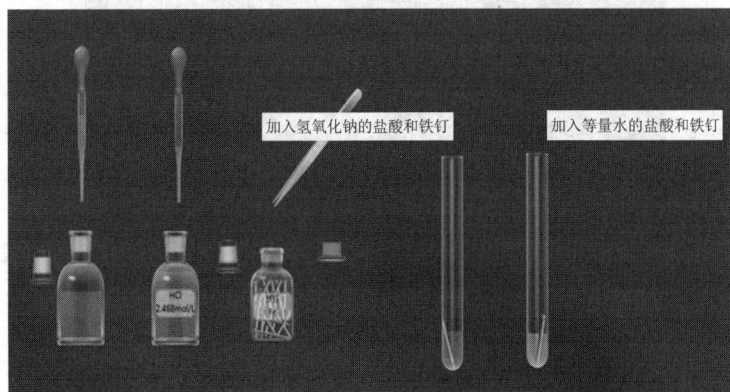

图 3 - 14　实验现象图

组三：加入碳酸钙证明反应发生

"碳酸钙组"在进行实验的过程中也遇到了和"铁钉组"相似的问题，通过调节加入稀盐酸的量，以及增加对比实验，对探究过程进行完善，实验结果如图 3 - 15 所示。

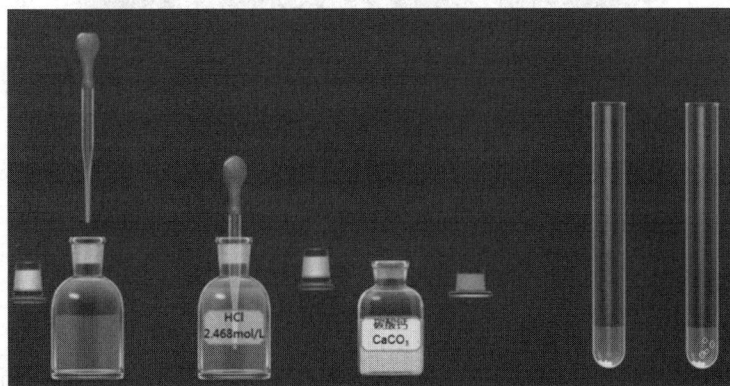

图 3 - 15　实验现象图

分享完成后，还有同学提出用 pH 试纸证明反应的发生，得到了大家的一致赞同。

通过自主的实验的设计，实验演示和分析，并进行成果分享和展示，学生对于中和反应的探究思路有了更加清晰的认识和理解。虚拟的实验过程，尽管与实际实验仍旧有很大的差距，但是经访谈，学生普遍认为虚拟实验方式要好于实验视频，在不断实验的过程中，感受到了实验探究的乐趣，意识到了化学实验与结论之间的重要关联。

## 五、收获与反思

### （一）积极使用信息技术辅助教学

学生对于新颖的现代化信息技术的使用有较大的兴趣，因此需要教师积极发展现代化技术的应用，在辅助教学的同时，也能够激发学生的学习兴趣，激发学生的创造力，拓展学生创新思维。

### （二）教材中重点实验要进行"真"探究

中和反应的探究在中学化学教学中有重要的承上启下的价值，而在日常教学中，由于课时、实验安全等条件的限制，常常忽视这部分的探究过程，学生难以进行真正的思考，使得学生对于酸碱中和反应的认识不够完善。将探究活动转移到课下，通过线上虚拟实验平台的应用，能够在一定程度上缓解该问题造成的压力，给予了学生充分探究的时间和仪器选择，不仅能够在实验设计中有更多的思路，还能够发展学生的思维。

### （三）创新思维的培养

在本次教学中，新平台的使用使得原有对于药品和仪器的限制大大降低，学生的选择增加，给予了学生实验设计的新思路，大大拓展了学生的创新意识，加强了知识之间的联系，有助于知识的理解和记忆，也有助于知识的应用和能力的发展。

**参考文献**

[1] 中华人民共和国教育部. 教育部关于全面推进教师管理信息化的意见 [Z]. 教育部，2017.

［2］中华人民共和国教育部. 义务教育化学课程标准（2011 年版）［M］.
北京：北京师范大学出版社，2011.

［3］张永红. "酸和碱的反应"教学设计与反思［J］. 中学化学教学参
考，2012（4）：30 - 32.

［4］顾立新. "酸和碱之间会发生什么反应"教学探析［J］. 化学教学，
2010（11）：38 - 40.

［5］娄珀瑜. 利用体验式学习软件构建化学实验适时教学空间［J］. 化学
教育，2011，32（11）：59 - 61.

# 用心启蒙你我

董祎一

**摘　要**：首师大附中昌平学校始终秉承着"一种意识（责任担当意识）、一种品格（自信坚毅品格）、两种精神（勇于探索精神、团队合作精神）、三种能力（自主学习能力、动手实践能力、创新思维能力）"的学生培养目标。在2017年《普通高中生物学课程标准》及相应教材的指导下，应用概念教学的方式，通过整体单元教学设计了实验探究性学习活动。学生在生物课堂中不仅可以逐渐形成有关学科知识不同层次的概念，落实生物学科核心素养，还可以培养意识与精神、锻炼能力、养成品格，最终全面达成目标。

**关键词**：概念教学；实验探究性学习；整体单元设计

## 一、概念教学

### （一）概念教学的背景

2017年《普通高中生物学课程标准》（以下简称《新课标》）的课程性质中明确指出，高中生物学课程的精要是展示生物学的基本内容，反映自然科学的本质。它既要让学生获得基础的生物学知识，又要让学生领悟生物学家在研究过程中所特有的观点，以及解决问题的思路和方法。生物学课程要求学生主动地参与学习，在亲历提出问题、获取信息、寻找证据、检验假设、发现规律等过程中习得生物学知识，养成科学思维的习惯，形成积极的科学态度，发展终身学习及创新实践能力。然而在教与学的实践过程中，生物学科概念繁杂，更新速度快，与生活联系紧密，对高中生在知识内容和逻辑思维拓展深度的要求显著高于初中阶段。为解决以上问题并落实促进学生核心素养发展的宗旨，聚焦大概念，突出生物学重要或次位概念的理解和应用变得尤为重要。

### （二）概念教学的应用

2003 年《普通高中生物课程标准（实验）》中明确指出：要注重将现实生活与生物学的学科内容紧密结合，让学生在现实生活的环境中去学习，在对现实生活中出现的问题进行解决的过程中，更加深刻地对生物学核心概念进行掌握和理解。《义务教育生物课程标准（2011 年版）》中进一步指出了生物学概念的重要地位。在现行《新课标》中，"大概念"被首次提出，并在字里行间中强调生物学的课程内容要围绕大概念来展开。

概念是一类事物共同本质特征的概括。《新课标》中明确列举出高中生物必修课程，以及选择性必修课程聚焦的 10 个大概念，而这 10 个大概念的习得并不是一蹴而就的。10 个大概念被细化为 31 个重要概念，重要概念下又有 120 个次位概念的支撑。教师在设计教学活动时，以达成相应生物学科概念为指导，结合普通高中教科书教学资料与社会热点、前沿科研成果，据学情准确定位应达成的素养水平，协助学生先理解次位概念，然后掌握重要概念，最后建立大概念，从而开展高效课堂教学活动，落实生物学科核心素养。

## 二、概念教学应用的方式

### （一）通过实验探究性学习活动，增加学生感性认识，克服微观结构认识困难

实验教学是生物学课程的特点，也是生物学教学的基本形式之一。以探究为特点的教学不仅会直接影响核心素养中"科学思维""科学探究"的落实，也会间接影响另外两个核心素养的达成。因此，在实验课中开展探究性学习活动，可有效协助学生形成相应概念。

基于教材中"观察植物细胞质壁分离和复原"的实验，组织学生开展探究不同浓度蔗糖溶液对洋葱外表皮细胞质壁分离后复原的影响。依次理解 2.1.1 质膜具有选择透过性，2.1.2 有些物质顺浓度梯度进出细胞，不需要额外提供能量，2.1 物质通过被动运输、主动运输等方式进出细胞，并维持细胞的正常代谢活动，最终支撑大概念 2 细胞的生存需要能量

和营养物质。

　　根据预实验结果，确立学生探究过程采用的实验试剂浓度范围为：0.1～2.0g/mL 的蔗糖溶液。通过反复实验发现（表3-7）：当蔗糖浓度 ≤0.1g/mL 时，该植物细胞不会发生质壁分离现象，蔗糖浓度为 0.2～1.1g/mL 时，植物细胞发生质壁分离且滴加清水后自动复原，蔗糖浓度为 1.2～2.0g/mL 时，植物细胞发生质壁分离，滴加清水后，植物细胞出现"假复原"现象（图3-16～图3-17）。

表3-7　0.1～2.0g/mL 的蔗糖溶液下，洋葱外表皮细胞质壁分离后复原现象

| 蔗糖浓度 | 0.1g/mL | 0.2g/mL | 0.3g/mL | 0.4g/mL | 0.5g/mL | 0.6g/mL | 0.7g/mL | 0.8g/mL |
|---|---|---|---|---|---|---|---|---|
| 质壁分离现象所需时间 | 未观察到质壁分离现象 | √ | √ | √ | √ | √ | √ | √ |
| | | | | | | | | |
| 吸水复原现象 | | √ | √ | √ | √ | √ | √ | √ |
| 蔗糖浓度 | 0.9g/mL | 1.0g/mL | 1.1g/mL | 1.2g/mL | 1.3g/mL | 1.4g/mL | 1.5g/mL | 2.0g/mL |
| 质壁分离现象所需时间 | √ | √ | √ | √ | √ | √ | √ | √ |
| | | | | | | | | |
| 吸水复原现象 | √ | √ | √ | × | × | × | × | × |

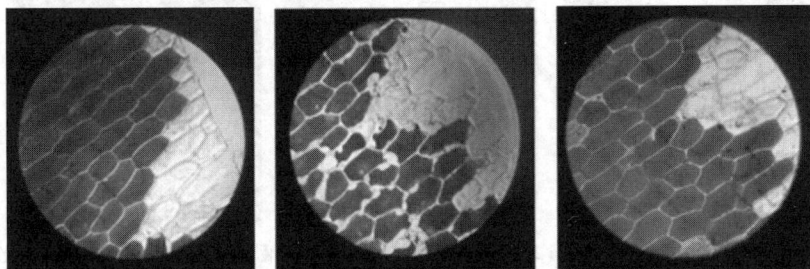

图3-16　滴加浓度为 1.1g/mL 的蔗糖溶液，洋葱外表皮细胞形态变化

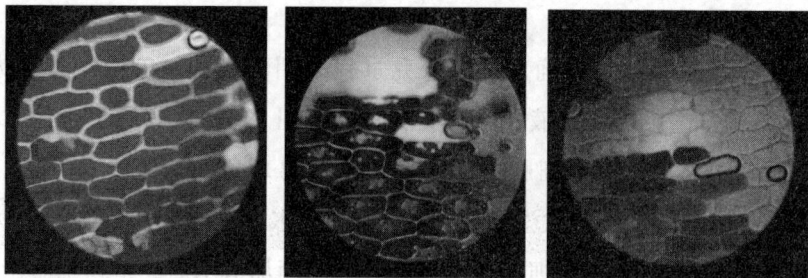

图3-17 滴加浓度为1.2g/mL的蔗糖溶液，洋葱外表皮细胞形态变化

何谓"假复原"现象呢？通过实验探究性学习活动的开展，学生认识并理解洋葱外表皮细胞质膜具有选择透过性，在该实验中，仅允许水分子这类物质从多到少，自由扩散，完成跨膜运输。在此功能特点下，出现质壁分离及复原现象。然而对照1.1g/mL，1.2g/mL蔗糖溶液处理结果后，不少学生发现，被1.2g/mL蔗糖溶液浸泡的植物细胞，滴加清水后，放置相同时间，大多数细胞液泡中的花青素流失。有学生提出，红苋菜细胞液中含有红色的花青素。将红苋菜叶片切成小块后放入水中，水的颜色无明显变化，若将切开的叶片放到沸水中，高温使细胞膜失去活性，丧失控制物质进出的功能，水的颜色变红。结合以上信息，学生推测（图3-18）：当滴加高浓度（≥1.2g/mL）蔗糖溶液时，洋葱外表皮细胞发生质壁分离。高浓度蔗糖溶液破坏了该细胞质膜结构完整性，使其失去选择透过性，随着滴加清水时间的增加，花青素从细胞中流失。

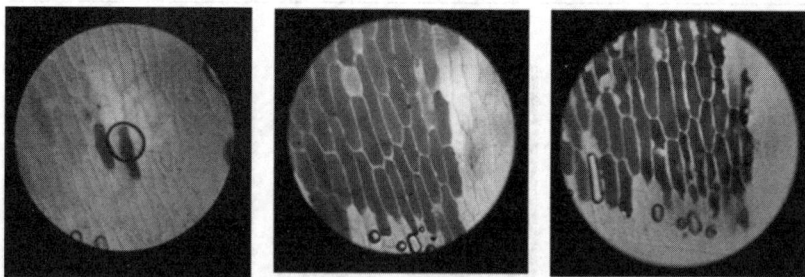

图3-18 滴加高浓度（≥1.2g/mL）蔗糖溶液及清水溶液，洋葱外表皮细胞形态变化

传统教学模式常以知识灌输为主，难以激发学生学习兴趣，何谈生物学概念的形成？何谈学生核心素养的发展？若以学生自我探究为主，教师

发挥思维点拨的功效，鼓励学生发现问题、解决问题，在潜移默化中方可水到渠成。

在本次探究活动开展过程中，"假复原"推测内容的提出，大幅提高了学生对《新课标》概念2的感性认识，学生可灵活应用所学知识判断出植物细胞是否具有生命活性。另外，这种模式的课堂教学，有效激发了学生学习生物概念的兴趣。部分学生进一步提出，对照浓度≤1.1g/mL与>1.1g/mL的蔗糖溶液处理结果，当细胞膜失去活性，通过电子显微镜观察到洋葱外表皮细胞中花青素颜色呈现阶梯性变化。根据上述实验结论，学生大胆推测：颜色较深处为花青素主要分布区域，即植物细胞液泡中储存的该物质。颜色较浅处反映出细胞质基质中分布少量花青素。高浓度蔗糖（>1.1g/mL）溶液破坏该植物细胞质膜结构及功能后，随滴加清水时间的增加，液泡中的花青素经细胞质基质，最终从细胞流失。学生在探究、讨论活动中不仅克服了微观结构认识的困难，锻炼了思辨能力，并且真正理解了生物概念2.1.1（图3-19），植物细胞原生质层由细胞膜，细胞质和液泡膜组成，具有选择透过性。

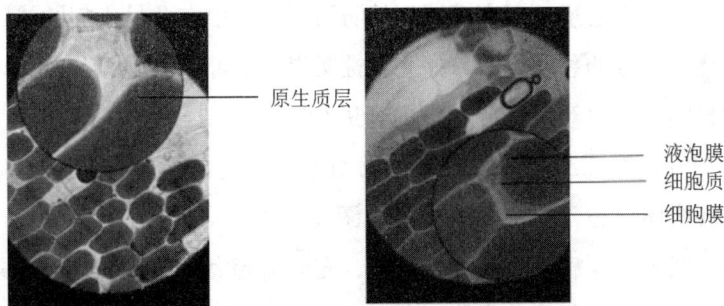

图3-19　滴加浓度≤1.1g/mL及>1.1g/mL的蔗糖溶液，洋葱外表皮细胞形态变化

**（二）通过单元整体设计，聚焦重要概念，落实学生生物学科核心素养**

美国学者加里·鲍里奇认为，系统的力量在于整体大于部分之和。"通过计划好的许多课时的共同作用，知识、技能和理解得以逐渐发展，产生出越来越复杂的结果。"错综复杂的生物学相关知识分散在各个教材教学单元间，教师要充分利用单元整合教学法，在大概念、重要概念、次位概念的指导下，对教材内容实施系统分析，进行单元教学目标的细化，

进行单元教学内容的整合，进一步通过构建知识框架强化知识点间的逻辑关系，全面提高课堂教学质量。因此，通过单元整体设计，建立知识间的系统联系至关重要。

基于《新课标》要求，以落实生物学概念 1.4.1～1.4.4 角度出发，形成 1.4 重要概念。联系社会热点：抗击新型冠状病毒肺炎疫情期间，社会对医疗工作的关注，从整体上把握教学单元间的关系。以"诊断"作为整体教学设计的主题，学生转换身份为医务工作者，通过对不同疾病成因、防控方法等问题的探究，实现生物课程的标准。通过此次单元教学活动，学生从中获得必要的生物学基础知识，构建合理的知识框架；提升空间想象、抽象概括、推理论证等基本能力；提高提出、分析和解决问题的能力；提高学习的兴趣；逐步认识生物学的科学价值、应用价值和文化价值；建立生命观念等生物核心素养。

基于《新课标》所编写的《普通高中教科书（2019 年版）》，其中增添了大量国内、外新研究结果，为教师开展课堂教学活动提供了充分的素材。结合选择性必修一《稳态与调节》中第三章提供的教材资料，教师共创设 6 个不同情境：探究糖尿病的防治，分析甲亢及呆小症的成因，探究一氧化碳中毒的急救方法，探究急性肠胃炎的补水措施，分析人体发热的自愈机制。学生对该部分教材内容进行分析，结合学案资料得出结论，形成"内分泌系统产生的多种类型的激素，通过体液传送而发挥调节作用，实现机体稳态"这一重要概念（图 3-20）。

鉴于我国糖尿病发病率逐年上升，充分引起大众关注，且对糖尿病成因与治疗的研究成果日益成熟，高中选修生物学科的学生对该病有了一定的了解，故本单元活动的开展从"探究糖尿病防治"这一问题入手。学生通过对文本信息，线性结果，图文展示的分子机制等材料进行独立思考，并初步写出正常人与患者内环境中血糖的来源与去路，以及血糖调节过程。在此基础上，组织学生以文字描述、示意图、曲线图等多种方式交流与相互评价，从而形成课标 1.4.1 这一次位概念，锻炼学生科学思维与探究能力。

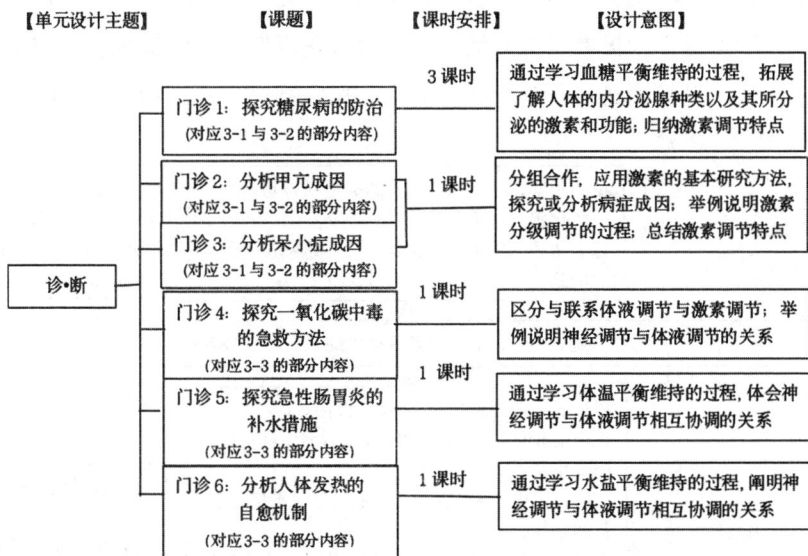

【单元设计主题】 【课题】 【课时安排】 【设计意图】

**图 3-20 聚焦《新课标》1.4 大概念，对《体液调节》教学单元进行整体设计**

延续以上的教学思路，鼓励学生分别应用新教材 P44～P49，P58～P62 学习资料，对"甲亢与呆小症成因"，"急性肠胃炎补水措施"以及"人体发热自愈机制"开展课堂探究活动，形成 1.4.2 与 1.4.3 次位概念。

考虑到《新课标》在 1.4 重要概念中增添 1.4.4 次位概念：举例说明其他体液成分参与稳态的调节，如二氧化碳对呼吸运动的调节等。而在教材中并无针对该概念落实的分析资料，学生形成这一生命观念存在困难。因次，在开展"诊断"课堂教学活动过程中，就这一部分进行教学素材的补充，开展"探究一氧化碳中毒的急救方法"的课堂互动（图 3-21）。借此完善教材 3-3 体液调节概念：激素等化学物质，通过体液传送的方式对生命活动进行调节，并可举例说明其他体液成分参与稳态的调节。

著名教育心理学家皮连生曾预测，今后教学设计关注的不仅仅是一个学科中某一知识点的学习过程，也不仅仅是学习的认知过程，而应从人的整体发展的规律和角度去进行教学设计。正是持有大局观的视角，教师才会研读《新课标》并将其作为教学设计方向的启明灯，思考大概念、重要概念、次位概念与教材间的关系，进行整体化教学设计。正确引导下，学生才会充分利用教材内容与教师补充的多样化数据、资料、真实研究结果等教学素材，积极参与探究活动，从而真正理解生物学概念，形成生命观念、科学思维，具备科学探究的能力，树立社会责任意识。

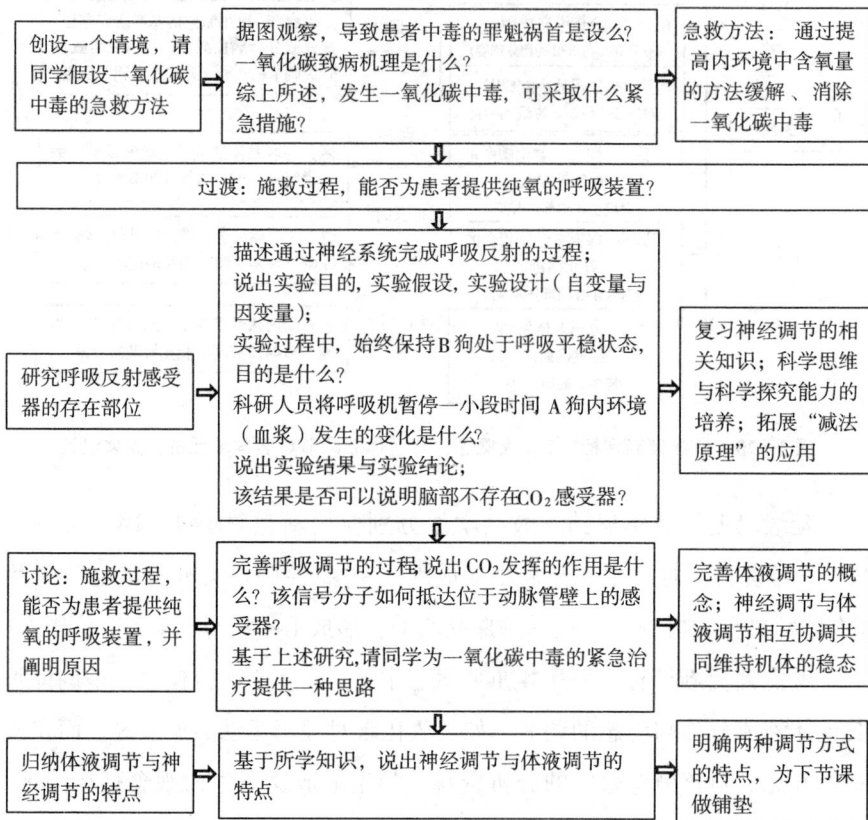

图 3-21 《探究一氧化碳中毒的急救方法》教学设计流程

## 三、结语

高中生物学科中概念教学方法的应用，以全面解读《新课标》与普通高中教科书必修及选择性必修为前提，试图做到融会贯通。教师在开展生物课堂教学活动前，要充分了解学生的知识储备及所具备的能力，因材施教，准确掌握课堂教学设计的深度和广度。以上，是教师具备应用生物概念教学的能力。

加强和完善生物学实验教学，注重探究性学习活动的开展。通过单元整体设计，着手于次位概念的建立，循序渐进提出重要概念，以聚焦大概念。以上，是教师应用概念教学的方式。

概念教学在国内的研究和应用尚处于摸索阶段，但教师已然清楚地意识到，这是适用于课程改革后的教学模式。这场发生在教育教学中的变革不仅促进了高中生物学科概念的不断完善，也大大改变了教师的教学理念，从传统的"填鸭式"教学转变为注重学生能力的培养，以及核心素养的养成。而这一学科上的变革与本校制定的学生培养方向不谋而合。路漫漫其修远兮，吾将上下而求索，更多有效的概念教学方法将会如雨后春笋般层出不穷。身为教师的我用心启蒙课堂中的你，力求借助这股力量，帮助学生锻炼自主学习、动手实践、创新思维的能力，养成责任担当的意识与勇于探索、团队合作的精神，树立自信坚毅的品格。

## 参考文献

[1] 中华人民共和国教育部. 普通高中生物学课程标准（2017 年版）[M]. 北京：人民教育出版社，2017：1-3.

[2] 房佼倩. 试谈初高中生物知识点的有效衔接 [J]. 中学课程资源，2018（8）：34-35.

[3] 中华人民共和国教育部. 普通高中生物学课程标准（实验）[M]. 北京：人民教育出版社，2003.

[4] 胡继飞. 生物学课程与教学论 [M]. 广州：广东高等教育出版社，2013：9.

[5] 加里. D. 鲍里奇. 有效教学方法 [M]. 南京：江苏教育出版社，2006.

[6] 朱春晓. 如何高效生成单元整体教学设计 [J]. 课程教学教材研究，2020（9）：54.

[7] 皮连生. 教学设计 [M]. 北京：高等教育出版社，2009.

# 学好生物，助力新冠肺炎疫情防控

高　英

摘　要：在新冠肺炎疫情期间，高中生物线上教学的模式下，教师可以结合疫情，结合时事，将病毒、人体免疫和稳态等相关内容整合在一起实施单元化教学，这样既能激发学生的学习热情，也能让学生体会到生物是一门和现实生产生活联系非常紧密的学科，学生应该将所学应用到生活中，帮助身边的人鉴别伪科学，传播真知识，展示出首师大附属中学昌平学子的社会担当。

关键词：新冠肺炎；线上教学；单元教学；高中生物

2020 年，突如其来的新型冠状病毒肺炎疫情打破了我们原本平静的工作和生活。在居家工作期间，本着停课不停学的总原则，很多一线教师被迫开启了线上教学模式，这次线上教学我也收获很多、思考了很多。以下是我关于新型冠状病毒肺炎疫情期间高中生物线上进行单元化教学的几点思考。

## 一、线上教学平台的选择

线上教学平台的选择很重要，目前市场上有好几个直播平台可供大家选择。选择合适的平台很重要，首先，要选跟学习和工作关系最紧密的平台，有很多直播平台会穿插着卖货、游戏、视频等内容，居家学习期间本来由于环境太过舒适，缺少监督等，导致很多学生自律性比线下教学期间更低，所以在选择平台时一定要避免使用诱惑内容过多的直播平台，直播平台越专业、越专一越好。其次，在功能方面，不仅要有最基本的直播的功能，而且直播时可以自带录屏保存，结束后直播内容可以随时回看，要有学生上课人数以及上课时长的统计，学生作业收集、批改等功能。最后，在家庭无线网络一致的情况下，不同的直播平台顺畅情况不一致，这点需要结合家里网络的基本情况在教学之前反复尝试。

## 二、相关录屏软件的选择

相关教学内容完成后，课后的习题讲解也很重要，在线上教学期间，寻找一款适合录屏的软件太重要了，首先这款录屏的软件需要容易操作，收音效果好，没有杂音，录完后自动保存，保存格式最好是通用的格式，那样就可以各种视频播放器都可以播放了。找到这样一款适合你的录屏软件后，你就可以利用它讲解经典习题，一个经典习题讲解的视频时长最好控制在 15 分钟以内，方便学生利用碎片化的时间进行学习，而且这些视频发给学生后学生也可以反复观看，及时巩固，解一反三。

## 三、线上教学内容的选择

疫情期间，教学内容的选择很重要，这次疫情让大家意识到了具备生物学防疫知识的重要性，所以生物教师可以结合疫情的时事素材、结合教材内容，实施单元化教学。同时积极开展医疗防疫方面的活动，这样既能提高学生学习生物的兴趣，也能提高学生居家学习的热情，同时帮助学生树立正确的生命观和价值观。这个时期刚好是培养我校学生自主学习能力、动手实践能力和创新思维能力的很好契机，新课程标准的基本理念就是要"以人的发展为本"，提倡全面提高学生的科学素养，结合疫情时事进行的线上教学刚好是培养学生生物学科核心素养的一个契机，很好地指导学生认识了生物科学的价值，使学生养成质疑、求实、创新的科学精神和科学态度，强调学生在知识、科学探究、情感态度与价值观及对科学、技术和社会的认识等领域的全面发展①。

疫情期间，刚好我们在进行高三第二轮复习，不管是教学内容还是学情都很适合做单元化大教学。根据国情，我们选了人体免疫部分作为我们单元教学的主旨，这个主题我们先从新型冠状病毒入手，认识病毒的结

---

① 俞红成. 高中生物学科核心素养的教学培养策略 [J]. 中学生物教学, 2016（4X）：18－19.

构，同时也复习了真核生物和原核生物的区别，再从病毒进入人体会打破人体稳态为契机，人体感染新冠后会发烧咳嗽等复习巩固人体稳态、免疫调节等方面的知识，最后以新型冠状病毒疫苗的制作原理、制作过程等内容收尾。整个教学过程其实串起了很多生物学知识，同时也结合时事，大大提高了学生的学习兴趣，教学效果也事半功倍。在整个教学实施过程中，由于生物学科的学习本身趣味性比较低，学生的学习容易感到枯燥，所以也要求老师会合理利用动画、短视频和动态图等形式，加深学生的印象①。

在整个教学内容的推进过程中，我们也需要进行生物学核心素养的渗透，同时也需要树立榜样，以榜样为示范，学习科学探究精神。比如，在讲新型冠状病毒肺炎疫苗的制作时，全世界的科学家刚好都在积极研究疫苗，人们也都期待疫苗早点到来，帮忙结束这场疫情，期待疫苗注射入人体后，可以产生相应抗体，人类可通过自身产生大量抗体消灭病毒。我们也向学生积极跟进陈薇院士带领的科研团队的研究成果，看到了重组新型冠状病毒肺炎疫苗首批启动一期临床试验，看到了志愿者纷纷报名申请试验，最终才确定108位志愿者参与临床试验。通过这些事迹，使学生感受到志愿者特别能吃苦、特别能奉献的精神，感受到志愿者不畏艰难、迎难而上的勇气和力量，作为首师大附中的一分子，学生们也纷纷表示在今后的工作和学习中，要以志愿者为榜样，迎难而上，不断探索，也为祖国做贡献。

所以这次疫情期间的线上教学，不仅大大提升了教师的业务能力、教学水平，同时也增强了学生敬畏生命的观念，强化了学生保护野生动物的意识，更加敬畏生态环境。通过这段时间的线上教学，学生们也学会了在压力下保持良好的心态，乐观向上，自律自控，利用生物学知识武装好自己的头脑，关键时刻不信谣、不传谣，学好生物，为我国的疫情防控做贡献，面向世界，积极展示出首师大附中学子的社会担当。

这次疫情期间的线上学习不仅是对学生们的一次大考验，也是对老师

---

① 蔡春勇. 基于高中生物学科核心素养的教学设计研究 [J]. 名师在线，2018（26）：67–68.

们的考验，只要不断学习、不断突破自己，积极向上，最后春天一定会到来，我们和学生也会变得更优秀，我们的祖国也一定会更加繁荣昌盛。

**参考文献**

［1］俞红成．高中生物学科核心素养的教学培养策略［J］．中学生物教学，2016（4X）：18-19．

［2］蔡春勇．基于高中生物学科核心素养的教学设计研究［J］．名师在线，2018（26）：67-68．

# 在实践中成长，在成长中创新

解淑娜

摘　要：通用技术课程是一门以提高学生的技术素养为主，以设计学习、操作学习为主要特征的基础教育课程。教学内容设计面广，教学方法多样。为了提高通用技术教学的高效性，本文从一名通用技术教育工作者的角度，分享了通用技术教师在技术课程的开设及教学过程中的点滴做法。

关键词：技术素养；通用技术；落实

不知不觉中，我踏入通用技术教学工作岗位已经两年了，从最初的束手无策到现在的不再慌乱，我在一点儿一点儿地成长。如何高效地上好通用技术课，如何很好地落实技术素养，满怀着工作热情，我一直在教学中不断学习、不断摸索。现将自己的点滴做法分享如下。

## 一、抓住机遇，迎接挑战

现代生活离不开技术，通用技术课就是为了适应这种需求而开设的。能够担任通用技术教学工作，对于刚加入这个行列的我来说，既是机遇，也是挑战。

### （一）把握课标，吃透教材

授课前，认真学习课标，根据课标的要求分析教学内容，从学生的实际情况出发去合理安排教学内容。通用技术课程不同于其他理科课程，是一门实践性很强的课程，如果只照搬书本上的内容去讲，学生肯定不爱听。长久下去，学生就会对此课程产生厌倦感，提不起兴趣，更不用谈动手、实践和创新。

如在技术的发明与革新的教学中，除书上的集成电路的发明、多功能缝纫机的诞生、日本的技术革新案例外，我增加了电视机、手机、电脑的案例，让学生从熟悉的生活实例中切身体会技术的发明与革新，理解技术的核心是创新，并让他们根据自己在学习、生活、劳动或其他方面的需要，尝试进行一种日常生活中常用技术的发明与革新，并进行交流与展示。虽然学生们的作品都只属于革新，但他们的热情已让我看到希望，相信随着学习的深入，经验的积累，发明会随之而来。

### （二）突出主体，引导到位

课上如果只是老师一味地在讲，学生在听，既不符合新课标的要求，也不会满足学生的求知欲望。如何突出学生的主体地位，这也是很有讲究的。

如技术应用的两面性教学，课前提前一周给学生布置了任务，让学生以组为单位，明确组内成员的分工去收集"技术是一把'双刃剑'"的资料与案例，以正反辩论的形式进行授课，在言辞激烈的辩论氛围中，学生真正理解了技术应用的两面性。学生自我总结点评后，我又融入了一些学生没涉及的案例，用事实证明只有科学合理地开发技术，技术和技术产品才能很好地为人类造福，而不至于危害人类的生存环境。

### （三）充分利用资源，大胆尝试

现代化的信息技术为教学搭建了很好的平台，已经有一些省市的学校在通用技术教学上走在了我们前边。虽然他们也还在尝试过程中，但也积攒了一些经验，我们可以拿来借鉴一下，与自己的教学进行对比，取其精华，这样可使自己少走弯路。我们要抽出大量时间与精力用于教学研究，同时我们还可以借助网络做一些图片、视频等资料的收集工作，以弥补书中内容的不足，丰富自己的课堂内容。教学中要敢于尝试，不断改进教学教法，使自己在教学上有所发展和突破。

## 二、在尝试中磨炼，在磨炼中成长

### （一）学习中积累知识与经验

结构强度与稳定性的学习是《结构与设计》这一章知识的重点，起着承前启后的作用，对后边学生项目设计与制作起着关键性的作用，同时合格考时这部分知识所占的比重也很大。

引入部分是台风过后的场面图片，让学生思考是什么原因导致这些物品出现了不平衡状态，而引出主题结构强度与稳定性。我将书上的教学内容做了相应调整，考虑到学生对"应力"理解起来会有困难，先讲稳定性后讲强度。先从 3 个案例分析，即如何让一本书更好地直立在桌子上、为什么大坝底部总是建成梯形、为什么课桌椅的支撑脚向外倾斜，总结得出影响结构稳定性因素之一是支撑面的大小，并让学生能正确地区分支撑面和接触面；从对落地扇、高大建筑、不倒翁、比萨斜塔不倒的分析得出影响结构稳定性因素之二是重心位置的高低；从照相机的三脚架和人字梯得出结构的稳定性和它的几何形状有关。然后分析几个生活中的案例进行知识的应用与巩固。

对比板凳、防盗网，得出同学们没接触过的结构强度的定义。从而让学生知道稳定性是研究物体保持平衡状态的能力，强度是研究物体不被外力破坏的能力。重点分析应力与强度的关系，给出应力计算公式，对比合格考题型，弄清应力、外力、单位面积的关系，为合格考解决问题打下基础。最后分析了影响结构强度的因素有结构形状、应用材料和构件间的连接方式。让学生对自己项目设计要考虑的因素有了初步、全面的了解，提前进行设计准备。

**（二）克服困难，完成技术实践项目的设计与制作**

通用技术课程是以形成和提高良好技术素养为基本目标，以学生亲历设计活动、亲手实践、在实践中思考为基本特征，在一个完整设计活动中进行技术探究和技术学习。

通过设计一个有实用功能的作品来提高学生的图样表达能力，培养学生的技术意识、创新意识，提升技术素养。我和我的学生没有因为课时少、材料有限放弃项目的设计与制作，而是按照规定和要求保质保量来完成项目的设计与制作学习。

如创意灯具的项目教学，我通过研读课标、教材、教参，将题目确定为"创意台灯的设计与制作"，电路的部分带领学生分组、分批地利用中午休息时间和晚上放学到晚自习的时间完成。此项目学习的重点是非电部分——台灯外形的结构设计与制作，构思转换成立体结构草图是关键。当我利用三维坐标画出正方体、立方体和圆柱体的草图时，学生很惊讶："原来徒手能画出标准的正方体、立方体、圆柱体是有奥秘的，长宽高和角度大小是有讲究的啊！"就这样，我带着他们一步步练习，加一部分或去掉一部分，想要的结构仍在。

学生们在夸赞我的同时，开始着手构思设计绘制自己的结构草图。草图绘制设计好转化为实物时，我及时给予了指导、提示，让他们将结构的稳定性、强度、材料、连接方式、美观、实用、功能等因素考虑全面，优化后再排料制作，各部位的组装、位置摆放考虑整体的美观性，局部的美观性也不能忽视。学生们经历了一个完整的设计与制作过程，四人一大组，两人一小组，合作分工完成了创意台灯作品，并添加了除照明外的其他附加功能，还不忘自筹材料装饰、点缀，使自己的作品更完美。

学生们思维的火花不断碰撞，学会了在技术学习的道路上不断地从多角度思考问题，不断地进行技术创新。

### 三、研发卓越课程，师生携手创新

#### （一）项目学习中不断创新

通用技术课是一门实践性很强的课程，教学中要考虑学生的兴趣、生活经历、文化背景的差异与特点，要不断鼓励学生走出书本、走出课堂，在设计上多下功夫，联系生活实际，从身边做起，要敢于设计、尝试、改进、创新。学生的思路打开了，新的建议、想法会不断涌现，新生事物也将孕育而出。我个人认为这也正是这门课程的魅力所在。

如《创意灯具》的设计与制作，可以说这个项目的完成是对《技术与设计1》和《技术与设计2》这两个必修模块的综合考查。由于时间有限，我决定电路部分让学生统一标准为主，但台灯的外观设计上我只给学生建议，提供有限的制作材料，让学生自己去思考、创意、设计，充分挖掘他们各自的创造思维和内在潜质，向着自己的目标前进。

通用技术学科不同于劳动技术学科，劳动技术是带着学生一步步做作品，而通用技术是带着学生做设计。没有精心的设计就不会有优秀作品的问世。项目学习中，小组同学积极思考、认真构思，由个人构思设计方案到小组研讨交流，初步形成设计草图，再逐步修改优化，最后到分工合作完成制作。每一张设计图和每一个作品看起来可能让你觉得普通得不能再普通了，可它是学生们经过思考、设计、画图、备料、画线、锯割、打磨、组装等一系列完整的过程亲手制作出来的，在图形转换成实物的过程中学生们的物化能力还需逐步加强和提高。他们奇妙的构思、独特的想法可能在其他课上无法实现，但是通用技术课给了他们展示的舞台，让他们在设计中成长，在创新中进步。

**（二）设计与制作比赛中创新**

通用技术学科每年都会有市级或区级的设计制作比赛，主要分为"纸服装设计"和"设计与制作"两部分。2016 年我首次带领学生参加北京市的纸服装设计大赛和技术设计大赛，学生们的参赛材料都是我个人出钱购买的，我想正是这个原因给了学生动力吧。赛前，学生们精心设计、细心制作，由于时间紧，他们天不亮就到教室，熄灯前才回宿舍，早晚饭经常吃不上。除了指导之外，我更多的是担负他们的后勤保障，并自己掏腰包给他们买早餐、订晚餐，我也是早上 6 点 30 分之前到校，晚上10 点之后离校，辛苦付出得到了回报，两个比赛均通过设计关进行了展示，取得了北京市团体第一和第二的好成绩，学生个人也分别获得了北京市一、二、三等奖。在学科创新培养上，只要学生有想法、有创意，不论有多难，我一定会做好学生的后勤备料和技术支持工作，让他们大胆设想、大胆尝试、大胆创新。

**（三）合格考**

合格考会有一道大的设计题，且不考虑材料，因此平时会运用头脑风暴让学生大胆设想、大胆设计，打开学生的设计创新思路，不仅为合格考积累材料，也为以后时机成熟的创新制作做好铺垫。

作为教师，在鼓励学生大胆创新的同时，自己也要在创新上有所发展。除课堂的项目教学改进课尝试外，我在葫芦烫画上进行了学习和尝试，也带领学生在参赛作品上进行了初步尝试。

技术核心素养，即技术意识、工程思维、创新设计、图样表达、物化能力的落实。在研发卓越课堂的实施中我会注重学生学习的思维丰富性、开放性和深度，关注学生学科思维，尤其是技术与工程思维的形成与发展让学生在设计、制作、评价等技术学习的过程中，经历多次的实践与认识的循环，同学生在创新中携手向前。

伴随新课标、新课改的到来，我会和我的学生并肩作战，在实践中成长，在成长中创新。

**参考文献**

［1］通用技术编写组．技术与设计 1［M］．北京：地质出版社，2010：9.

［2］通用技术编写组．技术与设计 2［M］．北京：地质出版社，2011：29.

［3］中华人民共和国教育部．普通高中通用技术课程标准（2017 年版）［M］．北京：人民教育出版社，2018：5 – 12.

# 新课改"综合素质评价"背景下劳动技术教育自主学习模式的探究

刘汝平

**摘　要**：新课改"综合素质评价"背景下，明确规定把《劳动与技术》课列入必修课，新时代对劳动技术课重视程度越来越高，自主学习已经成为时代的必需和必要。改变学生的学习方式，发展自主学习能力是现代教育的必然趋势。我作为一名执教十多年的劳技课的普通教师，深刻体会到过去的教学方式已经不适应新的时代要求，因此我对教师应如何走进新课程进行了一些尝试。教学中秉承首师大附中昌平学校的办学宗旨：立足优秀文明之根；面向世界、面向现代化、面向未来。在教学中充分贯穿"以人为本"的思想，开展了自主学习的教学模式，本文总结自己的教学经验来探讨劳技教学中培养学生自主学习能力的一些措施。

**关键词**：劳动技术；自主学习；探究

## 一、课题提出的现实背景

现在的学生大部分都是独生子女，在家"饭来张口，衣来伸手"，父母给予无微不至的关照，中国千百年来沿袭的"科举取士"和"学而优则仕"的观念，在某些家长头脑中根深蒂固，家长望子成龙、望女成凤，把子女升学放在第一位的思想指导下，他们的主要精力都用在书本知识的学习上。部分学生轻视劳动，懒于动手，所以，日常生活自理能力很差，劳动和技术能力基本为零。所以，我们谁也没去刻意要求孩子会做什么。通常会认为，语文、数学、英语得个好成绩，那就是优秀；绘画、作文拿上比赛名次，那就叫特长，不愁没个好学校上，有此足矣。学校评选"几好学生"，德、智、体、美、劳，劳动排在了最后，考大学没人考劳动，这是学校现状。可是，轻手工技能的社会弊端已经显现：有知识的人多了去了，拿着硕士文凭不见得能找到满意的工作，而一些企业宁可出比硕士还高的价钱招聘高级技工，却往往不能如愿。忘了是谁说过，现代社会的竞争，其实是技工的竞争，因为技工是一切产品质量和性能的保证。我还曾听过一个比较：同样的汽车零件摆在那里，日本技工组装出来的车子就比中国技工组装出来的质量好、性能好。孩子并没有天生的惰性和手头笨，是我们把他们引偏了。

## 二、自主学习的指导思想

新课改"综合素质评价"背景下，劳动技术教育是国家教委规定开设的必修课之一，其目的是培养学生的劳动技能素养，以适应现代化生产、生活的需要。但是，长期以来，以知识传授为主要特征的传统教学已形成了一套稳定的教学结构形式——"传统教学模式"。在这个教学模式里：教师是中心，教师利用讲解、板书和各种媒体作为教学的手段和方法向学生传授知识；学生则被动地接受教师传授的知识。教师是主动的施教者，学生是外界刺激的被动接受者、知识灌输的对象；教材是教师向学生灌输的内容；教学媒体则是教师向学生灌输的方法、手段。改变当前劳技教学中存在的教师偏重讲解、学生偏重接受，教师过度包办、学生过度依赖的弊端。我校的办学宗旨是立足优秀文明之根；面向世界、面向现代化、面向未来。着眼于探索调动学生学习的主动性、积极性，探索培养学生自主探究的新途径、新方法，构建劳技制作课自主学习的课堂教学模式。

## 三、自主学习的理论依据

现代学习理论提倡在教师指导下的、以学习者为中心的学习，也就是说，既强调学习者的认知主体作用，又不忽视教师的指导作用。教师是学生学习的帮助者、促进者，而不是知识的传授者、灌输者。学生是信息加工的主体，而不是外部刺激的被动接受者、被灌输的对象。教师要成为学生学习的帮助者，必须充分重视发挥指导作用，激发学生的学习兴趣，帮助学生形成学习动机；通过设立符合教学内容要求的情境和揭示新旧知识之间联系的线索，帮助学生积极探索。组织学生协作学习，开展讨论与交流，并对协作学习过程进行引导，使之朝有利于能力培养的方向发展。这种全新的现代学习理论，要求教师应当在教学过程中采用全新的教学模式、全新的教学方法和全新的教学设计思想。这种全新的教学模式可以概括为：以学生为中心，在整个教学过程中教师是组织者、指导者、帮助者和促进者的角色，利用情境、协作、讨论等学习环境要素充分发挥学生的主动性、积极性和创造性，最终达到教学目的。

## 四、教学流程设计

劳技课自主学习模式的教学结构形式，主要是在现代学习理论的指导下，为达到劳技制作课特定的教学目标，按照演绎思路去设计教学操作程序，并在教学实践中不断研究、完善。运用以学生为主体，培养学生自主学习，自觉探求的教学模式（图3-22）。

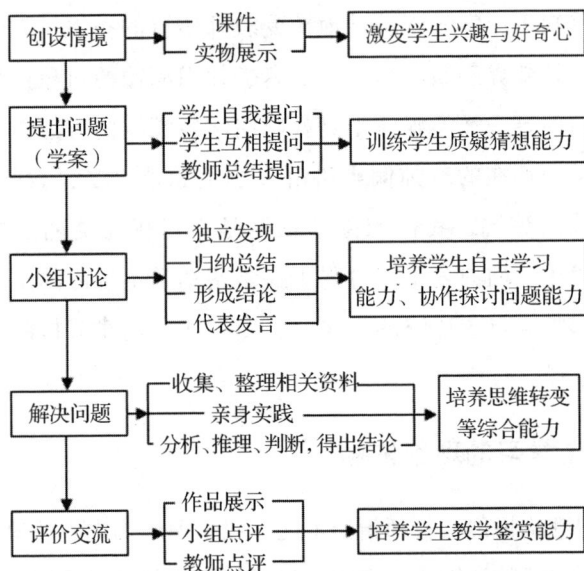

图3-22　教学流程图

一般来说，劳技课中一节课的设计基本可由这几个环节组成，但有时课中所含的技能要素可用示范操作的方法进行解决，教师可根据情况进行调控。

128

### 五、具体的实施方法

#### （一）根据学情选择教学内容

初中劳动技术教材种类繁多，立足学生所处的生活环境，结合所教学生的特点，选取教学内容。现有《劳动与技术》教材提供的内容学生不是很感兴趣，本人根据教材及进修学习的内容，自己开发了一套适合本校学生学习的校本教材，如粘贴画、中国结艺、软陶制作、木工工艺、金工制作、电子制作、丝网花制作等。由于我校只有初一开设了劳动技术教育课，学生全部学会是不可能的，所以每个新学期我都会通过民意调查，根据新生的喜好、需求选择适合学生的内容。本学年上学期教学内容为木工工艺，下学期教学内容为金工、电子制作。学生在实践操作中获得成功感，对劳动技术学习表现出浓厚的兴趣，制作出许多精致的作品。

#### （二）构建和谐课堂，营造自主学习的氛围

教师必须切实转变教学观念，为学生创设一个有利于自主学习的和谐环境，在课堂教学中，构建"和谐课堂"，教师与学生建立平等融洽的关系。教师要以学生的学习伙伴、促进者的形象出现在课堂上，扮演"平等中的首席"的角色。课堂上营造和谐的氛围，在这种氛围下，学生可以深入地思考、探究，发表自己的见解，大胆地实践操作。教师作为引导者，引导学生自主学习。

#### （三）导入新课、创设情境，激发学生学习兴趣

设置情境，启发学生质疑是教学活动的开始，是为了更好地激发学生的学习兴趣，引导学生进入最佳学习状态的有效方法。有了兴趣，学生就能积极地投入学习活动中去，就能在活动中学会知识、学会方法。自主性学习，是以学生的问题作为研究载体，调动学生学习的内在需求，展开调查研究、资料收集与积累活动，最终达到解决问题、锻炼能力的目的。同时在探究的过程中产生新的主题、新的问题，从而使探究实践继续得到深入与发展。我经常用到的导入方法是实物展示导入法，利用前几届学生制作的优秀实物作品展示给新同学，激发学生的制作兴趣。比如，我在教学木工工艺时，学生制作笔筒和文字挂饰，我利用多媒体教学手段，向学生

展示往届学生制作的优秀作品。学生看到这些精致的作品后，有的同学开始询问作品的制作方法，有的同学开始讨论是否有更好的创意，大家都想亲手制作一个更新颖、更美观的创新作品。通过导入就引发了学生自主学习的欲望，并且学生在询问与讨论的过程中就有了自主学习的框架。学生为了能够完成理想的创新作品，就要自主研究材料的选择、制作方法及创新设计。学生通过小组研讨自主完成设计方案、选取材料、作品制作，教师在过程中适当地引导与指导。在这种氛围下，学生积极主动，能产生浓厚的学习兴趣。这种兴趣和主动意识转化成持久的情感态度，使学生做到乐意学、主动学，学有所得，学有所获，不知不觉中已全身心地投入自主学习中。

### （四）实践探究、自主发展

自主学习的教学方法是尝试—探索—指导。它是让学生以小组协作形式先自主尝试来学习劳技操作的方法，教师的指导分析贯穿在学生尝试学习操作的实践活动之中。让学生边学习教材、边尝试操作、边商讨、边探寻方法，在学生尝试操作和教师针对性的指导的基础上，再经过进一步的实践活动来完善并获得技能和得到体验。教师要不断激发学生尝试动手操作的兴趣，使其具有挑战性；并不断鼓励学生持续尝试的勇气和信心。

如学生在学习完直线锯和曲线锯的操作方法后，让学生尝试探究创新制作《文字挂饰》，学生小组讨论画文字挂饰的设计图，设计图在注重新颖、美观的同时，更要关注文字与外框的连接点。小组要重点探究"设计的文字如何与外框连接"，也就是镂空锯割的设计，以免锯割后文字与外框脱离。在设计的过程中，我发现同学们容易把单独的小笔画忽略，镂空锯割后小笔画就会脱落，比如"兔"字里面的点，"帅"字前面的小竖，设计的时候没有考虑连接点，锯割后小笔画就会脱落。针对学生的问题我引导学生在每个笔画间进行连接，包括上下结构、左右结构的字，设计的过程中都要考虑连接点，不能镂空锯割后一个字分成了两部分或大部分。学生在实践探究中总结经验，在老师的引导下尝试制作，每个同学都积极参与、认真研究，最后同学们设计并制作出了精美的作品。

### （五）优化评价，有效地完善学生自主学习

评价是对教学活动的过程和结果进行测定、分析、比较，并给予价值

判断的过程。劳技教学中运用有效的评价手段，应注重学生在活动过程中的具体表现，尤其注重对学生综合运用知识于实践制作中的能力。在学生参与教育的同时，要通过评价学生进行鼓励，引导学生发现不足，明确努力方向，互相取长补短、精益求精，使学生在评价中提高各种能力。从学生提出问题到最后形成结论、制成作品，教师都必须引导学生在教学过程中进行多方面评价。我们应充分发挥评价的激励与引导作用，评价时不应简单地评"最好"，而应挖掘每个人的闪光点，鼓励学生自我评价。如木工工艺制作课中，在学生制作完成后举办"作品博览会"，由学生自评、互评作品，并设立"最佳创意奖""制作精致奖""色彩协调奖""巧手奖"等多个奖项。这样就促使学生在关注自己成果的同时，又欣赏到别人的成果，在欣赏、评价中获得美的启迪，激发创新设计的潜能。教师事先设置"学生作品评价表"，每项内容都让学生认真自行填写、自主评价。提倡学生中能者为师，互帮互学。学生自我评价分为小组内交流发言进行自我评价和班级小组中开展相互评价，人人通过自评找出不足，通过互评提出建议（表3-8）。学生"自我评价"教育活动的开展拓展了学生的创新思维，而且在评价与实践中培养了学生的创新能力。他们认识到创新的价值，同时也使学生能够继续保持浓厚的探究兴趣，激发学生进行再探讨、再深化、再创造的热情。

表3-8　首师附昌平学校劳技学科学生学习活动评价表

| 姓名 | | 班级 | | | 执教教师 | | | |
|---|---|---|---|---|---|---|---|---|
| 日期 | 年　　月　　日　　第　　节 | | | | | | | |
| 课题 | 第　　课时 | | | | | | | |
| 项目 | 评价指标 | 评价等级 | | | | 自评 | | |
| | | A | B | C | D | ABCD | | |
| 准备 | 材料、工具等 | | | | | | | |
| 思维表达参与度 | 小组讨论 | | | | | | | |
| | 有无创新 | | | | | | | |
| | 小组协作 | | | | | | | |
| | 主动性 | | | | | | | |

续表

| 项目 | 评价指标 | 评价等级 | | | | 自评 |
|---|---|---|---|---|---|---|
| | | A | B | C | D | ABCD |
| 操作规范 | 工具使用 | | | | | |
| | 技能情况 | | | | | |
| | 清理操作台 | | | | | |
| 制作成果 | 完成情况 | | | | | |
| | 有无创意 | | | | | |
| 总评： | | | | 教师签名： | | |

说明：本表分为 A、B、C、D 4 个等级，以鼓励性评价为主。

## 六、研究的主要成果

本人在这几年探索研究的过程中，也取得了一些成绩。一名学生的《环保卫士喷气式垃圾处理炉》曾在全国劳技创新作品大赛中荣获银奖，很多学生在市、区级科技比赛中也曾多次获奖。由于教学上的不断探索与创新，教师的自身素质也得以提高。在学生的竞赛活动中曾多次荣获优秀辅导教师奖。

每学期我校都开展相应的活动，如选修课、航模比赛、劳技作品展览等。通过动手动脑，使学生在"做中学、做中会"，提高了学生的科技素养、培养了学生的劳动能力，同时也培养了学生的兴趣和特长。

总之，新课改"综合素质评价"背景下，劳技教学的目的就是培养学生各方面的能力，只有为学生创造自主学习的条件，为学生的自主学习提供全方位的优质服务，学生的自主学习才会持久，使其受用终生。

**参考文献**

[1] 与时俱进、开拓创新，21 世纪中小学劳动技术教育的新发展——中小学劳动技术教育发展国际研讨会综述.

[2] 教育部基础教育课程教材发展中心.《劳动技术与信息技术》教学指导纲要. 2001.

[3] 朱慕菊．走进新课程：与课程实施者对话［M］．北京：北京师范大学出版社，2002.

[4] 严乃超．浅谈研究性学习课题实施中的指导策略［J］．教育发展研究，2001（5）：27－29.

# 基于学生核心素养的信息技术课堂教学策略

闫　冬

**摘　要**：信息技术课程对于培养学生信息素养，全面提高学生素质发展具有重要的作用。信息技术课程要求教师要更加注重学生的学科核心素养，让学生在学习信息技术中，感觉技术魅力、时代变化、生活学习方式的改变。信息技术学科核心素养的培养，不再是传统的讲授就能实现的，更需要教师通过多种技术手段结合实际去探索开发。了解信息技术学科教学的有效方法和策略，切合新课改的教学理念，形成自己的教学风格，提高信息技术课的教学水平，是对信息技术教师的基本要求。

**关键词**：学习动机；角色转换；学以致用；创新意识

新课程强调为了每个学生发展的核心理念，其中更加强调学生自主合作探究式的学习。素质教育是切合新课程实施的实际需要，信息技术学科作为素质教育的核心课程，采用自主合作探究式学习更能培养学生自主探索、发现知识解决问题，创新和团队合作的精神。本文主要从创设情境、放手实践、教学评价等环节描述提升学生核心素养的方法。

## 一、创设情境，激发学生自主学习动机

兴趣是最好的老师，在学习过程中起着极大的推动作用。为了激发学生的兴趣，增强他们学习的自主性，教师应精心创设情境。比如，我在讲解 Word 图文混排知识时，没有只局限于教材的内容，而是结合实际生活从学生的兴趣点出发，由浅至深地设计任务。因为快临近圣诞节，我设计了一节简单图文混排的应用——制作电子贺卡的课。在导入环节我把事先制作的精致的圣诞贺卡展示给学生，并配以圣诞音乐，立即调动了整个课堂气氛和学生的创作欲望，进而和学生一起分析贺卡的构成，用到了以前

的哪些操作知识，很自然地引入了课题。

## 二、善于教学角色转换，精心设计教学用素材

在实践操作中，我通常为学生课前准备 3 种自学资源：看书、视频操作和电子说明文档。这 3 种资源给予学生自主选择学法的空间，关注了学生接受能力的差异性。据我对学生的观察，大部分学生使用教材和电子说明文档较多，而且学生读教材和文档很认真，这种手段无形中也培养了学生的阅读和自学能力。作为信息技术学科，学生能踏踏实实地阅读教材是很不易的，因为大多数学生注重的是操作，而忽略了阅读能力的提高。这让我在以后的教学中得到了启发，那就是选择适合学生的学法和丰富的学习资源很重要。

由于信息技术在社会上的普及性，学生掌握情况参差不齐，有的学生对计算机已达到非常熟练应用的程度，而有些学生对计算机接触不多。所以在教学过程中，我认为教师没有必要对所有的知识点逐一讲解，对于简单的操作我暂时会把课堂给某些"思维超前"的学生，让他们参与到课堂设计中，上讲台通过讲解带领大家操作，教师作为旁听者对讲解的内容进行把关，适时点拨即可。稍微难些的知识我会让学生通过看书、搜索网络资源找到解决的方法。比如讲 IP 地址时，我先布置每人找到自己电脑 IP 地址的任务，然后让学生带着疑问通过看教材和网上找答案的自学方式或是小组讨论查询结果，鼓励学生在实践中去摸索、体会。因而几乎不用我做任何讲授，学生基本上都能掌握 IP 地址，而且用这种引导法能使学生在理解的基础上加深对知识的记忆。另外，通过进一步的引导使相邻两个学生改同一个 IP 地址发现了其中一台不能上网的问题。通过教师简单点拨，学生很容易理解了 IP 地址唯一性的特点，切合了信息技术学科引导学生发现问题、分析问题、解决问题的理念。当然，对于教学中较难的知识点，学生不易掌握、操作复杂的地方，我通过两种学案方式让学生更快地理解、掌握。一种是把操作步骤付诸纸面打印给学生供课堂参照，另一种是利用微课宝软件或是屏幕录像专家把操作录制成通用的 MP4 视频并配上我的解说，制作成电子学案放在学生学习文件夹中供学生参考。

在学生实践中，电子学案成了辅助学生学习的有效工具。长期下来，我把这些视频加入片头片尾整理成微课，形成自己的信息技术数字课堂。学生一旦遇到操作难题，马上找到本学科数字资源库，通过反复观看操作视频掌握所学的知识。因而收效显著，同时也摆脱了对教师的依赖性，解决了课堂上一个老师指导多个学生顾不过来的问题，照顾了操作水平和反应能力差的学生。

## 三、善于应用多方面教学评价手段

对于信息技术学科，学生普遍感觉内容抽象，理解起来较难。信息课每节内容不少，但学生无法课前预习，因而达成学习目标每一章节的课后检测必不可少。其他学科教师通常采用纸质打印练习的方法，但初中学生还是有丢三落四的坏习惯，经常出现刚发的检测题和作业一转眼就被丢掉的现象。我也利用学科特点，积极想办法应对。一种是发给学生纸质的信息题，同时在家长群和班级群里发电子文档。在班级群及时解答学生的疑问，监测学生的作业情况。尤其是在雾霾天停课时，我更会注意这种手段的应用，长期下来收效显著。对于课堂检测，纸质试卷从设计制作到回收分析都费时费力，我会利用问卷星软件或是自己用 C＋＋语言开发简易的在线评分系统，作为检验学习效果的评价工具，调整教学内容，改进教学策略。我利用各种评价软件事先设置好单选题、填空题和主观题等题型，然后设定分值和正确答案并发布试卷。当然，设置检测问卷时，我也会考虑学生水平的差异性，考虑到对同一检测内容，每个学生完成的时间不一样，熟练的学生及早完成后会玩儿游戏或上网来等检测结束，影响到其他学生跟从效仿，造成课堂混乱。因而我在做教学设计时尽可能地紧凑安排时间，不给学生钻空隙的机会，在基础试题上设置了拓展试题，为计算机水平高的学生提供提高的机会，使课堂中的每一分、每一秒都能发挥最大效益。课后我会留出 10 分钟时间让学生在线答题，利用软件自动判分判卷，并且根据分值得出相应的高低分值图表，很受学生的欢迎，学生参与性很高。这种评价方式既满足了个别学生的成就感，同时也激发了全体学生的竞争意识和学习动机。

另外，教师在教学中应该时刻让学生感受到学习的成功体验。我一般是让每组评选出比较优秀的作品，然后通过局域网设备提供给全班同学欣赏和评价，然后请作品的作者现场演示操作过程，介绍制作思路、技巧等。在点评学生的作品时，我注意挖掘作品的特点，给予充分的肯定，即便是很普通的作品，我也会从学生的努力和作品独特之处予以肯定。对于有问题的作品，我也会让学生共同去剖析作品问题，关注了学生的易错点，很好地解决了本节课的难点，也提升了学生的探究能力和认知水平，以及解决问题的能力。另外，课后我会及时把评选出的作品在学校展示橱窗或机房板报栏展示，激励和成功的体验能进一步强化学生学习动机，逐步培养学生的自信心和创新能力。

## 四、学以致用提升学生信息素养，培养创新意识

信息技术是一门实践性很强的学科，信息技术的新知识往往和学生的学习生活密切联系，只有和现实生活结合才能使学科更有意义。学完文字处理软件后，我会设立好一个主题，或是和班主任沟通近期的板报主题，让学生结合自己的特长和兴趣爱好，以小组合作的方式创作出知识性和趣味性为一体的电子小报，并打印出作为班级展板，或是在机房板报栏张贴学生作品，从而提升学生作品的价值性和学生自我价值观；学完统计软件，我鼓励学生主动帮助班主任老师承担班级统计等事务性工作，做好老师的小助手，帮助老师做表格和统计汇总（成绩、校讯通的管理和发布）；学完视频制作软件后，我召集有美术功底、有创意能力和表演能力的学生组成学校的制作团体，让学生参与到校园电视台的节目策划和制作中（自采、自编、自演、自导），或是参与学校名片、期刊等制作中。比如，在校园直播栏目中，由学生自主拍摄校园内发生的正面的或是负面的新闻，然后用绘声绘影软件剪辑后放在校园内部网站或利用虚拟演播室发布，从某种程度上对校园文化和学生文明行为起到增进的作用。这些学生的主体参与在无形中提升了学生的应用技能和社会责任感，以及自我价值观，让学生自觉做到"学有所用"。

## 五、信息技术教师要善于积极运用多媒体信息化手段

信息技术学科是有技术含量的学科，信息技术教师应该做教学信息化的"领头羊"。我也在教学中不断地对学生渗透无纸化办公的理念，比如拿选修课来讲，教师在选修平台上制定选修课程大纲和实施方案，以及利用动画、视频等趣味性较强的课程展示来吸引学生报名，学生可以在选修平台上根据个人兴趣选课程报名。我设置的第二课堂选修课程为 scratch 创意编程，很多学生，包括老师对这个课程不太了解。在课程基本信息里，我先用文字做课程介绍，在课程资料管理里面上传了我自己事先做好的 scratch 作品，包括几个交互小游戏让学生可以下载体验，并用 Flash 做了动画课程介绍。因为我的课程展示相比其他老师的 PPT 展示有新意和趣味，因而吸引了最多的学生来报名。这也是因为我充分利用了自己学科和专业的优势。因而，信息技术教师要注意多运用信息化教学手段，要有超强的信息化意识。

## 六、把学科核心素养渗透到课堂之外

每学期我都开设 3D 打印和创意动画编程选修课，经过 8 节课的学习，学生颇有收获，每年都在昌平区青少年创新创客大赛中获得 3D 项目、动画编程项目一等奖。并且学生学习 3D 的兴趣非常高涨，并希望下学期继续开课，从而进一步提高 3D 设计水平。我还带领学生参加中国青少年创新程序大赛，检验动画选修课的学习成果，学生和教师在本次国家比赛中得以锻炼，开阔了视野并取得了较好的名次。另外，我带领学生积极参加北京市小创客市集活动，带领学生现场认真布展和展示，展示获得较好的反响。我组织学生和本人参加昌平区中学生综合实践展示活动，获得教师和学生一等奖。我还带领学生参加第十二届、第十三届昌平区青少年科技创新大赛活动，认真筛选和修订学生作品，学生取得优异的成绩，我也连续两年被评为优秀科技辅导教师。在各种比赛中，教师和学生的技能水平及创新能力得到不同层面的锻炼，进一步提升了学生在信息技术学科发展的核心素养。

# 历史课堂教学有效提问策略探讨

## ——以《北宋的政治》为例

武德娇

**摘　要**：历史课堂有效提问不仅能激发学生学习兴趣，还能促进学生思维能力提升，增强课堂学习效果，是历史教学的重要策略。为真正提高课堂效率，关注学生的实际获得，应做到以有效增强学习兴趣为引领提问、以有效聚集学生注意为牵引导入提问、以有效提升思维能力为驱动引入提问、以有效梳理总结知识为目标引入提问，这要求每位历史教师时刻关注专业发展、认真研究课堂提问，将其发展成为历史教学的特色。

**关键词**：历史课堂；有效提问；教学研究

教育部不断提出深化课程改革，而初中历史新课程标准正在深入落实之中。"以学生的发展为本"和"以人为本"的教育教学思想正如和风细雨般拂动着广大教师的心弦，素质教育与能力教学已经成为广大教师组织课堂教学、开展课堂教学、促进课堂教学的出发点与落脚点。

教育学家苏霍姆林斯基曾言："在组织学生进行课堂教学实践过程中，对于同学们来说，最让他们感到高兴且敬畏的是在于教师将他们视为课堂教学的主人，非常亲和的语言与启迪性的问话，打开孩子们的话匣子，让他们积极开动脑筋、打开封闭已久的思维入口，紧跟教师的教学思维，获得对未知问题的科学解释与正确解答。"[1] 因此，课堂教学的"提问"与"作答"应成为一项推进课堂教学、促进学生知识学习的重要策略与手段。这种"问题教学"能触动学生想象，挖掘学生潜能，开启学

---

[1]　[苏]苏霍姆林斯基. 帕夫雷什中学 [M]. 赵玮，等译. 北京：教育科学出版社，2003：61.

生智慧①，但前提是能做到"有效提问"，即"教师在课堂中所引出的议题可以迅速地引发学生产生一种好奇、有趣、困惑、怀疑、焦虑、探索的心理状态，以至于促进他们积极开动脑筋，积极思考与探讨认识上的空白，而获得新的知识认知"。② 教师应尽力避免"貌似热闹""追求片面""被动接受"的课堂提问，这些都违背了初衷，"问题的设计是为了学生好学，不是为教学服务。"③ 况且随意提问、不停地问，很可能引发学生拒答的消极情绪，不利于课堂教学展开。

那么，教师在历史课堂中该如何做到"有效提问"呢？

首先，以有效增强学习兴趣为引领做出提问。学习中兴趣是最好的老师，有趣的课堂将使效果事半功倍。在课堂教学的提问中，应紧密结合课堂教学内容，积极巧妙地构建出有助于激发与培育学生学习兴趣的情境，引入富有趣味性的课堂教学提问，激起他们对教学内容进入求知与探索的欲望，诱导他们非常愉悦地思考，从而让学生对教学内容逐渐产生良好的兴趣，促使学生从"要我学"的轨道进入"我要学"的轨道上来，进入更为良好的学习发展循环上来。

课堂提问可设置悬念，使学生在"心求通而未得，口欲言而不能"的状态下，启发学生积极思考，激发求知欲。在学习《北宋的政治》一课时，我以宋真宗与大臣的对话为切入点，着重宋朝文臣地位特殊，令皇帝不得不遵从"祖宗以来，未尝杀士人"的祖制，放弃处死有过错的文臣。这显然与传统的君臣关系形成巨大反差，从而引出提问：对话反映出什么现象？大多数预习过的学生能迅速回答出北宋的政治特点是重文轻武。紧接着提问：为什么重文轻武？这样引导学生带着问题学习，激发他们的学习兴趣。

为了激发学生学习兴趣，也可围绕教学目标，贴近学生生活实际，从而调动学生的积极思维，促使学生以充分的热情思考问题。在讲解北宋文

① 段士政．用"问题教学"搭建历史课堂教学平台［J］．教育理论与实践，2012（32）：56.
② 陈志勇．《历史与社会》课堂教学中有效提问研究［D］．杭州：杭州师范大学教育硕士论文，2016：8.
③ 赵仙霞．基于有效学习的历史课堂提问［J］．中国校外教育，2010（13）：182.

臣待遇的时候，我举例说明文臣的俸禄和豪宅，以及他们的日常生活，这样学生就能联系实际，认识到宋朝文人享受着惬意的生活，体会到宋朝是"文人的天堂"。在这一过程中，历史与现实紧密结合，学生思维被充分调动。

其次，以有效地聚集学生注意为牵引导入提问。为了更加有效地聚集学生在课堂教学中的注意力，要注重以学过的旧知识为引子，通过引导学生在复习旧知识的基础上，提出具有承上启下的导入性提问。正所谓"温故而知新"地引领学生连接已经学习过的旧知识，延伸出正要学习的新知识，从而促进学生在教师的提问下思考，激发他们对新知识的探究欲望。另外，历史知识有其严密的逻辑性，学习内容并非孤立，而是相互联系、先后相承的。回顾学过的内容，反复推敲旧知识，拓展学生的思路，难点就迎刃而解了。在学习"宋太祖强化中央集权"时，引导学生回顾唐朝末期社会状况，以及五代十国的特征，正因为北宋建立前武将跋扈专权、地方权力过大，因而宋太祖采取一系列针对性的措施，"稍夺其权，制其钱谷，收其精兵"，目的就是防范武将、收回地方权力，从而强化中央集权。

再次，以有效地提升思维能力为驱动引入提问。"教育的关键不仅仅在于让学生了解多少知识，更重要的是通过学习，使学生养成正确的思维能力。"① 设置课堂提问需要符合学生的认知特点，从易到难、逐层深入，循序渐进地打开思维。在讲解"科举制发展"时，出示《历代科举取士数额略计》，提问：表格中反映出宋代科举制有什么新发展？这一问是观察现象，观察数据可得出结论：科举取士名额大幅增加。紧接着，为什么会这样？需要联系宋代特点：注重发展文教事业。最后，科举制发展给宋代带来怎样的影响？问题呈现梯度，从表象到内里，引发学生的思考，深入理解北宋的时代特征。在学习过程中，学生知识经验相对不足，在理解宋代科举制发展影响时，并非一次达成，但他们具有一定的抽象思维能

---

① 孟春容，李福. 学起于思　思源于疑——初中历史课堂"有效提问"的策略［J］. 科学咨询（科技·管理），2015：99.

力，只要教师及时设置台阶，将唐朝末期与宋朝前期的社会状况对比，即可得出宋初一系列措施避免武将夺权，有利于政权稳定。

当然，"动态的课堂教学具有不稳定性和不可预见性"①。教师不仅需要充分地了解学情，设计有梯度的问题，还需要紧密结合课堂教学的具体内容，准确地把握课堂教学提问的时机，巧妙地创设能够有效启迪学生思维的问题，以促使学生迅速开动脑筋，从而达到"一石激起千层浪"的良好效果，并由此更好地引领学生积极主动地去分析问题与解答问题，让学生在路遇"山穷水尽"的困境中拓展思维，紧扣教学内容层次提升课堂教学提问有效性。例如，探讨宋朝重文轻武政策的利弊："有人认为这样的国策促使宋朝经济繁荣，文化昌盛。也有人认为这种做法给宋朝带来很多弊端，被后世称为'弱宋'。你如何看待这个问题呢？带来哪些弊端？"采取分组讨论形式，一方面结合宋朝科举制发展影响，列举出诸多积极影响，而另一方面则谈到为防止武将专权，采取更戍法，导致"兵不识将、将不专兵"，降低军队战斗力。大量设置文官，导致官僚机构臃肿，办事效率低下，还加重了财政负担。

最后，以有效地梳理总结知识为目标引入提问。通过问答形式，对所学知识梳理总结，引导学生认知整个知识的结构与脉络，让那些零散的知识点在学生头脑中变得更具系统性、条理性与逻辑性，从而提升学生对所学内容的认知深度，促进课堂教学内容在学生大脑中的稳固度。在总结北宋政治特点时，主要把握3个问题：为什么会出现重文轻武？具体表现是什么？其影响是什么？这样就能理出清晰的知识脉络。最后，还设置了一个问题："如果生在宋朝，你更愿意成为读书人，还是一名武将？"这个问题实际上就是要求学生在回顾本节课的基础上，综合分析考量。有学生回答想成为读书人考取功名，也有学生想成为武将，参军入伍，为国家军队奉献力量，尤其是当北宋遭受周边民族侵扰时，更需要武将人才。显然，学生们的答案已经超出我的预期，很多学生更愿意为祖国命运而逆时代之流，这反映的是学生身上的正义之气，令我印象深刻。可见在课

① 孙菱. 初中历史课堂教学有效提问策略探讨 [J]. 读与写（教育教学刊），2014（4）：151.

堂实施过程中，以提问形式梳理总结知识，能更有效地促进课堂教学质量与效果，增强学生历史与社会学科综合素养，大大地提升学生综合思维能力的发展。

学习离不开思考，而思考就会出现很多疑问，提问正是不断提出问题、解决问题的积极思维在教学中的体现。每一个有价值的提问，都可以点燃学生思想的火花。教师应主动为学生提供环境，让学生敢于发问、敢于质疑，这要求教师在授课过程中保持良好的精神面貌，注重情感交流，及时鼓励学生，激发学生体验发现的乐趣。

课堂教学提问是有效地推进课堂教学实践活动的重要手段，同时也是驱动学生加强对所教学内容进行深入思考与分析的重要方法。提问是否有效，不仅与课堂教学质量与效果息息相关，而且也反映出教师的课堂教学基本功。因而，教师也要不断学习，认真研究课堂提问，提升课堂教学效果。但历史题材的丰富性、历史观点的复杂性，决定了历史课堂提问具有一定发散性和难以驾驭的特点，问题教学研究还任重而道远。

**参考文献**

[1] [苏] 苏霍姆林斯基. 帕夫雷什中学 [M]. 赵玮，等译. 北京：教育科学出版社，2003：61.

[2] 段士政. 用"问题教学"搭建历史课堂教学平台 [J]. 教育理论与实践，2012（32）：56.

[3] 陈志勇.《历史与社会》课堂教学中有效提问研究 [D]. 杭州：杭州师范大学教育硕士论文，2016：8.

[4] 赵仙霞. 基于有效学习的历史课堂提问 [J]. 中国校外教育，2010（13）：182.

[5] 孟春容，李福. 学起于思 思源于疑——初中历史课堂"有效提问"的策略 [J]. 科学咨询（科技·管理），2015：99.

[6] 孙菱. 初中历史课堂教学有效提问策略探讨 [J]. 读与写（教育教学刊），2014（4）：151.

# 浅谈智慧学习环境下的地理教学

贺翔宇

**摘　要**：在"互联网＋"的时代背景下，以计算机、智能手机、VR技术等为代表的现代信息技术正以惊人的速度改变着人们的生活和学习方式，恰当的信息技术应用必将服务于课堂教学。首师大附中昌平学校以培养具备勇于探索精神、团队合作精神、自主学习能力、动手实践能力、创新思维能力的德才兼备创新人才为目标，这也符合地理学科的核心素养。因此，文章以虚拟学校平台与地理教学融合应用为研究对象，通过教学实例对地理课堂教学、地理课外教学和地理选修课进行实践和研究，探索虚拟学校平台在地理教学过程中提升学生学科素养的适用性和优越性。

**关键词**：智慧学习环境；地理教学；虚拟学校平台；融合应用

## 一、智慧学习环境简介

智慧教育是利用智能化网络技术，引导、协助、激发学习者自我学习并发现、创造、应用智慧的教育方式。而智慧学习环境是为实现智慧教育而搭建的软硬件环境。本文以虚拟学校平台为载体，主要包括Pad互动课堂和互联网教学平台，旨在研究虚拟学校平台在地理教学过程中提升学生学科素养的有效应用。笔者将通过课堂实例展示虚拟学校平台与地理教学融合的实际应用。

## 二、虚拟学校平台与地理课堂教学的融合应用

### （一）Flash动画在课堂上的应用

地图是地理学的第二语言，审图和读图能力对于学习地理尤为重要。在传统地理教学中，学生在课堂上需要准备大量学习资料，在查阅地图

时，由于比例尺的不同，需要翻阅多张地图，严重影响学习效率。而在虚拟学校平台的支持下，教师可以提前发送课堂所需材料，学生在课堂上根据自己的需求拖动或放大地图，体会同一幅图不同比例尺下的内容详略、范围大小的变化。教师也可以在课前发布课堂讨论所需的图文资料，学生在清晰的图文资料上勾画关键词，书写分析过程，提高学生的自主学习能力，并拍照上传至互动讨论，便于教师评价和生生互评，提高课堂教学的针对性，提升学生的主体作用。

在《大牧场放牧业》一课中，为了落实地理学科核心素养中的区域认知能力，笔者在虚拟学校的支持下制作了"探寻潘帕斯草原"的动画，并在课上推送给学生。学生可以在 Pad 上自由旋转三维地球，根据老师提供的经纬度位置找到潘帕斯草原，并用自己的语言描述其半球位置、海陆位置和相对位置，落实了描述地理位置的一般思路。找到潘帕斯草原的地理位置之后，学生点击进入，Pad 上就会出现空间尺度由大到小的视频动画，以便学生了解潘帕斯草原的自然地理环境，为后文的学习奠定了基础。

**（二）投屏功能在课堂上的应用**

苏霍姆林斯基曾说："让学生变聪明的方法，不是补课，不是增加作业量，而是阅读，阅读，再阅读。"因此，地理学科也需要重视图文资料阅读能力的培养，即目前所提出的"全科阅读"。图文资料阅读能力是学习地理的基本素养，在传统的教学模式下，学生在阅读地理学科的图文资料时，经常会遇到试卷数量多、图片不清楚等问题，而且大量的试卷不仅给学生带来压力，也极大地浪费了资源。而在虚拟学校平台的支持下，不仅可以节约纸张，还可以让学生清晰地阅读图表，倘若在课堂上发送图文资料，教师可以运用投屏功能实时演示学生的分析思路，如每个关键词的勾画。其他学生可以通过自己的 Pad 清楚地观看分析过程，听课老师也可以通过大屏幕观看。

为了落实学生的综合思维能力，提高学生图文资料的信息提取能力，笔者在《区域农业可持续发展》一课中进行了尝试。《区域农业可持续发展》是以陇南文县龙井茶的生产为例进行研究的，对于文县种植龙井茶自然条件的分析，需要从气候、地形、土壤、水源、生物等多个要素进行，因此需要呈现大量的图文资料，此时，Pad 互动课堂的优势就呈现出来了。教师可以给学生发送多幅彩色地图和较多的文字资料，并运用投屏功能让学生自行讲解小组内的分析过程。

### （三）Pad 互动课堂小工具在课堂上的应用

Pad 互动课堂中的"抢答"和"随机选"方式可以调动学生参与课堂的积极性，活跃课堂气氛。Pad 互动课堂中的"作业测试"可以针对刚讲解完的比较简单的内容进行检测，实时呈现学生的答题进度，并呈现正确率，学生答错的题目会自动生成错题本，便于今后的巩固学习。

## 三、虚拟学校平台与地理课外教学的融合应用

### （一）互动讨论功能在课前预习中的应用

互动讨论功能可以在线下完成，因此运用这一功能布置课前预习作业非常合适。教师可以新建一个互动讨论专题并发布任务，学生根据要求完成并上传作业，还可以对其他同学的作品进行评价。如果是分组任务，教师也可以提前分组并在每一个小组内发布任务。

新课改旨在提高学生学的能力，于颖等提出的智慧型讲授式教学模式要求教学目标指向学生的智慧发展，教学活动的设计注重引导学生主动发现问题、解决问题，实现学生智慧能力的发展，使学生具备解决问题的高阶思维能力和信息素养。互动讨论功能可以为之提供非常棒的平台，笔者在《区域农业可持续发展》一课中进行了尝试，运用互动讨论功能和投票功能开展了一个活动探究：环节一，为实现各小组的公平竞争，笔者在课前运用互动讨论功能给 5 个小组分别发布了同一个任务——20 世纪 50 年代，为解决西北地区少数民族的饮茶需求，请你根据所学地理知识运用网络查阅相关资料，为西北地区引种龙井茶提出选址方案，并给出理由；环节二，笔者借助投票功能将 5 个方案匿名发布给学生，学生进行投票，不赞成的学生要对获胜方案提出质疑；环节三，得票最高的小组针对同学们的质疑进一步完善方案，并在课上讲解，尽力说服不赞成的同学。此项活动探究很好地调动了学生的参与积极性，活跃了学生的思维，符合学生的认知规律，也落实了区域认知、综合思维和地理实践力等地理学科核心

素养。

### （二）虚拟学校平台其他功能在地理课外教学中的应用

高中地理课堂的笔记容量较大，学生听课和记笔记往往不能同时兼顾，有些学生为了记笔记而跟不上教学进度，反而影响了听课效率。如果使用虚拟学校平台将本节课件发送至 Pad，方便学生课下学习，不仅可以节约大量时间，也可以提高听课效率。在习题讲解方面，学生可以借助 Pad 的录像功能讲解错题并分享给其他同学，这样不仅提高了学生的理解能力，也提高了学生的自信心。

### 四、虚拟学校平台在开设地理选修课中的应用

为拓展学生的思维，落实学生区域认知和综合思维等地理学科核心素养，笔者借助虚拟学校平台的互动讨论功能开展了地理学科视频阅读活动，学生在互动讨论专题下提出自己的疑问，教师筛选出与地理有关的问题，并安排学生课前查阅资料、制作 PPT，课上为同学们讲解，这对丰富学生的视野、了解地理知识与生活的联系很有帮助。笔者曾让学生观看《航拍中国·海南》，并在学生提出的问题中选择经典问题。例如，椰子为什么可以从马来半岛漂流到海南岛？学生在课堂上进行 PPT 讲解（图 3-23）。

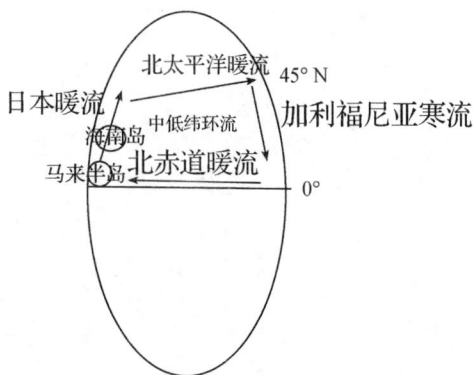

**图 3-23 椰子从马来半岛漂流到海南岛的 PPT 讲解**

### 五、结语

本文从地理课堂教学、课外教学和选修课的开设方面探索了虚拟学校

平台在地理教学中的应用实践，认为 Pad 互动课堂中的 Flash 动画、投屏功能和其他小工具较适用于地理课堂教学；互联网教学平台中的互动讨论功能、录像功能等较适用于地理课外教学；也可以借助虚拟学校平台开展地理选修课，激发学生的求知欲。在智慧学习环境下，虚拟学校平台为地理教学提供了强有力的支持，极大地调动了学生的参与积极性，提高了学生探索新知的能力，值得教师继续探索。

## 参考文献

［1］陈志平，汤重熹. 智慧教育：培养创新人才的关键——广州大学艺术设计系教学模式的启示 ［J］. 广州大学学报（综合版），2000（2）.

［2］于颖，周东岱，钟绍春. 从传统讲授式教学模式走向智慧型讲授式教学模式 ［J］. 中国电化教育，2016（12）：134 – 140.

# 论初中地理实践课的意义

张　爽

**摘　要：** 地理学科是一门基础类学科，它直接关系到每个人的生活乃至社会的生产，关系到我们生活的方方面面，也是与生活联系最为紧密，应用最为广泛的学科之一。我们的日常生活与地理学科永远存在着千丝万缕的联系。初中阶段的地理学科主要针对学生兴趣的培养和基本常识的建立，所以地理教学与地理实践课相结合的教学模式也是非常必要的。这样做不仅能加强学生对所学知识的理解，更能让学生在生活中学习并且将学习到的知识运用到生活中。这样，我们所传授给学生们的地理知识就不会仅仅停留在课本上，让学生们从课本中学，在生活中实践，在生活中学习，从而使地理知识更好地服务于他们的生活。

**关键词：** 初中地理；地理实践课

## 一、导论

地理学科是一门基础类学科，它直接关系到每个人的生活乃至社会的生产，关系到我们生活的方方面面，也是与生活联系最为紧密，应用最为广泛的学科之一。我们的日常生活与地理学科永远存在着千丝万缕的联系。例如，当我们每天走在路上；当我们到了一个相对陌生的地方，需要拿出地图；当我们来到一个完全陌生的地方，甚至不能分辨方向的时候。这些时候都需要应用相关的地理知识作为支持，我们才能到达我们想去的地方、才能脱离困境，甚至保住生命。由此可见，地理学结合实践是多么的重要。而初中阶段的地理学科主要针对学生兴趣的培养和基本常识的建立，所以地理教学与地理实践课相结合的教学模式也是非常必要的，这样做不仅能加强学生对所学知识的理解，更能让学生在生活中学习并且将学习到的知识应用到生活中。这样，我们给学生传授的地理知识就不会仅仅停留在课本上，让学生们从课本中学，在生活中实践，在生活中学习，从而使地理知识更好地服务于他们的生活。

在实际的教学工作中，我利用学校设立的课外活动课"博识课"和"地理兴趣课"，对地理教学结合实践做了一些尝试，从而对地理实践课辅助地理教学有了一些心得和体会，下面是将我的一些应用加以总结，希望能让更多的学生将课本上的知识转化成生活中的技能，真正做到活学活用，得以将书本上的知识服务于他们未来的生活。

## 二、地理实践课案例

### （一）案例 1

在《地图》的学习中，学生在学习地图三要素时，感觉内容简单易懂。可是，在真正的读图应用中，依然错误不断，尤其是比例尺和方向。于是，在地理兴趣课上组织学生绘制教室平面图。首先，要想绘制教室平面图，就要先对教室进行测量。在测量中，我发现学生手中只有 2 米的小卷尺，无法完整地测量教室的长和宽。有的学生就想出了测量教室中一块儿地砖的长度，从而计算出教室的长和宽。之后学生们又测量了教室中的黑板、桌椅等物品的尺寸。下一步就是确定图幅的大小和比例尺。我们都知道比例尺就是图上距离比实地距离缩小的程度，怎样确定教室平面图的比例尺大小？教室的长宽我们已经测量出来了，每个学生根据学过的比例尺概念，以及自己准备的纸张的大小，可以得出比例尺的大小。接下来就是方向的确定。有的学生用最简单的"上北下南，左西右东"的一般定向法确定方向；也有的学生用指向标定向法确定方向。最后，就是图例的画法了。因为教室的格局相对比较简单，所以，大多数同学都用了简单的方形、圆形等作为图例。绘制完成后，同学们纷纷拿着自己绘制的教室平面图进行比较和展示。在他们互相展示的过程中，我发现，由于他们准备的图幅大小不一，所以他们确定的比例尺大小自然就不同了。于是，在展示的环节中，学生们很轻松地把"比例尺越大，显示范围越小，内容越详细；比例尺越小，显示范围越大，内容越简单"这个非常易混淆的问题弄明白了。在学生们互相验证教室平面图的过程中，为了检查对方绘制的是否正确，他们还仔细地阅读了图例，自己亲自确定了地图的方向，使得地图三要素的问题全部迎刃而解。

地图是和我们每一个人的生活息息相关的。我们外出旅游，甚至是平时逛商场、超市时都会看看地图或平面导购图，了解所去地点的位置，以及想要购买商品的位置等。所以，搞清楚怎么正确地阅读地图，对我们的生活是很有帮助的。仅给学生讲概念、做练习，不足以让学生从自身产生足够的兴趣。对于十三四岁的初一学生来说，他们动手操作的欲望非常强烈，兴趣非常浓厚。改用"玩儿中学"的方式，所有难点都变成了他们的兴趣所在，寓教于乐的体验模式让学生学到的知识更立体。

**（二）案例 2**

在学习《地形图的判读》时，学生对等高线地形图的理解不是很透彻，尽管在课堂上用 Flash 动画进行了演示，但是学生还是对此概念模糊不清。另外，学生在地形图上识别地形部位时，对山脊和山谷也经常分辨不清，在课堂上，虽然用"等高线向低处凸出是山脊，等高线向高处凸出是山谷"的小窍门去分辨，但是还有很多学生分辨不清楚。于是，在地理兴趣课上，我组织学生用陶泥动手制作等高线地形图。学生用陶泥捏制了小型的山体模型，按等量高度进行切层、晾干后，又用聚丙烯进行染色、晾干（图 3－24）。晾干后，学生在纸上自行绘制等高线地形图。在山体模型上，学生能很轻易地分辨出山顶、鞍部、山脊、山谷等部位；对照学生利用模型绘制的等高线地形图，就能轻易地分辨出山脊和山谷。对照模型学生很明确地理解等高线的绘制过程，比起单纯的动画和图片演示要清晰得多。经过学生自己动手操作的过程，对等高线地形图的理解更加清晰、更加深入。在利用模型自己绘制等高线地形图的同时，更能帮助学生准确地理解和辨认出地形的部位。

学习地理，对学生的生活很有帮助，地理学科本身就是一门基础的自然科学。在生活中给予我们指引和帮助。但是，仅课本上的知识，学生学起来相对枯燥，理解起来也有些困难。如果让学生亲自动手操作，对于十三四岁的学生来说，既能激发他们的学习兴趣，又能让他们本来就很强的求知欲和动手欲望得到释放。在自己动手的过程中，发现问题并解决问题，既能辅助教学又能培养学生自主学习的能力，激发他们学习地理的兴趣，让他们能够切身感觉到学习正在辅助他们的生活。

图 3-24　山体模型

### （三）案例 3

在学校组织的"博识课"活动中，包括由我担任指导工作的"科技探索之旅——走进中国科技馆"。在前期学习和准备的时候，我发现在科技馆中涉及很多地理知识，而且都是在课堂学习中，学生感兴趣却又没有时间多涉及的内容。比如，全球变暖、新能源、PM2.5 等热门问题，还有地球位置、日食、月食、彗星的形成过程等。这些都是在课堂上无法细致解决的问题。刚好利用"博识课"，让学生自主地选择自己感兴趣的问题，带着问题去"探险"，自行解决他们的疑惑。为此我设置了如下几个问题：

（1）什么是全球变暖？全球变暖是由哪些因素造成的？真的是由二氧化碳等气体造成的吗？全球变暖会对我们的生活产生哪些影响？

（2）我们使用最多的能源就是传统能源——煤炭和石油。它们在大量使用的同时给我们的环境带来了严重的危害。那么，请你找出可以代替传统能源的新型清洁能源，并介绍它们的使用原理，每组至少介绍 3 种。请你以纸质手抄报的形式进行介绍。

（3）PM2.5 这个字眼越来越受人们的关注。那么，请思考：什么是PM2.5？它从哪来？它对人体有哪些伤害？我们如何防止这些伤害？

（4）地球是我们的家园，我们曾经以为地球就是整个宇宙的中心，然而天文学家对宇宙的不懈探索一次又一次地拓宽了人类的视野。那么，茫茫宇宙，地球究竟身处何方？请自己去揭晓答案吧！

（5）观看日食、月食、彗星的形成过程。选择任意一个以纸质手抄报的形式进行介绍。

学生们根据自己的喜好，找出自己感兴趣的问题后，便开始了他们的探险之旅。我发现，即使平时看起来比较调皮的孩子，也在这个过程中变得认真起来，让我看到了学生们对知识的渴求和对了解新鲜事物的无限热情。当然，学生们用心制作出的作业也大大地超出了我的预期（图3−25）。

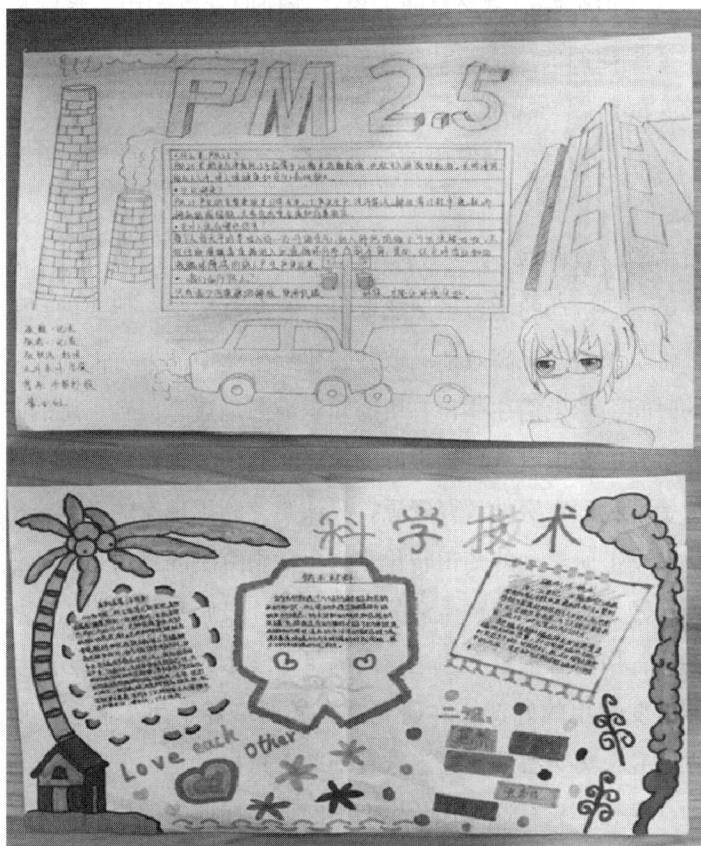

图3−25　学生作业

## 三、初中地理学科设置实践课的意义

学生学习的内容从实际生活出发，就能够更好地吸引学生的注意力。

在满足学生的好奇心的同时，还能让学生身心愉悦地进入学习状态，学生的学习效率和学习效果都能得到大幅度的提高。地理学科是一门指引我们生活的基础类学科，但枯燥的课本知识，让学生们以为地理课的教学内容太过宏观和抽象，远离他们的生活经验和实际生活，学生容易感觉索然无味甚至产生倦怠。此时，初中地理实践课的设置和使用就显得尤为重要。通过小实验、动手操作，以及实践考察等方式，让学生主动起来、思考起来，让他们感受到地理知识就存在于生活中的方方面面。这样不仅能让学生将所学知识很好地融会贯通，更能让他们学以致用，将学懂的知识更好地服务于他们的生活，让学生能够利用学习到的地理知识解决生活中遇到的实际问题。我想这样的地理知识，才是学生们更希望学习的地理知识。能真正做到学以致用的地理教学，才是学生们实际需要的地理教育模式。

面对枯燥的教科书，"我教你学"的传统教学模式，学生获取知识的来源非常单一。被动的学习虽然能取得一时的好成绩，但要做到真正的学以致用，将学来的知识高效地汲取并转化到生活中的方方面面，还需要相当漫长的时间。学生们往往将有用的知识渐渐地遗忘，到了用的时候才发现自己学习到的知识没有得到很好的转换和利用，这样既浪费了宝贵的时间，又浪费了我们宝贵的教育资源。我认为，利用现有的教育资源，帮助学生们将课堂上所学到的知识转化成为生活中解决问题的工具，让学生们学以致用，做到所学知识和生活的无缝对接，鼓励他们用眼睛去发现，用双手去创造，用头脑去思考，这样既满足了学生对知识的全方位了解和体验，又能激发学生的好奇心和研究欲，从而培养学生多看、多听、勤思考、独立研究、勇于实践、为追求真理敢于付出、不怕失败的学习精神和创造精神。我想，只有这样让学生们不断地站在前人的肩膀上，不断地进行自主的学习和创造，才能让我们所传授的知识更有它存在的价值和意义。

# 浅谈高中思政课如何讲好中国故事

尚思雨

**摘　要**：思政课是落实立德树人根本任务的关键课程，把思政小课堂同社会大课堂结合起来，在理论和实践的统一中讲好中国故事，对坚定学生"四个自信"、激发学生爱国主义情怀具有重要意义。讲好中国故事，既要关注课堂教学"主阵地"，也要关注实践活动"大课堂"。

**关键词**：思政课；讲好中国故事；课堂教学；实践活动

青少年是祖国的未来、民族的希望。高中阶段只是人生中短暂的一段，但又是极其重要的一段。其间，学生心智逐步成熟，自我意识增强，是价值观念形成的阶段，可以说，高中阶段是"拔节孕穗"的关键时期。如何落实好立德树人根本任务，引导学生扣好人生第一粒扣子？"正志笃行，成德达才"始终是首师大附中教育集团的育人目标，这与"立德树人"的根本任务恰好形成一致性。作为集团的一名思政课教师，我认为应当针对高中学生的特点，不断创新教学方式，提高思想政治课的教学效果，努力讲好中国故事，完成新时代交给思政课教师"铸魂育人"的历史使命。

## 一、讲好中国故事，要关注课堂教学"主阵地"

高中思政课课堂教学一定要坚持贴近学生、贴近生活、贴近实际的原则。通过课堂教学，引导学生树立"四个自信"，增强政治认同，自觉传播中华优秀传统文化，提升学科核心素养。讲好中国故事应坚持几项基本原则，如坚持导向性原则，即高中思政课应充分反映国家意志，故事的选取和课堂的讲授均应符合新时代中国特色社会主义教育事业的发展要求。要在日常教学中，注重理想信念导向，帮助学生树立坚定的理想信念，树立"四个自信",增强政治认同。除此之外,还应坚持价值性原则、坚持客观性原则、坚持创新性原则、坚持"双主体"原则等。

同时,不同年级的思政课教学应触及不同层面。课程标准明确指出,思想政治学科学业质量水平分为 4 级,因此,不同年级的思政课教学要设计不同的深度,有针对性地开展教学。如同样是坚定道路自信,在高一阶段,讲好中国故事就要"引用典型事例,证实选择中国特色社会主义道路的正确性",这更加侧重学生的感性体验;在高三阶段,讲好中国故事就要"综合运用各种论据,辨析各种错误思潮,有创建性地批驳封闭僵化或改旗易帜的主张,阐明走中国特色社会主义道路的坚定信念",这更加注重学生的理性思考和素养提升。

具体来看,思政课讲好中国故事可以通过以下 3 个方面展开:

第一,通过讲好中国故事,合理设置教学情境,激发学生感性情怀。师生通过讲好具有感染力和感召力的中国故事,创设学生熟悉的社会情境,激发其生活体悟,使学生在特定的情境中产生情感共鸣,进而形成认同感和归属感,增强教学实效性。

第二,通过剖析中国故事,以核心问题及问题链为牵引,强化学生理性认知。这就需要以学生的认知水平和能力为基础,依托中国故事,通过问题链的精心设计,层层递进地引导学生思考核心问题,激发学生求知欲,锻炼学生自主探究能力,深化对某一问题的认识。

第三,通过引述中国故事,采用议题式教学,增强学生政治信念。教师需要思考如何在引述中国故事的基础上,展开议题式教学。教师要根据教学目标和课程内容选定议题,以议题为纽带,以讲故事的形式,设置情境和开展活动,引导学生进行思考探究、讨论辨析,围绕议题在解决实际问题中架构学科知识体系,进而增强学生政治信念。

## 二、讲好中国故事,要关注实践活动"大课堂"

教师应在培养学生政治认同的过程中,围绕课题和教学目标,开展多种形式的社会实践活动。

**（一）教师要正确指导学生高质高效地使用互联网资源，讲好中国故事**

互联网资源的正确使用，能够引导学生培养良好的学习习惯和思想觉悟，促进学生群体间的同伴互助和沟通交流。如在讲授中国共产党相关内容时，教师为了让学生更加了解党的历史和全心全意为人民服务的宗旨，可以指导学生查阅"党史故事"，以讲故事的形式，介绍党内人物的生活和工作趣事，让学生在看故事的过程中对为党做出贡献的党员有更直观的了解和认识，了解党的历史，体悟党如何全心全意为人民服务，强化政治认同。此外，教师还可以结合教学所需，指导学生查看视频学习，享受知识之宴；查看时事要闻，通晓世界之事；查看传统文化，辨学前人之智；阅读马列经典，探寻世界之源等。

**（二）开展丰富的校内实践活动，助力课堂教学的即时延伸**

教师可以组织学生通过演讲比赛、辩论赛、手抄报展示、社团等形式，吸引学生兴趣，助力学生丰富知识、提高意志、坚定信念。如在学习《中国特色社会主义》时，教师可以布置一些关于中国特色社会主义发展道路、制度和价值观等内容的班级文化，让学生在参与布置的过程中了解中国发展，深化政治认同，同时也可以通过组织红歌赛、传诵经典等形式，利用高中生自身塑造的艺术形象感悟传播中国故事，不断提高政治认同。

**（三）通过传播中国故事，开展社会大课堂，锤炼学生社会行为**

思政课教学中，师生既要关注学校"小课堂"，更要关注社会"大课堂"，围绕课题和教学目标，开展社会实践活动，如课题研究、志愿服务、主题班会、学生社团、辩论赛等，使学生在实践中提升思辨能力，培养家国情怀，锻炼实践能力，自觉成为中国故事的传播者，提升学科核心素养。如在讲授中国的基层民主时，教师结合地区实际，带领学生走进社区，围绕社区推进垃圾分类，对居委会成员、居民等进行访谈，感受中国基层民主是如何实现自我管理、自我服务、自我教育，体悟基层群众自治制度对中国发扬社会主义民主的重大意义，讲好基层民主实践过程中的中国故事，达到培育学生价值认同的目的。

中国共产党为什么能？马克思主义为什么行？中国特色社会主义为什么好？这是新时代思政课教师要回答好的时代问题。中国故事是做好思想政治理论课教育教学的源头活水，讲好中国故事既是思政教师的职责和使命，也是提高思政教学实效的有效形式和载体。作为思政课教师，我要在思政课堂讲好中国故事，真正成为一名可信、可敬、可靠、乐为、敢为、有为的思想政治课教师。

# 立足元宵节综合实践 思考教育教学活动

李丽艳

**摘 要**：为了紧跟课程改革的要求和贯彻"正志笃行，成德达才"教育教学理念，学校开展一系列博识课程，初二年级以元宵节为契机开展丰富的教学活动。此次活动给我们的教育教学带来一些启发。首先，我们在教育教学过程中要积极地传播正能量，引导学生理性地看待复杂的信息。其次，积极构建以家庭、学校、社会为基点的立体性教育网络，给予学生全方位的关注。再次，有意识地开发学生们的探究欲望，提升学生的自我成长能力。最后，通过开放与多元的教育教学方式，注重学生的社会实践学习过程，同时促进师生的共同成长。

**关键词**：元宵节；传统文化；教育教学

进入 21 世纪"互联网＋"时代，外来的多元文化对中国文化的冲击不言而喻，其中对于新时代的未成年人来说，他们通过互联网接触到更加繁杂的信息及面临多样化的选择，反而对中国自己的文化存在某种迷失。面对这种严峻的挑战，我们一线教师该何去何从？我们该如何帮助孩子们守住我们自己的文化家园？

## 一、紧跟教改新形势，开展文化教育教学活动

新的时代，新的诉求，党和国家领导人对中华优秀传统文化的教育更加重视，从高校开展国学教育到中学普及经典阅读，从诗词朗诵到历史文物解读等，无不体现出对中华优秀传统文化继承和弘扬的高度重视。未成年人作为社会主义事业的接班人，需要从内心深处自发地认同中国土生土长的传统文化，正如"四个自信"中的文化自信，它是一种国家与民族发展更为持久的力量，这种力量也将指导社会主义事业接班人砥砺前行。

中华传统文化是一个综合性的概念，它深植于中国的历史中，流淌在中国各民族的血液中，体现在我们的日常生活中。结合北京昌平区初中《道德与法治》的教程，中华传统文化从风俗习惯、建筑、饮食、服饰、文化著作等方面去探讨。从对中学生的教育教学来看，学生从我们日常生活中探究、体会传统文化的含义与魅力，这样将更加符合教育教学的理念，潜移默化地认同中华文化的精神内涵，提升文化自信。

首师大附中昌平学校顺应时代要求与国家的教育方针，学校积极贯彻"正志笃行，成德达才"教育教学理念，教育教学中强调优秀传统文化的渗透，引导学生树立文化自信，既从各学科的课堂教学中去体现，又从课外实践去着手。初二年级教师结合学生的特点与2018年上半年的传统节日，集体决定以上半年的元宵节、清明节、劳动节为契机对学生进行一系列的中华优秀传统文化教育。

2018年3月1日，初二年级利用周四下午的博识课程进行了一系列活动。首先，各个班级提前领取任务，学生自主收集材料并进行了元宵节相关的知识讲座。内容涉及元宵节的来历、元宵的制作、元宵节的灯谜等。讲座同时结合文化名著《红楼梦》《水浒传》等影视作品的片段。其次，精彩的讲座结束后，各班级在班主任和授课老师的带领下，学习灯笼的制作。最后，各学科的老师结合学科知识设计灯谜，学生们齐聚智慧猜灯谜，然后根据学生的猜谜数量各个班级进行智慧班级的评比。各个班级在活动结束的时候进行活动总结与感恩教育。

学生们在这次年级活动中不仅仅学习了元宵节的传统文化知识，还能够通过与同学们合作制作灯笼的过程体会集体成就感。学校和家长高度认同我们举办的此次活动，孩子们在知识学习中动手实践、在动脑猜谜中感受集体的力量。他们不仅感谢教师的辛苦组织，同时体味风俗背后的中华民族智慧。

## 二、基于元宵节优秀传统文化综合实践的教育教学思考

针对这次元宵节传统文化教育教学活动，我们对教育教学有了更深的感悟与思考，现将这些思考做一个简单的梳理，以期对我们的后续教育教

学活动有一些启发。

## （一）树立正确的教育教学理念，积极弘扬正能量

现在初中生所处的时代已经是一个全新的时代了，他们几乎每个人都有手机，随时随地能够接触网络信息，当然这些信息中有正面的也有负面的。由于未成年人对信息的筛选能力还不够强，自控能力相对较弱，他们面对一些负面信息时往往会受到网络负面评论的误导，导致有些未成年人有时会将负面的信息误认为是真的，有时不假思索地传播负面的信息。

我们作为教育工作者的使命之一，就是帮助学生树立正确的价值观，逐渐成为一位合格的公民。在中学生的政治学科核心素养中，一个非常重要的素养就是能够具备理性精神与公共参与。我们在日常教育中需要把握教育教学的主脉络，那就是给学生正向的引导，积极地弘扬正能量。但是我们身边免不了会出现一些社会负能量的事情，教师应该积极引导学生不要一下子给这些事物贴标签，要进行理性的判断与分析。同样的道理，中华传统文化的教育上将面临两个问题：一是如何理性看待外来文化的影响；二是如何面对中华传统文化中的糟粕。总之，我们的教育教学理念需要立足中华传统文化自身，同时传播文化本身的正能量，理性地分析社会中的负面信息，科学地作出选择与决定。

如前面提到的我校初二年级的元宵节教育。在举办活动之前，年级组对学生进行了访谈式的调查，年级中很多孩子不知道元宵节的来历，还有1/3 的学生无法说出元宵节的习俗有哪些。有部分同学却能够说出愚人节、圣诞节的习俗。由此可见，对学生的文化教育已经刻不容缓，特别是对我们中华优秀文化的了解与认同。

## （二）教育教学主体多方联动与合作，形成立体式教育网络

在涉及对未成年人的教育上，学校教育是不可缺失的模块，但是家庭教育和社会教育的作用同样不可忽视。学校教育主要以课堂教育为主，中学生接触到的主要有九门课程，那么给予他们教育的将是以九门课程的教师为主。这些教师要在大体的教育理念上具有一致性，如果一个老师提出一种做法，而另一位老师有完全不同的做法，那么学生就有可能会无所适从。另外，学校教育更应该注重学生的课外实践活动，走出教室接触自

然，从社会大课堂中汲取知识、感受中华文化的魅力。比如，前面提到的以元宵节为契机进行多方位的传统文化教育，学生将在玩儿中学、在学中成长。正是基于学校的博识课程体系，我们开展了丰富多彩的实践活动，将"走出去"学习和"迎进来"学习紧密结合起来。

父母是孩子的第一任老师，家庭对孩子的影响是不言而喻的。进入中学时代，有些家长反而淡化了对孩子的教育，把孩子未来的发展完全寄托于学校的教育。这些家长通常会说："孩子在家我是一点儿也管不住，我把他交给学校，你就尽管打骂。"很明显，这是一种不负责任的表现，孩子虽然大部分时间在学校，但是孩子在家里所受的熏陶对他的成长同样至关重要。

学生的成长也离不开社会环境，健康并充满正能量的社会对孩子价值观的形成发挥着重要的辅助作用。就中华传统文化来说，如果在元宵节时，各大商场纷纷推出猜灯谜、品元宵等活动，孩子们或许会从不同的层面了解我们的元宵文化。如果一味地宣扬外来文化，孩子们对自己的文化认同就会存在某种缺失。

所以，教育网络的形成需要学校、家庭、社会三方联动，同时结合课堂教学与课外实践，三方的合作与互动能够给孩子们带来随时随地的教育，潜移默化地影响孩子的成长与成才。

**（三）教育教学的接受者要开发探究欲望，突出自我成长**

学生的成长，一方面是借助外来的帮助，另一方面是通过自我探究发掘潜能。我通过教学实践，发现学习成绩优秀、学习习惯良好的孩子，他们自我控制能力及探究的欲望都比较高。教师给学生提供一个切入点，这些孩子能够以这一个点为圆心，画出一个相关的圆。那些各方面能力相对弱的孩子，有时只是简单地消化老师的课堂教学，并没有去深究知识背后的道理。

这里以我在讲解中华传统文化这一课题为例。我让学生以我们每天使用的筷子为切入点，探究它背后隐藏着什么样的中华文化内涵。学生们利用周末完成作业，制作 PPT 进行交流分享。我发现每个班级中学习与探究能力强的学生对于筷子的挖掘更加深刻与完善，因为探究欲望强的孩子们的求知、归纳总结、删选等方面的能力都相对较强，他们会通过各种方式挖掘筷子的起源、传播、寓意，以及筷子背后的儒家文化等。由此可见，教育教学中的教师需要时刻引导孩子进行自我探究，让学生成为自己的老师，避免教师的"满堂灌"。

**（四）教育教学的方式需要更加开放与多元，促进师生共成长**

学习这个概念很容易理解成课堂的学习或课外辅导机构的学习，其实我们不需要把学习固定化，我们更应该从广义上去理解学习，使教育教学的方式更加多元化。一方面课堂教学是重点，另一方面课外实践课程必不可少。北京实行的"四个一工程"与各个学校结合自己的特点推出的校外实践课程都是不错的尝试。比如，我们学校每周四下午的博识课程，目的就是让学生博闻广见，在实践中学习课本中没有的知识。

学生对课外实践活动反响非常不错，他们喜欢走出去学习，家长也积极地为课外实践学习提供条件。教师同样从博识课程中体会到不一样的教育教学方式的优势所在。因此，我们的教育教学方式需要更加多元化，教师与学生都能够在开放的教育方式中不断成长。

十九大报告中提到，"建设教育强国是中华民族伟大复兴的基础工程，必须把教育事业放在优先位置"。教育行业中重要的因素就是教师与学生，作为教育工作者，我们的历史使命是艰巨的，完成这个光荣的使命需要我们不断探索、不断实践，砥砺前行，方能不负芳华。

# 聚焦核心素养　探索有效课堂教学

高　歌

摘　要：美育是中学生全面发展不可缺少的组成部分，它基于核心素养育人，培养学生认识美、爱好美和创造美的能力，实现全面育人、以美育人。一、深入理解五大核心素养，立足培养学生人文素养，激发学生自主探究动力；二、教学中渗透核心素养，设计适合学生的教学方法，激发学生美术思维能动性；三、挖掘创意实践的实效性，调动学生创作主动性；四、增强直观教学的图像识读，提升学生鉴赏新高度；五、构建课堂评价与展示体系，体现育人价值。通过学科核心素养的培养，逐步形成学生正确的价值观念、必备品格和关键能力。

关键词：图像识别；美术表现；审美判断；创意实践；文化理解

中学美术课堂教学如何培养学生核心素养，促进学生全面发展，满足学生个性需求，倡导学生探究式美术学习、自主、合作的能力，达到美术学习的质性评价标准？

## 一、深入理解五大核心素养，立足培养学生人文素养，激发学生自主探究动力

美育对于培养学生健康的审美观念和审美能力，陶冶高尚的道德情操，培养全面发展人才具有重要的作用。审美判断具有能够捕捉生活美的眼睛，感知、评价、判断和表达，能感受和认识美的独特性和多样性，这就要求学生应具有基本审美的能力、健康审美的情趣、表达审美的感受。以图像识别为基础，融入美术表现，体会审美判断，完善创意实践，深入文化理解。首先，通过图像识读培养美术学习的兴趣，掌握基本的美术知识和技法；其次，寻找美术表现的快感和乐趣，快速捕捉美的瞬间；再

次，创作具有个性的美术作品，体会创意实践的过程；最后，深入文化理解人类的美术遗产，扩大文化视野。

## 二、教学中渗透核心素养，设计适合学生的教学方法，激发学生美术思维能动性

根据不同学情确定教学方案，从学科特色来进行设计教学，兼顾学生的全面发展。课程中不仅要让理论与实践完美结合，学会用美术思维思考问题，更要让孩子们彰显个性、灵动思维。如在原生态包装设计一课中，运用图像识读进行联系、比较等方法感受图像的造型、色彩、材质、机理、空间的形式特征。将自然作为设计和创作的主要载体，将设计创新理念和装饰方式融入包装设计中，真实完美再现自然形态的美、自然材料的质、自然色彩的雅。原生态包装设计的自然美与艺术美和谐统一就在于人们可以将自然材质和装饰设计手法结合，实现美术表现的空间造型，审美判断的感知与评价，创意实践思维平台搭建。通过文化理解进行思考，如日本传统的禅学文化，崇尚自然，回归自然，质朴素雅，形成了具有自然美的审美意境。日本传统包装依附自然又提炼于自然，他们大多用色清雅、朴质，结构简约大方、得体，材质自然古朴，但是更加注重细节的处理，将包装设计的穿插、捆绑、折叠、缠绕等方式融入其中，体现了人在自然材质基础上的主体意识的创新，彰显自然人文情怀，使包装产品与用户间形成了一种轻松的消费关系。从文化角度理解观察作品、现象、观念，了解美术与文化的关系，理解文化的多样性。

## 三、挖掘创意实践的实效性，调动学生创作主动性

以往学生对经典作品只是单纯的临摹，这样大大抑制了学生的创新性思维和创造力。创意实践能够养成创造性的思维，尝试创造、创作更多的作品，为自我搭建更广阔的艺术展示平台。

例如，创立学生感兴趣的绘画课，如在高中美术鉴赏设计模块中，要求学生为自己所爱的画家编排一个绘本，将所有作品融入绘本中，小组分工明确，共同完成绘本设计作品。首先，图像识读，收集相关画家资料，

确定绘本构思；其次，审美判断，对画家作品进行赛选和展示，加强互动交流；最后，通过创意实践和文化理解进行整合资料，发挥核心素养作用最大化。这种方式不仅加强了师生互动、组内协作，而且最大化地激发学生学习兴趣，增强学生对美术课程的新鲜感，调动学生创作主动性。

例如，原生态包装设计课程上，结合原生态包装优秀作品带领同学们共同分析包装颜色和形态的结合。既要做到整体的同一，又要将产品的内外包装整体融入自然之中。结合学生主观意识的创新思维，经过图片、书本等图像识读、审美判断，最终以竹作为最具代表性的自然材料，总结出竹在容器包装中具有较高的价值，竹叶、竹筒等再加上编织、切割等方式，能够实现包装造型新颖别致，既不缺乏现代感，又与原生态包装设计相呼应。挖掘创意实践的实效性，在创作中审视传统的自然美，追求自然、回归自然。

## 四、增强直观教学的图像识读，提升学生鉴赏新高度

新课程下培养学生的主动探究能力，增强直观教学的图像识读是美术鉴赏课的任务。在《中国青铜器》这节课中，选取了一些实物青铜器，以四羊方尊为例，首先，通过实物建立直观印象，以鉴赏为主，结合动手触摸感受雕塑作品，体会及感受中国青铜器工艺的精湛，从分析图像到理解图像；其次，亲身制作及感受，以手绘实物为基础，进行拼图形式的绘画，分组实践，在实践的过程中再次感受青铜器制作工艺的精湛；最后，从历史、文化角度去综合阐述中国青铜艺术，最终形成直观表达、直观传授、直观理解，将美术鉴赏课从表面鉴赏提升到一个新的高度。了解美术与文化的关系，理解文化的多样性，使中国青铜文化在他们内心产生了强烈的共鸣。

## 五、构建课堂评价与展示，体现育人理念

美术课堂作品的评价与展示在美术教学活动中起着举足轻重的作用。运用图像识读对作品进行分析、联系、比较，通过审美判断捕捉、感知、评价，并进行表达感受和认识美，这种展示可以让学生相互欣赏、相互学

习、相互进步，对比和总结，激发学生的创作热情，提高对学生美术学习的效率，能够更近距离地倾听学生创作作品时的想法和思考，体会作品背后的文化故事，解读他们所要表达的内心世界，分享他们的快乐和喜悦，并给予正确的引导和鼓励。

如将学生作品以画展的形式张贴出来，采取学生自评、互评为主，教师点评为辅的方法，使学生充分参与到教学中，让他们体验成功的喜悦。学生自评，阐述作品名称和创作亮点；学生互评，这是作品思想的交流和碰撞，意在提高审美能力；教师评价，结合学生作品的不同特点，在学生互评的过程中，鼓励、肯定他们的表现，增强他们的创新意识。运用美术专业术语"构图""造型""色彩"等，让学生明白自己作品的优点在哪里，同时也让学生学会怎样评价一幅作品。教师的评价既要尊重学生的个性，又要在肯定作品的同时引导学生提出建设性和创造性的意见。这个过程，学生能够提高学生对作品的欣赏和评述能力，从而提高学生的艺术审美能力和鉴赏能力。

以美育人，树立正确的审美意识，培养学生健康的审美观念，陶冶情操，认识文化成果，建立正确的文化观念，激发学生的想象力和创造力，将五大学科素养融入新的教育理念中，以促进学生的全面发展为目的，满足个性需求，倡导学生探究式美术学习、自主、合作的能力，达到美术学习的质性评价标准。以此来提高中学美术教学的实效性，引导学生感知、观察、体验、思考、探索、创造和评价。

**参考文献**

[1] 赵竞，尹章伟. 包装概论 [M]. 北京：化学工业出版社，2018.

[2] 包联网. 包装作品设计年鉴（2016—2017）[M]. 北京：文化发展出版社，2017.

[3] 付志，苏毅荣，董绍超. 包装设计 [M]. 北京：清华大学出版社，2017.

# 第四章

# 育人育心，静待花开

全面贯彻党的教育方针，坚持立德树人根本任务，全面落实《中小学德育工作指南》《关于加强和改进新时代师德师风建设的意见》，以两个百年奋斗目标的历史交汇期和"十四五"教育规划为起点，继续深入实施《中小学生守则》《北京市中小学生日常行为规范》，培育和践行社会主义核心价值观，探索创新课程育人、文化育人、活动育人、实践育人、管理育人、协同育人等实施途径，积极实施劳动教育，持续推进养成教育，增强德育工作的时代性、针对性、实效性，常规工作规范化、重点工作系列化、特色工作品牌化，促进良好校风、学风的形成，培养德、智、体、美、劳全面发展的中国特色社会主义事业的合格建设者和可靠接班人。

# 不忘初心，砥砺前行

## ——三年班主任心得

王昭然

**摘 要**：担任三年班主任经历，不仅指导学生朝着成德达才发展，而且教学相长，彼此历练前行。

**关键词**：班主任；成德达才

自 2015 年 9 月起，我开始担任 1 班的班主任，从此，20 个学生就深深地住到我的心里，我们共同书写了 3 年的故事。刚刚走出校园的我，怀抱着最初的梦想，展望着美好的未来。经过军训的洗礼和一个月宛如救火队长般的手忙脚乱，作为新手班主任满腔热血、兴致勃勃、感触良多。如今，我们迎着朝阳和晚霞，追逐高考的梦想而前进。3 年来，不同的学生都拥有一个共性，就是砥砺自我、奋勇拼搏，为班集体的荣誉不断增添光彩。

## 一、创新具体的班级常规管理塑造了基础

我们将教育家朱永新提出的新教育中的"缔造完美教室"作为班级管理的指导思想，据此在学校一日常规量化评比与校规校纪的基础上，结合本班特色，创新了具体的班级常规管理：小组互助合作制度、晨昏总结制度、班委分工协作制度、一日班长制度等共同构成班级常规管理制度。

通过班会确立班名、班训、班徽、班歌，并录制视频（图 4-1~图 4-2），使得班级具有凝聚力、管理有法可依。班级分组进行课堂讨论、劳动，既调动了每个人的学习积极性，也让大家互相取长补短。班团干部队伍建设堪称表率。公开竞选，以身作则，积极献言献策，起到了模

范带头作用。晨昏总结和一日班长则让学生懂得了责任与监督，心怀集体，心向公民。

图 4-1　班会现场

图 4-2　班级风采

## 二、扎实稳进的班风、学风推进了动力

分班时，我班学生的成绩低于其他班级，但是我并没有气馁，而是

不断鼓励、支持学生，在日常管理中严抓学风建设。我帮助学生制作学习计划表，确保每日学习计划与完成，每日进行批注，写上鼓励评语，了解进度（图4-3）。

一班的我们不一般
——高三（1）班学习计划案　___月___日

| 科目 | 今天所用<br>时间 | 今天我学习了什么？<br>（作业+复习计划） | 我完成了吗？<br>（收获+成绩） |
|---|---|---|---|
| 语文 | | | |
| 数学 | | | |
| 英语 | | | |
| 政治 | | | |
| 历史 | | | |
| 地理 | | | |
| 今天让<br>我感恩<br>的事情 | | | |
| 今天让<br>我遗憾<br>的事情 | | | |

图4-3　学习计划表

每节课由课代表关注课堂表现，将学习中遇到共同存在的疑难问题反馈给任课老师，将课堂纪律反馈给班主任。引导每位学生准备错题本和知识结构梳理，以查漏补缺，夯实基础。

每次考试之后，会指导学生进行总结与反思，以期每位同学具体问题具体分析，设计学习方案。

随着同学们的不懈努力和班级管理的不断强化，成绩逐渐提高，全体学生一次性通过会考；90%的同学在期末考试中进步明显，张巍仑同学更是取得了年级第一名、进步区第一百五十名的好成绩。

## 三、丰富多彩的市、区、校活动提供了载体

两年半以来，我们积极响应市、区、校的各项号召，认真组织并参与各项活动。在活动中，展示了风采，取得了优异成绩。

### （一）主题班会

在"三爱三节"活动中，利用班会的主阵地，组织学生自主收集资料、绘制手抄报、策划设计主题班会，教育引导学生，落实社会主义核心价值观。积极践行就餐"光盘行动"，珍惜粮食；组织学生参加"践行社会主义核心价值观"手抄报比赛；开展弘扬雷锋精神班会，开展小手拉大手——安全出游，文明祭扫主题班会等。

### （二）公益活动

组织学生积极参加社会实践和志愿者服务活动。暑假期间，参加学校组织的西安、延安游学活动，学生走进革命老区、红色旅游纪念馆、陕西博物馆进行社会实践，举办了红歌比赛、演讲比赛、撰写实践报告等多项活动，培养了学生社会责任感和担当意识。

### （三）文明礼仪

高三（1）班通过参加市级、区级、校级各项比赛活动，养成文明礼仪，播放礼仪视频进行专项学习，观看中华优秀传统文化知识，进行文化熏陶。

我们通过没有拿奖但是服装最漂亮的红五月歌唱比赛拥有了自信，通过文科班也有存在感的运动会收获了团结，通过史上形式最丰富多样的班会各美其美、美美与共。通过西安、延安的游学活动让大家结下深情厚谊，肝胆相照。就这样一点一滴地将来自不同班级、不同性格的同学，团聚为一个新的团结的班级。

每位学生也都找到了自己擅长的领域，参加自己感兴趣的比赛与活动，并获取了市级、区级、校级各项嘉奖，德、智、体、美、劳全面发展。在北京市昌平区第五届通用技术比赛中，沈李毅、陈宇桐、金珊获一等奖；在北京市啦啦操比赛中，杨亚萌、张鸽、齐天润、李春雪获二等奖；在第九届北京市中小学生科学建议奖评选活动中，张鸽荣获建言献策一等奖；在北京市"传统手工艺作品展示活动"中，高一（1）班作品古风少女获二等奖。

在昌平区春季运动会中，沈李毅获昌平区定向越野男子第一名、全能第一名；在昌平区诗歌朗诵比赛中，王佳宁获一等奖；在昌平区第十九届学生艺术节中，张赫伦、路佳圆获戏剧二等奖。在五四表彰中，多位同学获得荣誉称号、学校"成德达才"奖学金。

高三（1）班也在学校的各项活动中展示风采。红五月艺术节合唱比赛、篮球赛、拔河比赛等均有佳绩，班级也被评为昌平区先进班集体（图4-4）。

图4-4　红五月艺术节合唱比赛

同时，我也结合班级特色，创新班级活动。

（1）开展"追梦高考，路在脚下"班会，辅导学生制定个性化的人生规划，选取高考目标大学和专业，进行目标墙展示，激励学生不断进取（图4-5）。

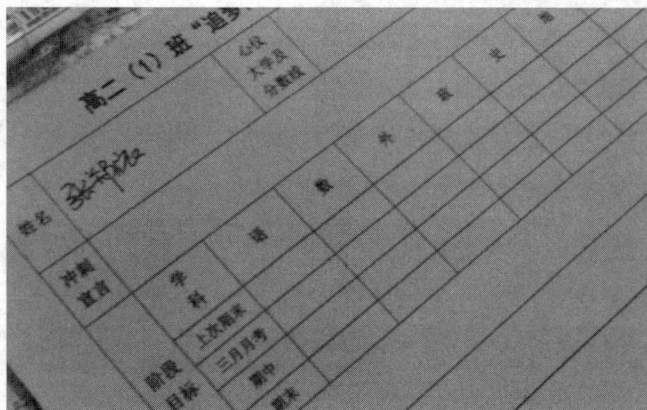

图4-5　学生人生规划表

（2）创建微信公众号"子衿班"，记录班级日志，审视学习与生活，反思集体与个人，记录成长足迹。

（3）结合自己任教的政治学科，组织学生观看《新闻联播》，既开阔了视野，也培养了学生的国家意识和社会责任感。

作为班主任，我关爱学生、兢兢业业，受到学校、家长和学生一致好评。2015年的班会课"最初的梦想"在"昌平区中小学心理健康教育课堂教学评优"活动中荣获二等奖。我还根据班级情况撰写了多篇教育案例。同时，为了提升自我，我于2017年参加了北京市中小学班主任培训。

## 四、及时有效的家校沟通形成了助力

学生的良好发展离不开教师、家庭、学生三者的有效沟通，三者形成合力。我利用App"V校""智微校"发布通知、学生学习生活的照片，利用家长微信群沟通学生日常表现。定期与家长电话、短信沟通，创新家长会的形式，让学生给家长写"致家长一封信"，让家长分享教育理念，必将创造辉煌（图4-6～图4-8）！

图4-6 "最初的梦想"班会现场

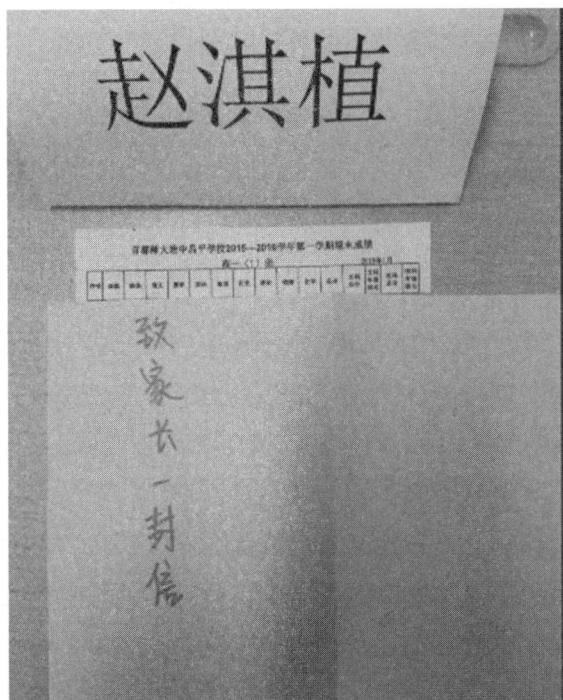

图 4-7　致家长一封信

图 4-8　家长会宣传图

## 五、结语

我只是一名普通的班主任，做着普通，甚至琐碎的工作，但是我的内心却因为这份工作充实、丰盈、充满激情。班主任这个平凡的工作就是在春风化雨、润物无声地做教育。我热爱着这项平凡的工作，尽我所能，尽心尽力。28 岁的我和 18 岁的他们重叠，始终记得不忘初心，砥砺前行。

# 情系三尺讲台，甘洒青春热血

侯晓宇

**摘　要：**《礼记》有云："记问之学，不足以为人师。"是故，师者，当怀一颗匠心。何谓匠心？教师之匠心，是对学生的关爱之心，是对教学的执着之心，亦是对教育的奉献之心。"百年大计，教育为本。教师是立教之本、兴教之源。"新的时代，教师肩负新的使命，新使命更需"匠心"，唯匠心以致远。

**关键词：**班主任；教师；教育

## 一、教师，无悔的选择

2017 年 7 月，我刚刚走出校园、走上工作岗位，还未来得及适应"教师"这一职业的工作节奏，便承担了一所学校里最为繁重的工作任命——班主任。深知经验不足的我，敏锐地意识到这一短板会给工作带来很多困难，于是在第一次遇到学生前，我便开始大量阅读班级管理类书籍，不断积累理论知识，整理总结班级管理具体方法。同时，我还在假期就熟记班级中每位同学的名字，以在开学第一天就拉近与学生的距离，取得学生与家长的信任。此外，我知道好的计划是成功的开始，因此在假期我依据自己的教育梦和班级建设目标，制订了一份充满希望的工作计划，这为我开学后工作的有序开展奠定了重要基础。

班主任工作一干就是 3 年。3 年来，我一路跌跌撞撞，这个过程中我特别注重培养学生干部，积极推动班级学生自我管理、自我服务、自我教育、自我监督。我感受到学会问计于学生，做一个"会偷懒"的班主任更能够激发学生的自治力和凝聚力。同时，我深知能与学生实现顺畅的沟通是顺利开展班级工作的基础，所以我从关注学生的情绪出发，认真倾听学生的想法，平等沟通，努力做一个能"共情"的班主任。每个学期的总结会上，我会给班上每位同学手写一封信，在信中诚恳地表扬和赞美每一位同学，努力培养学生的自信，帮助学生找到自身的闪光点。学生的点滴进步与成长对于我来说都是幸福的源泉。

"千淘万漉虽辛苦，吹尽狂沙始到金。" 3 年后，我所教授的学生中，有 4 人中考政治成绩满分。特别是在今年高考中，我所教授的高三年级中，6 人政治成绩位居全区前 200 名。与此同时，我还相继荣获"昌平区优秀班主任""最美教育工作者"等荣誉称号，获得区级班级建设类奖项 3 次、北京市"四个一"工程主题案例评比一等奖 1 次、二等奖 1 次。

## 二、教学，执着的追求

班主任工作量之巨大是众所周知的，但在担任班主任的同时，我勇敢地肩负起跨学段教学任务，同时承担初、高中部其中两个年级的政治教学任务。我经常以校为家，付出着对学校、学生全部的爱。

我深知"要给学生一杯水，教师自己就要有一桶水"。在信息化时代，更应该具有源源不断的"活水"。因此，我深挖教材，钻研教材教法，尽心上好每一堂课，仔细批改每一份作业，从学生的实际情况出发不断改进教学方法，努力给学生一个轻松愉快的学习氛围。针对政治学科记忆内容多且知识枯燥的特点，精心设计了很多有意思的课堂游戏环节，大大地激发了学生学习政治兴趣。同时，我积极参加市区级教研活动，多次参与市级、区级、校级评优课、展示课活动，不断地夯实自己的教学基本功。

此外，为了提高学生的学习成绩，我也注重培养学生良好的学习习惯。指导学生制订学习计划，养成先计划、后学习的习惯；成立班级"阅读银行"，培养学生的读书习惯；开展班级内部挑战赛，激发学生学习力和竞争力；向年级优秀班集体下战书发起挑战等。通过组织丰富多彩的活动提升学生的学习兴趣，激发学生的学习欲望，养成良好的学习习惯，使学生既乐于学习又善于学习。

## 三、教育，守候的幸福

在我眼里，班主任工作的真谛就是关爱、唤醒、严谨、生动。3 年来，我不断学习，阅读了许多优秀的教育专家和班主任的著作，坚持用科学的理论武装自己的头脑，用科学的方法管理班级和学生。我认真组建班委会，合理地发挥每个同学的特长；我经常利用班课、课间操、团队活动，以及每一个可以抓住的教育契机引导学生，使学生思想不断成熟，认知不断升华，达到润物细无声的教育效果。

在伴随学生成长的日子里，故事在变，心情在变，但对于教育事业的这份信念未曾改变。身为教育一线的思政课教师，我深感教书育人的任务艰巨和深远影响。作为人民教师，我时常鞭策自己"没有爱，就没有教育"。要不忘立德树人初心，努力成长为有理想信念、有道德情操、有扎实学识、有仁爱之心的"四有"好老师，做学生锤炼品格的引路人、学习知识的引路人、创新思维的引路人、奉献祖国的引路人，为培养德、智、体、美、劳全面发展的社会主义合格建设者和可靠接班人而不懈奋斗。

# 为心灵护航，与成长同行

王孟楠

摘　要：著名教育家陶行知曾说："真教育是心心相印的活动，唯独从心里发出来，才能打动心灵的深处。"教育工作者要想培养出德才兼备的创新型人才，首先要走近学生、了解学生的需求，其次还得给予学生全面的指导、联合家庭开展教育合作，教师自身的专业成长也是不容忽视的方面，不断追求职业生涯进步的教师才能影响学生、带动学生，在学生中营造尊师乐学的学风。

关键词：心理；班主任；德育

## 一、关注心理需求　赋能学生成长

2016年9月，刚刚走出大学校门的我正式踏入工作岗位，填补了所在学校心理教师的空白，同时也为心理健康教育工作的有序开展奠定了坚实基础。在学校领导的指导和同事们的帮助下，一块为师生放松心情、维护心理健康的温馨小天地——心理资源教室，横空出世。

作为一名心理教师，我的工作重心是对有需求的学生进行心理辅导，倾听心声，温润心田。工作第二年的某个中午，一位个头高高肤色黝黑的男同学坐在辅导室的沙发上，刚一开口眼眶就红了起来，哽咽地说着他现在的生活状况非常糟糕，甚至产生了轻生的念头。我耐心询问后得知，这是一位长期遭受家庭暴力的孩子，父亲由于酗酒经常使用家庭暴力，16岁的他既恐惧父亲又因为无法保护母亲而自责，曾在周末躲在学校宿舍来逃避现实。

我敏锐地意识到，自卑的性格和习得性无助使这个男同学已经丧失了对生活的信心，于是我一边共情着他的遭遇和痛苦，一边运用心理咨询的技术引导他认识自身压抑的愤怒情绪和想要改变现状的渴望。经过细致的交流沟通，男孩的情绪逐渐平静下来，如释重负地说道："胸口堵着的一团东西终于释放一些了。"在后续的心理辅导中，我和他一起重新认识家庭暴力发生时可以采取的求助方法和家庭中仍然存在的积极资源，探讨如何从逆境中发现自身成长的力量。一个月后，这个男同学来到辅导室向我告别，开心地告诉我已经度过了最黑暗的时刻，剩下的时间应该努力把落下的文化课补上。一年后，在高三考生的光荣榜上，我开心地看到了他的名字。

入职以来，我平均每学期开展个体心理辅导 40 余人次，涵盖情绪情感、人际关系、家庭关系、学业压力、生涯规划等多个方面，根据不同学段学生生理、心理发展规律和特点，运用科学的心理教育方法和手段，适时为各年级学生开展专门的心理讲座、心理科普宣传和专题性心理健康教育。与此同时，为适应新高考改革之后学生探索学科优势、发展个性特长、优化升学路径的需要，我在高中部开设了生涯规划课程。为引导学生在团体活动中认识自我，在沙盘游戏中探索自我，在同伴交往中完善自我，在初中部组织成立了心理选修社团。

## 二、创设心理氛围　助力家校共育

新时期的班主任，作为德育的主要实施者，要充分认识加强学生心理健康教育的重要性。在班级中创设和谐、民主、健康的心理氛围，不但有利于学生心理的健康成长，更成为班主任工作的一项重要内容。为了与学生贴得更近，更加了解"00 后"的个性心理特征，我不仅担任初高中学生的导师，还主动承担起高中班主任工作，我将心理健康教育融入日常班级管理之中，以倾听学生内心的声音为桥梁，家校共育为依托，逐步探索出一条通过研究学生行为背后的家庭因素和心理动机，助力班级管理的管理模式。

2019 年，我开始担任高中班主任，与学生接触后，我发现"00 后"不只思维活跃，而且极具个人中心性，加之高中部的生源来自昌平区、海淀区和顺义区，不同的家庭背景和学习经历造就着不同的灵魂与个性。我也清楚地意识到只有专业理论是不够的，走进学生内心和家校共育是重要的两项工作。于是在每学期初的心理课上，我都会先指导学生填写调研问卷，找出自己当下最想了解的心理内容和亟待解决的问题，根据学生的反馈编排教学资源，与学生共同制定心理课堂公约，营造师生一致的心理氛围。感恩节时，我让每个学生在精心准备的便签纸上写下对父母想说的话；疫情期间，组织学生共同观看有关传染病疾控的纪录片和电影，并开展影视分析讨论；高一选科前，利用生涯辅导帮助学生做出最佳的发展规划。

与家长同心、同向、同行，充分调动家长的教育力量，不仅可以促进学生心理健康成长，更是家校共育的重要内容。一个班级学生的教育，单靠班主任一个人的力量是不够的。在平时的工作中，我经常通过 QQ、微信、电话等手段，向家长传达学生在学校期间生活的心理状态和行为表现，倾听家长对孩子的期待，并且给予家庭教育指导；在学期家长会上，每次都准备一些家长如何维护青春期孩子心理健康的知识，比如"培养孩子的成长型思维""营造积极的家庭教养氛围"等，引导家长在关心孩子学业成绩的同时，重视孩子的心理健康发展。经常有家长反馈："每次听完王老师的指导，感觉像吃了定心丸，本身在孩子教育方面我已经非常挫败了，现在又重新拾起了希望，谢谢学校对孩子的关爱。"

## 三、潜心学术研究　提升专业水平

中学生正处于身心发展的重要时期，随着社会的快速变化，对人才的要求也越来越高、越来越全面。为了更好地帮助学生适应新时代对人才培养的要求，新型班主任还需不断学习各种前沿的知识和技能，助力学生在学习、生活、人际交往、升学竞争和自我规划方面得到发展，为未来进入社会做准备。

我总是笑称"所有的心理老师都是学习型人格"。即便身兼数职，我从未在繁忙的工作中停止学习研究的脚步。工作 4 年多来，她积极参加各种专业进修，取得青少年心理咨询师培训、系统式家庭治疗培训认证；坚持开展自主研修，学习生涯规划的理论和技能，并将工作中开展学生发展指导的经验及时整理总结，所撰写的 10 余篇研究论文和案例获得北京市研究成果奖。

　　"路漫漫其修远兮，吾将上下而求索。"学生的心理状况错综复杂，近些年来，中学生心理问题频发，作为一名有心理学专业研究背景的教育工作者，我深深地感受到肩上的责任和育人使命，从未怀疑过自己的选择，始终不忘育人初心，坚持教书和育人相统一、言传和身教相统一、潜心问道和关注社会相统一，致力于依托自身的专业所长和教育理想，为首师大附中昌平学校培养"成德达才"的优秀学子。

# 用心工作，用爱育人

张 玫

**摘 要**：班级是学校教育、教学工作最基层的组织单位，班主任是这个单位的引导者、组织者、促进者和合作者，他在塑造学生灵魂、创设良好的班集体、全面提高学生素质、陶冶学生情操、培养全面发展的人才等方面有着举足轻重的地位和作用。作为班主任，只有用心去处理问题，用爱来育人，才会更好地促进学生的进步和发展。

**关键词**：用心工作；用爱育人

教师，特别是班主任，是班集体的主要教育者和组织者，在学生人格素质的形成过程中起着重要作用。人的素质是整体，而人格素质则是其根和主干，它决定着学生素质的发展方向。从踏入工作岗位的那一刻起，就注定了教书育人的使命落在了我的肩上。我带着年轻人的朝气，带着对教师这份职业的神圣向往，带着沉甸甸的教育责任踏上了征途。那一刻，我在心里默默地许下誓言：未来征途，不误学子青春，不负人生芳华；尽己所能，努力工作；乐于奉献，用爱育人。秉承"成德达才"的育人理念，致力于唤醒并成就每一名学生。

## 一、率先垂范，引导学生

"学高为师，身正为范，我们以此正身，砥砺前行"。"教书育人，为人师表"，凡是要求学生做到的，自己首先要做到。不仅要在情感上获得学生的认可，而且在行动上也要让学生心服口服。我们要处处注意自己的言行举止，为学生做好榜样，在潜移默化中影响学生、塑造学生。

作为班主任，我每天7点到办公室，及时地梳理一天的工作。7点10分准时进班，迎接每一名学生，同时了解学生的早餐情况和到位情况，及时沟通，引导学生积极开始崭新的一天。晚自习结束后，我也常常和学生聊一聊当天的学习、生活等情况，督促学生及时回宿舍休息，并针对学生在晚自习中出现的问题进行探讨。当然，个别学生的迟到、作业拖拉、值日敷衍等问题也常常困扰着我，针对这些问题，我和学生有过数不清的谈话，做过不计其数的教育，甚至还有学生恶语相向，但我依旧选择坚持引导。我深知，教育就是习惯的养成，率先垂范、积极引导就是班主任工作的制胜法宝。一次，无意间听到班内一名男同学说："班主任真是个有毅力、有恒心的人，不管同学们怎么样，她每天都会第一个到位，最后一个离开，我怎么好意思输给一个女生呢。"

作为教师，就要以身作则、率先垂范，因为我们的一言一行都深深地影响着学生。因此，在教育的过程中自己都格外地注意自己的言行举止，当然主要是因为对这个职业的喜爱和心中的那份责任。自己立足本职岗位，以精益求精的工作作风，极度热忱的工作态度，全心全意地投入教书育人的工作中，希望通过自己言传身教，不断地影响每个学生，让每个学生都拥有一段无悔的高中生活。

## 二、真诚陪伴，温暖学生

2016 年刚刚入职的我，便接到担任高一（3）班班主任的使命。当时我的心情可谓五味杂陈，更多的是担心因自己没有经验而耽误学生。在校领导的鼓励下，在同事们的帮助下，我迎难而上，勇挑重担。在开学前，不仅积极参加岗前培训，还在假期学习班级管理，做到"未见学生，理论先行"。与学生的初次见面，我深深地感受到每个学生都是独立、特殊的个体。

上班伊始，我认真地记录着每个学生的表现情况，尽自己最大的努力把工作做细、做好。曾有这样一件事情，让我深刻体会到：师者，当以真诚之心，陪伴每一位学生。我曾两次发现班内一位女同学违规使用手机，第一次发现后，我及时与学生和家长进行了沟通，处理的结果为家长代为保管手机。当我第二次发现时很气愤，我对学生严厉地说道："根据我们上次的约定，你的手机只能暂时由我代为保管。"学生的回答给我当头一棒："我家长都同意让我带，您为什么不可以？"此时，我并没有急于批评学生，而是采取了冷处理。等学生冷静后，我与她进行了细致的长谈，学生慢慢地意识到自己的错误，开始寻找理由："我没手机，没法儿打车回家，我也没法儿和我家长交代。"这时，我再次和家长进行了单独沟通，从孩子的眼睛疼谈起，并说明孩子上课的表现，也聊到了手机从某种程度上的确可以作为辅助工具帮助孩子学习，但如果孩子很晚还有 QQ 动态，说明并没有按时休息，同时也违规使用了手机，既不利于身体健康，也会严重影响第二天的学习效率。通过有理有据的分析和耐心细致的沟通，最终得到了家长的肯定与支持，我借此机会提出："孩子的手机暂时由我代为保管好吗？其间会不定时地给手机进行充电，并会保证让孩子及时联系到您，有任何需求可以直接与我取得联系。"与家长沟通好后，我又与学生进一步沟通，最终手机保管问题得以落实。而此时，我又担心起孩子的安全，于是决定亲自送学生回家。一路上欢声笑语，她还主动承认了错误，下车时开心地说："老师，其实您替我保管挺好的，这样我就可以无牵无挂好好学习了。"经过这件事，不仅拉近了师生的距离，也赢得了家长对学校工作的大力支持与积极配合。

作为教师，就要用真诚去打动学生，用真诚来架起师生间的桥梁。真心诚意是打动人最好的方法，只有真心对待学生，才能引起学生内心强烈的共鸣，才会实现师生间的相互信任，学生才会把老师当作知心朋友，进而学生才会对老师敞开心扉、倾诉衷肠。从入职至今，不论是早读前，还是晚自习后，我都会陪伴在学生的身边，我坚信日日陪伴的教育必会将这份温暖传递下去，也会对学生产生更加深远的影响。

## 三、耐心引导，感化学生

爱是成功教育的原动力，师爱是师德的灵魂。学生知识的积累、能力的培养、品德的形成，不是一朝一夕、一蹴而就的，这是由教育的长期性与反复性决定的。在班级管理中，班主任要勤于进班，善于观察学生情绪的变化，及时发现问题，通过反复实践，抓实做细，问题方能逐步解决。

在学科学习方面，我始终坚持耐心引导、坚持将小事儿做好。从第一节课就提出了"将改错贯彻到底"的口号，在我日日坚持与引导下，越来越多的学生自主地加入改错行列，课余时间、放学后，常常可以看到大家并肩奋斗的场景。学生们常说："当回家拿起手机就会把作业忘到九霄云外，留在张老师身边才是最好的选择。"时间会给出最好的答案，学生的成绩逐步提升，而且也越学越有信心，越来越富有专研精神，也更愿意进行深层次问题的探究。当我带的第一届毕业生回来看望我时，竟然调侃道："玫姐，现在还有没有像我们这么好学的学生呢？我们一起学习高数吧，奋战到8点！"每当我想起与学生一起奋战的日子，都会觉得幸福感爆棚，因为，这样的坚持和付出是有意义的，是值得的。

2019年9月，我迎来了第二届学生，"将改错贯彻到底"也很快得到了同学们的支持，班内竟然有个小姑娘在周五放学后主动地跑到我面前说："玫玫，咱们一起过二人世界如何？我要像上一届的学长、学姐学习！"记得在一个大雪纷飞的周五，我担心路况不好，让学生早点儿回家，没想到，学生早已和家长约定好8点来接，还安慰我因为家离学校特别近，不用担心。学习结束后，我亲自将学生送到校门口，学生妈妈见到我后，不停地说着"谢谢，谢谢"。这一切都深深地感动着我，同样也为自己和学生的一路坚持而感到骄傲。

作为教师，就要有耐心，大教育家培根说："无论何人，失去了耐心就失去了灵魂。"因此，在教育的过程中，我们要耐心地引导学生，循循善诱地指导学生，用实际行动来感化学生，给学生成长的时间和空间。

"梦想在心中，创造在手中。"在未来的征途中，我会继续坚持率先垂范、真诚陪伴、耐心引导，努力做到今天比昨天更智慧，今天比昨天更宽容，今天比昨天更懂得爱，用心做好每一件小事，用爱沐浴每一个学生。我将时刻践行用心工作、用爱育人，更好地促进每个学生的发展。

# 春风化雨育德才　润物无声注正志

董祎一

摘　要：秉承着首都师范大学附属中学昌平学校"正志笃行，成德达才"的育人理念，班级在建立之初，便制订了相应的育人计划。以尊重学生个性化发展为前提，借助家校合作关系，通过班级文化建设、开展特色活动，通过师生及时沟通与交流，树立学生规则意识，打造良好学习环境，促进学生全面发展。

关键词：班级管理；班级建设；师生关系；尊重学生；家校合作

## 一、班级建立背景

大多数"00后"高中生因良好的社会环境而具备积极的思想与乐于进取的生活态度，在他们的身上我们可以找到诸多社会发展的证据，例如，居家生活时间比例增加。网络信息化的高速发展帮助人们足不出户地实现日常生活所需，这在一定程度上造就了学生缺乏集体生活、缺少人际交流。在一些错误信息的引导下，部分学生失去了感恩的意识，误解了恋爱的关系，而高中纯粹的集体生活是一次重构或修正学生价值观的机会。

2019年8月24日是高一（4）班成立的纪念日，从这一天起，23名学生开启了乘风破浪、扬帆起航、只争朝夕、不负青春的集体生活。

## 二、班级建立过程中，育人的方式方法

### （一）转变师生关系，树立规则意识

尊重学生个性化发展的前提，是规则意识的养成，是班级建立之初的首要任务。但面临新新人类，传统的教育理念和方法势必成效不佳。

学校组织的第一项集体活动是为期7天的军训生活，这对于习惯优越生活条件及网络陪伴的学生们无疑是一次挑战。很多学生禁不住零食的诱

惑，从基地商店悄悄地购置深夜消夜。虽然可以理解学生的生理需求，但默认等同于放纵，不利于班级建设。那么，是否存在双赢的解决办法呢？

问题的根本在于学生对于食物的需求从而导致意识的不坚定，适当满足此项需求可以增强学生对此诱惑力的抵抗，因此，可采取交换制度。何谓交换制度？趁着军训班级总结的时间，我突然从背包里拿出事先准备好的豆奶，犹记得学生们眼睛点亮的瞬间和惊讶的表情。虽然仅仅是一袋袋不起眼的豆奶，但它一方面缓解了学生因饥饿感而产生对零食的渴望，另一方面表达出教师的理解和关爱。随后，我不经意地问道："有同学愿意与我一起分享你的美食吗？"停留片刻，学生们纷纷散开，归来时塞满了我的背包，这是孩子回赠的理解、友善与些许的信任。

事后总结时，很多学生可以自主地说出这项活动的意义。学生们不是不懂得校规校纪，也不是做不到，而是需要时间，需要切身体会规则的重要性。

### （二）班级文化建设特色鲜明，打造良好的学习环境

从学校高中教学部中门，缓缓沿着楼梯的轨迹，别拐弯，也别回头，步入二层那间明亮的教室，这就是4班全体成员学习之处。环顾四周，书桌整齐码放，右侧统一挂放着实用的书袋。学生们的书袋里总是塞满了各式各样的学习资料，课本和笔记本的名册朝外整齐地摆放在书柜里。书柜的一角张贴着一张学生们自己制作的表格，详细地记载着这方空间的"拥有者"，提醒着学生：每日清扫活动必不可少。教室的窗台上码放着4盆苗壮成长的水培植物，被学生们悉心地照料着。除此之外，孩子们还利用课余时间耐心地关照着教室角落里一只羞答答的小仓鼠，它可是我们4班公认的班宠，任凭谁也说不清楚它的魅力有多强大。日复一日，名牌经多人之手在"已投食"与"未投食"间调换。我们与它相互陪伴，一起成长。

目光移动到教室前排，照片墙上清晰地记录着大家共同成长的点滴：殷岩涛作为护旗手望向校旗，有一份坚定展露在眉宇之间；和涛手持在运动会中斩获的首枚奖牌，有一束光来自孩子自信的脸庞。孩子们稚嫩的面容、积极的态度、活力的思维在塞罕坝的合照中展露无遗，4班着实汇聚

了性格迥异的23名少男少女和他们的班主任。我们坚信，用3年高中时光，向同一个方向前进，努力打造出一个"团结、勤勉、自信、勇敢、乐观、鲜活"的大家庭。

### （三）班级管理制度效果显著，促进学生的全面发展

4班精简了班级职务的设置，但细化了每位同学的责任分工。班级共设6个岗位，由7名同学担任，分别为团支部书记冯媛媛，班长琚浩义，体育委员王宇旸和刘天硕，学习委员李志诚，组织委员张瑜，卫生委员冯俊杰。这几名同学各司其职，独当一面。其中，冯媛媛主管团建工作，目前23名同学中共有10名已经发展为中国共青团团员，且队伍仍处于壮大中；琚浩义个人素养过硬，是班中榜样，具有引领作用，每次票选活动都是公认的第一名；王宇旸、刘天硕，一个稳重，一个活泼，互帮互助，使班级在每一次公共场合亮相时，都神采奕奕，"四班四班，扬起风帆，志存高远，追本溯源"的口号久久回荡；李志诚的工作细致入微，时常得到任课教师的表扬，有他在，一切有关电教的问题都不在话下。除此之外，冯俊杰和张瑜的管理能力也在日益增长，9门学科课代表认真负责相应学科工作，力争辅助教师发现并解决问题。小组长轮流负责分配每日常规工作，管理并记录大家的表现及班级卫生状况。在全体成员的共同协作下，4班呈现出井然有序的样子。各种班级管理制度的建立、人员责任的分工，不仅督促了大家努力学习，更锻炼了大家的思考能力、表达能力，提升了大家的自信心和集体荣誉感，经过不懈的努力，已经效果显著。

### （四）疫情防控稳中有序，一切为了学生的安全

这是一个团结一致、积极向上的班集体，2020年暴发的这场没有硝烟的持久战并没有使4班溃不成军。反之，面对因空间障碍而无法及时交流的困境，我们及时调整方案，班委们挺身而出，以小组长的身份发挥着至关重要的典范作用。其间，班主任和各位组长每周都有计划地召开班会，反馈同学间存在的问题并讨论出解决方法，周而复始。我们就解决作业上交不及时及质量不达标的问题撰写整改方案，并成效显著。时刻以学校安排为重、以集体为重，积极地组织并认真落实各项活动，第一时间填写各项问卷调查，第一时间收集齐各项通知的回执单。4班所有成员宛如

一支迎面而来的方阵，步调一致，铿锵有力。

**（五）尊重学生个人发展，家校关系融洽**

这是一个尊重学生个性化发展的班集体，鼓励不再是一句口号，而是切实地辅助每一位同学争取机会，或勇于探索自己未知的潜力。风风火火的张硕曾多次担任校级活动主持人的工作，行为举止稳重且得体；不善言谈的殷岩涛曾组织了4班第一次跨年联欢会；张瑜不再是默默无闻的小姑娘，小组长及班委工作完成得越发娴熟；总是姗姗来迟的王东承担起疫情期间收集学生和家长每日健康情况的工作，意想不到地准时且高效。诸如此类的事例还有很多。在这里，我们允许孩子表现出自己不成熟的一面，这是信任的表现，这是成长的必经之路。

这是一个家校合作顺利，关系融洽，充满理解、包容和善意的集体。从有关学生的学习生活，到学校组织的每次活动，做的每个决定，安排的每一件事情，4班的全体学生、家长都齐心协力，保持尊重的态度，并积极参与、支持各项工作。2020年6月1日，是学生回归校园的日子，由于尚处于疫情期，全体学生由住宿转为走读。经沟通，4班全体家长均表示理解并表达出有困难自己会设法解决，这份理解令人动容。班级内有10个居住地距离学校较远的家庭，有的孩子家住黑山寨，一来一回的求学路至少需要5个小时；有的孩子家住奋斗屯，家中尚无北京车牌；有的孩子父亲仍战斗在抗新冠的一线。

## 三、结语

4班不仅是学校众多班级的一个组成部分，从建立之初，就秉承着成长为"团结、勤勉、自信、勇敢、乐观、鲜活"的大家庭为目标，以最终达成"正志笃行，成德达才"。无论以何种形式结伴同行，改变就在悄然中发生，正如4班刘天硕在学期自评中所说："我们每一个人都尝试去生活，去犯错，去跌倒，去胜利，去用生命再创造生命。"

# 教育就是唤醒

赵学明

**摘　要：** 首师大附中昌平学校是在昌平城乡接合部建立的一所初、高中一体的六年制学校。建校之初，在社会的期待与学校实际面对困难的双重压力下，我校坚守"成德达才"的育人理念，立足优秀文明之根，面向世界、面向现代化、面向未来，唤醒并成就每一个孩子。基于家长和学生的认知情况，唤醒教育对我校师生具有重要意义，是实现"成德达才"的重要途径。

**关键词：** 新建校；教育；唤醒

在学校文化建设中有一句话是"好的教育一定是唤醒的教育"，这句话使我印象深刻。德国教育家第斯多惠曾经说过："教育的艺术，不在于传授的本领，而在于激励、唤醒和鼓舞。"那么应该如何去唤醒？唤醒什么？从在校执教 5 年的感受来看，有以下几点思考。

## 一、唤醒就是要因材施教，走进孩子的内心世界

首先我们必须承认每个孩子天生都富有丰富的心灵与巨大的潜能等待去挖掘，我们面对的并不是一堆石头，而是一个个巨大的宝藏，基于此，教师的工作才更有伟大的意义。而我们面临的悲哀就是试图把所有不一样的孩子集合在一个校园里，希望教育成一样的孩子，这样的行为只会失败。

做到因材施教是教育本身内在的要求，但对教师而言是个巨大的挑战。因为这意味着我们不能只关注成绩，不能只是讲题、考试、做题。正如校长所说，如果只是关注成绩，那成绩一定上不去。孩子首先是个人，有自己的世界观，有自己的情绪、性格和认知，成熟的教师要善于抓住教

育的契机，善于观察每一个孩子的习惯、心情、爱好，甚至家庭情况，这样才能容易走进孩子的内心世界，才能做到亲其师、信其道。

在我教高一（2）班时有3个男生，即秦志浩、赵子衡、吕浩然，他们3个都很聪明，关系也很好。有时在办公室他们看我在看体育新闻，就和我聊足球、篮球、聊梅西、聊詹姆斯。遇到关键比赛我也和他们一起看视频集锦，渐渐地，他们就和我无话不说，我也经常在课上鼓励他们。在数学竞赛中，秦志浩还获得区一等奖，并作为代表去市里参加比赛，这是非常难得的成绩。更多时候我并不像是他们的老师，而是"兄弟"。记得期中语文考试时，在作文中他们还专门写了我，语文老师把作文照片发给我看，那时挺有成就感的。到了高二他们去了理科班，我就不再教他们了。后来我因病住院，在没提前打招呼的情况下，他们自发地到病房看我，每个人送了我一本书。当时特别感动，我想这就是教育的力量，也许若干年后那些数学知识都已忘却，但植根于内心的教育种子早已发芽，长成了参天大树。

## 二、唤醒离不开学校大环境的创设

"蓬生麻中，不扶而直；白沙在涅，与之俱黑"说的就是这个道理。这种大环境既包括有形的，如干净整洁的教室、优美的校园环境等；也包括无形的，如学校的制度和德育建设。

早晨在去食堂的路上，我经常能看到初中孩子非常规矩地低头向老师问好，也能看到在食堂门口冬天风很大的情况下，学生自觉地礼让老师先出门。我们整洁的校园、规范的升旗仪式、和谐的师生关系，在这些美好的大环境中就会让孩子逐渐成为有礼貌、有规范意识、有爱国情怀的人。不管外面世界多么混乱、嘈杂，到校园中就会唤醒他们对美好事物的向往。

校园中的一草一木无不在起到育人的作用。平时只顾低头赶路的我，有一天闲来无事猛然间看到初、高中教学楼墙壁上的"九曲黄河"和"万里长城"，一种对祖国大好河山的向往和自豪感油然而生。一个成年的教师尚且如此，更不要说那些正在成长中的孩子。这些无声的力量，与老师不厌其烦的说教相比，哪个效果更好，不言自明。

### 三、唤醒离不开课程建设与文化活动

除了常规的文化课程之外，每个学校都会有自己特色的课程和活动。比如，我们的运动会、篮球赛、书法展示、一二·九远足、博识课等，这些都能起到很大的作用。高一（1）班有一个叫孙家成的学生，对数学课毫无兴趣，性格还有些古怪，与班主任也经常发生摩擦。但是他喜爱篮球，在篮球场上你会看到不一样的眼神，球场上的自信和集体荣誉感与数学课上的他判若两人。当然，我们都知道以后这个学生不可能成为专业的篮球运动员，可这又有什么关系呢？通过篮球赛活动让孩子找到信心和乐趣，唤醒他内心深处男子汉的尊严和荣誉感与使命感，这不就是教育的力量吗？篮球赛后，我看他在课堂上也不经常睡觉了，我们的活动开展开始逐渐发挥作用。这些丰富多彩的活动，都将成为孩子展示自己的舞台。在今后人生的大舞台上，他们也会永远记得那些闪闪发光的岁月。

### 四、唤醒要影响家长的认知观念

开家长会的时候仔细观察每一个家长的神态，会有很多发现。那些目光空洞，坐在那里无所事事的家长，甚至在家长会上剪指甲的家长，其孩子身上也一定存在很多问题。相反，也有很多家长用充满渴望的眼神望着老师，想更多地了解一些学校的教育活动和孩子的在校状况。其中，有一个叫涂灿的学生，她的家长很值得称赞。父母一同来开家长会，并且自始至终都集中精力地听老师讲话，可见其对孩子的教育是多么上心。这个孩子虽然数学成绩不太好，但是很认真。她只是缺乏自信，如果我们经常鼓励她，相信她会做得很好。

由于我从小在学校周边长大，因此我对周边家长的教育理念十分了解。很多拆迁和待拆迁地区的家长对教育是不以为然的。他们自身文化层次不高，对孩子也没有高要求。还有些有关系、有门路的都想方设法地把孩子弄到市里去上学了。所以一方面北七家随着经济发展需求优质教育，另一方面在家庭中孩子的灵魂没有被唤醒，没有对更高层次的追求和向

往。对家长认知观念的唤醒，任重而道远。

### 五、唤醒需要共鸣

对心灵发生重大影响的，绝不是一种灌输，而是一种共鸣与抗争。共鸣是被内心所接纳，抗争是对旧的、已有的观念的突破、否定和再认知。我们有时看电影会感动得流泪，有时看到文章里一句话会顿悟，有时会被某个景观所震撼、所温暖，这都是在内心深处某个角落引起了我们的共鸣。从这个角度讲，孩子与成年人是不同的，初中生与高中生也是不同的。越小的孩子我们越要注重其基本道德和规范的教育，而高中的孩子则要侧重其品质、文化及人格的形成。

由此看来，教育不是一种自外而内的过程，而是一种内外呼应。

我们常常听到老师抱怨"都这么大的孩子了，提了这么多遍的要求都做不到，又给班集体扣分"，"这个知识点讲了无数遍，考试又错了。"这些实际都没有引起孩子的共鸣。我们反复提的那些要求，孩子只会当成从小就听的唠叨，那些讲过无数遍的知识点他也没有感到有啥用处或吸引他。面对现在连成年人都越来越被吸引的手机和网络，面对很多没有读大学也活得很滋润的社会现实，我们的教育该何去何从？作为"80后"成长起来的我，虽有着10余年的教龄，但总能隐隐感觉到一种前所未有的迷茫，改变和提高势在必行。经济越发展对教师的要求就越高，抛弃一些陈旧的东西，我也需要一次与新教育理念的共鸣。

### 六、唤醒需要等待

教育的力量是强大的，但也总是滞后的。外科医生做手术，立刻能去除病灶，但我们却很难做到这一点。师者育心，我们每位教师都在学生内心栽下了无数的种子，期待着他们发芽、成长。然而，并不是种子栽下了就一定会破土而出，那些我们信手拈来的知识点和成长理念，未必会得到学生的认可。在这里，等待有两层含义。

#### （一）成长需要过程

有一篇文章叫《牵着蜗牛去散步》。我们做教育的就是这样，不能急于求成。一个人吃饭还需要几个小时后才能消化、吸收，更不要说高级的思维活动了。等待需要的是教师的宽容和耐心：宽容是不能怕学生犯错；耐心是对孩子成长过程的尊重。一个学生毕业若干年后，突然对当年老师的某一句话或者某一次教导产生了共鸣，那个时候才刚刚被唤醒，种子才开始发芽。如果这个学生能够打电话给当年的老师，告诉老师这一切，我想我们的心底定会被教育的力量所感动并露出欣慰的笑容。

**（二）考试成绩可以短时间内通过训练突飞猛进，但那不是教育**

校长曾经在教师会上放过一个视频，大致意思就是希望培训的学生不要总是关注分数，他希望静下心来做教育。其实真正的教育都在学校里，在我们创设的课堂上。而培训学校则恰恰相反，他们只会利用各种技巧吸引眼球，想办法提高成绩，他们这样做会毁了教育。课堂上的内容一定是在学生已有知识基础上的一个再创造过程，绝不是简单地讲解灌输，那样无法让学生从内心去愿意接纳，那样的课堂也必然没有生命力。

我们常说的好孩子都是已唤醒内心种子的孩子，他们认识到了自我；所谓坏孩子还没有唤醒种子，没认识到自我，还浑浑噩噩地活着。

那些在内心深处被道德唤醒的孩子，我们再也不用担心他们考试作弊或者不尊敬师长；那些被知识魅力唤醒的孩子，我们再也不用担心他们不认真读书或者玩儿游戏浪费时间；那些被希望唤醒的孩子，我们再也不用担心他们会自暴自弃或自甘堕落；那些被差距唤醒的孩子，我们再也不用担心他们自以为是或者不积极努力；那些被责任唤醒的孩子，我们再也不用担心他们上学迟到或者不珍惜父母的养育之恩；那些被美好环境唤醒的孩子，我们再也不用担心他们不讲秩序或者乱扔垃圾。唤醒的力量是巨大的，它会将外力转变为内力。被唤醒的孩子，就算条件再艰苦、环境再恶劣，也不会放弃。这正如当年鲁迅弃医从文，用文字力量唤醒沉睡的国人。事实证明，东方雄狮一旦苏醒，便不可阻挡。

我校初建不久，面临着名校光环巨大的压力和社会只看重成绩的巨大挑战。在城乡接合部站在文化高度需要唤醒的不只是学生、家长，更是每一位教师。法国著名牧师兰塞姆曾说过："假如时光可以倒流，世界上将有一半人可能成为伟人。"这种人生的改变，往往源于一件事、一个人、一句话、一堂课的唤醒，这也对教师提出了更高的要求。

巨轮已经起航，我们别无选择，只有负重前行。

**参考文献**

[1] 林清玄 . 好的教育是唤醒孩子内心的种子 [J]. 现代妇女, 2016
(11)：48.

# 主题探究式活动开拓班级建设新思路

王雪芬

摘　要：随着教育改革的不断深入，学校的教育教学内容日益丰富，班级管理也面临着新形势新要求，在学校成德达才育人理念和德才兼备的创新人才培养目标指引下，探索班级管理和班级建设新思路。班主任结合班级和学生实际开展主题探究式活动，有利于提高班级管理效果，有利于培养学生实践创新素养。班主任通过指导学生提出主题、制定活动方案、交流实施、解决问题等探究活动，实现学生的自我教育和自主发展，从而提高学生发现问题解决问题等实践创新素养。

关键词：主题探究；自主发展；实践创新

新形势、新课程、新理念，对班级建设提出新要求和新挑战。学校德才兼备的创新人才培养目标，启发我们在班级建设中开发新思路，总结新经验，促进学生全面发展。在班级建设中开展主题探究式活动，成为班主任做好育人工作的一个重要途径。在主题探究式活动中，为学生创造自我发展、主动成长的机会和空间，学生的积极性、主动性被激发和调动起来，责任担当、科学精神、自主发展、实践创新等素养在活动中得到培养。

## 一、活动程序要"引"

在班级建设中，开展主题探究式活动要讲究程序，明确的程序确保活动的开展以解决学生发展问题及提升发展需要为目标，保障学生的主体地位，引导学生探究实践。探究式主题活动程序，即"提出主题—搜集信息—制订计划—合作交流—解决问题"的过程，明确程序的目的是让学生在主动参与策划、实施、反思的探究实践过程中实现自我教育、自主发展，从而提高发现问题、解决问题等实践创新的能力，即班级学生合理分工、合作策划、分步骤实施的活动。在这一活动过程中，班主任的主要任务是要指导学生确定探究活动的主题，并为学生的探索和解决问题提供机会与帮助，班主任成为引导学生自主管理和探究活动的伙伴。

在班级建设中开展主题探究式活动，使班主任组织活动时思考性更强，活动意义更明确，指导上更能有章可依。主题探究式活动使班级活动的目的、活动内容和形式更具体，让学生在探究式的主题活动中，进行信息和资源的选择、问题的解决。在自主状态下进行价值建构，使学生在和谐合作的环境中主动参与体验，更有利于培养学生的实践创新素养，为班级建设创造良好条件。

## 二、活动主题要"思"

每一次活动主题的确立融合了学生的思考和教师的思考，提出的主题要能够为学生提供开展思辨质疑的空间。同时，活动主题与活动目的直接相关，活动主题能反映出师生开展活动的目的，选择好主题是开展好班级探究式活动的前提。

### （一）基于班级生活，培养创新习惯

基于学生班级生活确定活动主题，促进班级建设和学生发展。这是选择活动主题的最主要途径，应通过观察班级生活中学生的行为表现，综合考虑最近一段时间学生们在思想、生活、学习等方面的突出问题，由此确定值得探究的活动主题。如针对学生由于迷恋网络游戏而学习状态不佳设计的活动主题"合理上网，健康成长"，再如"建设良好班级学风"，解决学生学习习惯不良和学习态度散漫等问题，或者"如何进行时间管理"的主题活动帮助学生合理利用时间，树立良好的时间观念。

### （二）延伸学校活动，激发创新兴趣

利用学校整体的德育活动设计班级探究式活动主题，使活动更有班级特色，促进班级和学生的个性发展。班主任借学校活动的教育契机设计班级主题探究式活动，与班级学生实际联系更紧密，活动细节关注更细致，

从而活动效果也会进一步提升。如学校开展阅读活动，活动方案有基本要求和框架，如果只按部就班地实施就相当于完成事务性的工作。但结合班级情况，由学生设计班级阅读活动的主题和方案再实施，学生活动会更充分，从中的体验更深刻，从而活动效果也更好。

**（三）关注社会热点，锻炼创新能力**

关注社会生活，创造性地设计活动主题。社会生活好似离学生生活实际较远，但从学生发展和大环境对学生成长的影响看，班主任要善于关注社会生活，指导学生观察、分析国家和社会生活中与学生发展有密切联系的事情，可以从中发现值得关注的活动主题。例如，"共享单车——谈共享"，就当前共享单车在社会生活中的使用问题开展主题探究式活动，学生通过调查了解共享单车在使用过程中出现的问题，了解社会现象，学生会产生道德认识与实际行为的冲突，班主任通过引导，学生在讨论交流中进行思想辨析，最终达到认知的清晰。再如，"网络信息我来辩"等这样的主题，可以帮助学生正确认识社会的复杂性。社会生活中捕捉活动主题可以是学生感到疑惑、迷茫，需要进一步坚定信念、明确态度的问题，也可以是新鲜、希望了解认识的社会生活内容。

## 三、活动过程要"探"

**（一）在活动中引导学生"探查"**

围绕活动主题，学生进行观察、收集资料和信息，再进行资料信息的筛选和整理，为完成活动任务准备充分的材料支撑。在此过程中，学生进行活动主题的再设计，发现问题，进一步明确要解决的问题或活动任务。

**（二）学生在活动中进行"探求"**

班主任指导各小组进行活动方案的自主设计，学生按照活动方案通过小组合作完成活动任务。学生在活动方案的设计和任务的完成中进行探索和寻求完成任务的方法措施。教师指导学生制定包括活动目的、活动内容、活动准备、活动时间安排、人员分工等的活动方案，活动方案要确定好每个阶段的活动内容和时间，还要细化到每个阶段的人员分工、活动方法方式、组织协调、主要负责人等，活动方案具体操作性更强。

（三）小组合作中"探讨"

活动过程以小组为单位，要有成员分工，活动过程有记录、有讨论、有交流。活动小组的组建，让学生在探究式活动中学会交流合作，学会从他人的智慧中获得启迪。活动成果要交流展示，可以是经验分享式，可以是成果汇报式，也可以是观点辩论式，推进探究，提高活动的效果。

## 四、活动结果要"评"

班主任组织学生对活动进行及时有效的评价，能够让学生及时地发现探究活动中的问题并加以改进，能够获得成功的体验，激发兴趣，增强动力，从而让学生在现有基础上有实实在在的、最大可能的收获。

评价形式不拘一格，可以自评、他评相结合。教师指导学生自评，学生对自身设定目标的完成情况加以评价，进而根据评价结果合理调整自我设计。重在学生对自己在主题探究活动中的表现进行评价，注意多角度进行评价，如活动参与的态度、重要成就、合作效果等多方面进行自主评价。

学生之间进行他评。组内成员之间和各小组之间，就活动方案、过程与方法以及成果展示等方面进行全面的互相评价。指导学生进行积极评价，互相给予改进意见。在互评中教师引导学生学会欣赏他人，汲取别人之长，起到反馈调节、强化激励、目标导向的作用，从而达到促进学生实践创新素养不断提升的目的。

## 五、结语

班级建设中开展主题探究式活动，坚持以学生为中心的原则，指导学生运用访问、调查、信息处理等实践活动技能和方法，解决学生真实的学习生活中的实际问题。主题探究式活动为班级建设创造了条件，班主任在班级管理中开展自主、开放、创造性的主题探究式活动，通过科学设计、积极引导、多元评价，形成开放包容、主动探索的班级氛围。开展主题探究式活动，为班级建设开拓新思路，学生在活动中进行实践、体验、感悟，不断积累经验。在活动中个性得到发展，人格得到尊重，实践创新素养不断提升。

# 心之所向　素履前往

## ——以"目标与计划管理"为例的基于核心素养的班会课的设计研究

李雪艳

**摘　要：** 党的教育方针把"立德树人"作为教育的根本任务。"立德树人"方可"成德达才"，而"立德树人"的根基在于核心素养。首师大附中昌平学校秉承"正志笃行，成德达才"的育人理念，在学生发展核心素养中，以培养"全面发展的人"为核心，分为文化基础、自主发展、社会参与三个方面，综合表现为人文底蕴、科学精神、学会学习、健康生活、责任担当、实践创新六大素养。学校是"立德树人"的主战场，"班会课"作为德育最重要的形式，对于引领未成年人的学习和成长有着举足轻重的作用。在班会课的设计与实践中，注重培养学生的责任担当意识、自信坚毅品格、勇于探索和团队合作精神以及自主学习、动手实践和创新思维的能力，培养德才兼备的创新型人才。下面就以高中生目标与计划管理为例，浅谈如何在班会课中发展学生的核心素养。

**关键词：** 核心素养；立德树人；建立目标；制订计划

契诃夫说，我们以人们的目的来判断人的活动。目的伟大，活动才可以说是伟大的。有了远大的目标还需要具体的计划实施。高中生刚刚步入青春期，还缺乏对自我的认识。当高中生活带给他们的新鲜和激动消失时，同学们在不同程度上出现了学习动力不足的问题。虽然他们逐渐拥有自己的关于未来 3 年的浅度认知，但对于未来又在不同程度上存在着深层认知上的困惑。而且对于绝大部分同学来说，没有切合自身实际的奋斗目标，在一天天中虚度青春年华。很多学生在家已然养成依赖的习惯，长期以来靠父母安排和督促使他们缺乏自觉性、主动性和自控力，即便他们有目标，但大多都无从下手，更不知道需要通过哪种方式来实现目标。本节课旨在引导学生建立合适的目标激发动力，指导他们学会制订计划，养成良好的习惯。

## 一、巧设引入激学生兴趣

忽如一夜春风来，千树万树梨花开。好的导入就像一阵清风，醍醐灌顶，恍然大悟。传统的导入，开门见山，虽然直观，但是无法引起学生的兴趣，尤其是作为班会课，更是无法引起同学们对班会课的重视。为了更好地契合本节班会课的主题，基于此，在班会课上引入奥斯卡金奖视频短片《几维鸟的梦想》，用经典吸引学生的注意力，有效地引导学生积极思考影片含义并主动开展学习。影片结束之时，引导同学们复述影片所讲内容，没有翅膀的几维鸟，最大的梦想是飞翔，可这几乎是一个不可能实现的梦想。然而它没有放弃，在悬崖，靠着自己仅有的两只脚，努力地把大树撑起来，为自己撑起了一片天空，为自己撑起了一片森林，它要在森林上空飞翔，它要在天空中飞翔，哪怕尽头就是死亡，它也不畏惧，为了梦想，竭尽全力。通过几维鸟的奋不顾身，感受梦想信念的重要性，更能深刻体会影片含义。这样具有深意的影片，引发学生无限的遐想，诱发学生相应的情感，激起学生学习的兴趣，学生带着强烈的求知欲、孜孜以求的心理进入学习的情境中，达到"情学一体"的效果。进而引出理想信念的重要性。这样的开讲仪式犹如文章的"凤头"，精妙绝伦。

## 二、巧设游戏助目标达成

在紧张繁忙的工作之后，我们总要找个空闲，与友小聚，因为身心疲惫需要"轻松"，一根橡皮筋、一片树叶，甚至一团泥巴，都能让孩子留恋半天，因为孩子们的天性喜欢玩乐，在我们看来情节不切实际，结局美满团员的卡通片，对孩子有致命的吸引力，因为他们脑洞大开，喜欢"幻想"。生活如果失去了"轻松""玩乐""幻想"，将会变得苍白无力。我们在追求高品质生活的同时，也在追求高品质的教育。如何在教育中渗透"轻松""玩乐""幻想",可以让课堂充满游戏化、戏剧化。在制定目标、理解"SMART"原则的环节中,设置"目标大冲关"游戏,学生带着轻松愉快的心情进入学习中。首先,在班里选5名同学作为裁判,发放"SMART"原则卡,其职责是评估同学们的目标设置是否符合"SMART"原则,每位裁判负责一条原则。5位裁判组成一道关卡,站到教室中间,剩余同学面对这一道道关卡,说出"我的目标是……"。游戏环节有两个重要作用,对于裁判而言,加深了对"SMART"原则的理解;对于要通关的同学们而言,可以检测目标的制定是否符合"SMART"原则。通过游戏环节,使同学们更好地理解"SMART"原则,寓教于乐,同学们可以在快乐中学习,在学习中寻找快乐。没有通关的同学根据"SMART"原则继续修改目标,继续进行闯关游戏。教育的对象是人,所以教育要"以人为本",课堂中游戏的组织和设计要看准时机,游戏的安排要符合学生的实际。只要运用好游戏,它会使我们的课堂变得更加精彩和和谐。

### 三、"以终为始"绘美好前途

"凡事预则立,不预则废",有了远大的目标,我们还需要对自己的目标做一个详细的计划,做有目标、有理想、有方向的人,唯有如此,才会真正懂得如何去走自己的路。学生通过自主阅读"以终为始和以始为终"学习材料,了解目标的制定有两种方法,即"以终为始"和"以始为终"。"以终为始"是积极主动的人生状态,会围绕着自己的梦想去行动;"以始为终"是消极被动的人生状态,在有目标的情况下通常以行动为开始,但是并不知道自己究竟想要的是什么,很容易被外界影响,追求潮流和跟风。通过做计划训练,感受"以终为始"做计划的优点,它是一种积极主动的人生状态,会围绕着自己的梦想去行动。通过计划训练,学生了解到如何实现目标,最重要的是:知道自己是"谁"、要成为"谁"、如何成为"谁",知道自己在哪里、未来要去哪里、如何到达那里。目标更明确,视野更开阔,成为激发学生的潜能,自觉进行自我管理的有效工具。

## 四、小组打卡　续追踪反馈

在教育教学过程中，教师与学生都觉得简单有效的小组合作打卡激励机制是课改的灵魂，并且在教学实施及课后追踪反馈的过程中发挥着无可替代的独到作用。经过一段时间的探究、借鉴、发展、提高，小组合作打卡激励机制所产生的作用还是显而易见的。小组合作打卡在分组环节中，要注意小组成员的分配，使自律性强的和自律性弱的结合起来。小组合作打卡，相互激励，一周一反馈一展示一分享，同学们相互学习、相互监督、相互促进、共同提高。坚持打卡，追踪同学们计划坚持实施的效果，反馈课堂后的延伸和拓展，也会给同学们带来成就感。真正深刻的课堂，就是要做到目中有人，心中有术，课堂有效。

爱默生说："一心向着自己目标前进的人，整个世界都会给他让路！"本堂课教学目标聚焦重难点，作为教师，知道带领学生到哪里去，前测环节能够更好地帮助老师了解学情，知道学生的原有认知程度在哪里；教学目标帮助孩子通过本节课能到达哪个程度；课堂中设计的教学环节，引导孩子如何达到教学目标；课后的反馈更是掌握学生通过本节课能够走到哪里，从前测到教学目标再到教学环节以及最后的追踪反馈，整个课程的设计，有魂，有血，有肉。给学生的感觉不再是仰望星空，更是脚踏实地，这样的课堂才能在学生的心目中落地生根。

授之以鱼，不如授之以渔。核心素养要求学生学会学习，通过本节课学生学会了如何制定目标，更学会了如何在制定好的目标基础上实现目标。随着新课程改革的不断深入，我们也感受到了课程改革为让孩子学会学习提供了条件和操作平台，同时核心素养的重要性也日渐凸显出来。身为中学班主任，我们必须紧紧抓住班会课这个主阵地，开展各具特色的班会活动，来发展学生的核心素养，这是我们一线班主任努力的方向。正所谓：心之所向，素履前往……

# 用快乐启迪学生真、善、美

周亚跃

**摘　要**：作为初中生的引路人，要唤醒孩子的内在潜能，启迪学生真、善、美的一面，那就需要教师以德立身，以德服人。只有立德树人，才能使学生有更好的进步，并且要始终秉承首都师范大学附属中学昌平学校"成德达才"的育人理念。让每个学生找寻到自己的闪光点，从而达到自信、积极、乐观、向上的生活态度。

**关键词**：立德树人；家校共育；仁爱之心；引路人

我国著名心理学家、教育家林崇德教授说："一名中小学教师不做班主任，就不会尝到做老师的真正滋味。"只有真正经历了之后，才能了解个中滋味。班主任是个神圣的职业，他有很强的魔力，他可以使学生变真、变善、变美。要成为一名学生尊敬、爱戴的班主任，首先要有很强的责任心和使命感，要始终践行学校的育人理念：正志笃行，成德达才。其次要付出自己的真心，学生是有感情、有思维的人，老师如何对待他们，他们定会有所感受。我们要成为学生健康成长的引路人，首先要从学生喜欢你开始。

## 一、真心相待，以心换心

陶行知先生说："谁不爱学生，谁就不能教育好学生。"师爱是师德的核心，不但可以提高教育质量，还能促进学生的成长和成才。爱是教育的灵魂，教育是爱的事业。时代在进步，班主任不能作为高高在上的指挥家，而要放低姿态，把学生当成自己的朋友，当成自己的孩子去对待。家长将自己的孩子交付于你，如何让他们心安？所谓真心才能换来真心。

起初，我们班的学生刚步入学校，不是很适应初中的生活，很彷徨，找不到方向感，但是他们也很上进，什么事情都想要力争做得最好。在校运动会的时候，我们班学生想表演手指舞和民族舞蹈。孩子们为了精益求精，为了在校运会上能够将班级的最好风貌展示出来，向我提出放学后想在学校的舞蹈教室练习舞蹈，并且已经和家长约好 7 点来接。我担心学生安全的同时又担心孩子们害怕，也为了家长安心，所以我始终在旁边一直陪伴她们，直到看到她们离开，我才放心地回家。在回家的路上，我收到家长们发来的感谢话语，我的心里始终是暖洋洋的。所以我做什么事情的时候，都会先换位思考，如果我的孩子处于这样的情况，我希望她的班主任如何做呢？

## 二、以身作则，德高为范

"学高为师，德高为范。"作为班主任首先要规范自己的言行，师德是教师的灵魂。所谓师者，所以传道授业解惑也。教师的一言一行都会成为学生关注的焦点，都将对学生产生很大的影响，而班主任与学生接触是最多的，班主任的言行举止潜移默化地影响着学生，能够起到"润物细无声"的作用。言传身教、以身作则要比说教的作用大很多。因此，我们要做到无论何时何地都要严格要求自己，做学生的楷模，己所不欲，勿施于人。

在新冠病毒肆虐的时候，学生们长时间在家学习，为了不让学生荒废时光，我组织学生开展各种活动，来增加学生对于班级的责任心、对于家人与老师的感恩之心、对于学习与体育锻炼的信心与恒心等。例如，为家人做顿可口的饭菜，体会家人照顾自己的不易。在活动过程中，我每天会将自己做的饭菜拍成照片上传到学生群中，鼓励学生勇敢地去尝试；妇女节为家人赠送手工艺品、书信等，以此表达对家人的爱与祝福。同样，我会将我折的贺卡与百合花的照片，发送给学生，鼓励学生大胆地去表达；组织学生跳绳比赛之前，先录好自己跳绳的视频，激励学生积极地去参加……用自己的行为去告诉学生，这不仅仅是一次活动，而是对自己内心的一种升华。

### 三、一视同仁，共同进步

加里宁说："教师必须好好检点自己，他应该感到他的一举一动都处于最严格的监督下，世界上任何人也没有受着这种严格的监督。"作为一名教师要敢于向学生承认自己的错误，并及时反思、改正，有则改之，无则加勉。同理，人无完人，我们常说："十个手指头各有长短。"每个学生都有自己的特长、爱好，我们要遵从学生的发展规律，不要一味地去指责学生，不要用某个学生的长处去衡量其他学生的短处，这样是极不公平的。而我们要做的是要随时地发现学生的优点，并将他的优点放大，以长处带动短处，以此激励学生，学生才能有更好的进步与发展。

由于我们班是初中阶段起始班级，需要班主任慢慢地去了解每个学生。班里有个学生，我在平时与家长的沟通中了解到，该生在学习中找不到乐趣，对于学习也抱有破罐子破摔的想法。了解情况后，我并没有立刻对于他学习方面进行指责，而是先观察学生的行为，经过我在学校期间不断地观察，我发现这个孩子每天早上是所有学生中来的最早的。他来到学校之后，会主动拿着扫把将室外清洁区和班级车棚打扫干净，并将室内学生不易看到的卫生死角清理干净。我在班会中表扬了他为班级默默付出的行为，将他的行为描述完之后，接着说："××同学为班级所做出的贡献，我们大家都看在眼中，希望其他同学向他学习这种优秀的品格，我相信在大家的努力下，咱们班会越来越好。"当他听到我的表扬后，我明显地看到他的头微微地仰了起来，眼中闪烁着骄傲的光芒。通过这次班会使该生知道自己的闪光点，也使其他同学知道了班集体荣誉感存在的意义，并且做事前都会先考虑班集体的荣辱。

### 四、尊重他人，互帮互助

在与学生相处的过程中，要学会平等地对待每一个学生，要学会保护学生的自尊，维护他们的权利，不武断，不独裁，多听取他们的意见；当学生犯错误或者遇到困难时，应多倾听学生的内心想法，真诚地对待每一位学生，保护孩子稚嫩的心灵。学生犯了错误，也不要一味地指责，我们要讲事实、摆道理，让学生心悦诚服地接受。我们的目的是解决问题，而不是追究为什么犯错，这样是没有任何意义的。作为班主任不仅要尊重学生，同时也要让学生懂得尊重他人的重要性。

我们班有个学生长期性头疼，经常请假。当他回到学校时，再次因为头疼趴在桌子上的时候，我听到了一个学生用很小的声音说："他又开始装了。"当我听到后，并没有直接指责那个学生，而是对着全班同学说："每个人都会有生病的时候，我们都是一家人，当你们的兄弟姐妹生病了，大家平时都是如何做的呢？我们也换位思考一下，当咱们生病的时候，你又想其他同学如何去做？"下课后，我默默地观察，看到有些同学扶他去厕所、有的帮他打水。放学后，有些同学已经帮他整理好了书包并书写好了作业任务单……现在初中生正是叛逆的时期，有时候会出现言行不当的情况，这并不是心存恶意，只是为了引起关注，但是他们内心有正确的是非观，只需老师稍微引导就会做出正确的选择。

想要成为学生喜爱的班主任，首先要以爱心为前提，平等、真诚地对待每一个学生，同时要注意言传身教、尊重学生。每个学生都是独立的个体，要遵从他们的个性发展。班主任是个伟大的职业，同时也是一个不朽的、艰难的征程，在这个道路上可以用屈原的话来描述：路漫漫其修远兮，吾将上下而求索！

## 五、立德树人，家校共育

孩子是国家的未来，同时也是一个家庭的希望。不管是学校还是家庭都是学生学习及生活的重要场所，二者相辅相成，缺一不可，学校及家庭对于学生的行为习惯及性格的养成都起到了重要作用。在疫情期间，家校共育显然起到了更加重要的作用。学生在家中学习，又没有老师随时进行管理，因此，学生的问题便慢慢暴露了出来。我们班有一个乐观向上的学生，在这个加长版的假期中，学生散漫的习惯与消极的心态开始凸显出来。我一方面与学生进行交谈，消除学生在疫情期间的恐惧心理，积极地面对生活，同时鼓励学生学习，利用好这次长假期赶超其他同学的机会；另一方面我也与其家长进行沟通，不要给学生增加心理负担，在条件许可的条件下，为孩子营造一个舒适的环境条件。在我与家长的共同努力下，孩子又变回了那个活泼开朗、敢作敢为的好少年。除此之外，疫情期间，我每天都会和不同的学生和家长进行交流，了解学生心理及学习情况，并及时进行相应的处理。所以，成就一个孩子，需要家校通力协作，为孩子们营造一个幸福的场所，共同塑造学生正确的人生观及价值观。

总之，教师既要以德立身，又要以德服人。只有立德树人，才能使学生有更好的进步。也因此使我更加坚定理想信念，以自己微薄的力量，以自己的仁爱之心，积极争做学生喜欢和敬仰的好班主任。

# 从2016级新生国防教育和入学训练
# 谈"学生会干部队伍建设"

顾洪来

**摘 要**：学生干部队伍是学校教育、管理的一支重要力量。而学生会又是学校开展学生工作的桥梁和纽带，是学生之家、师生之桥、干部之校。对于学生会队伍的建设是学校学生工作的一个重要环节，加强学生会干部队伍建设的管理、提高学生会干部队伍的综合素养，努力建设一支素质高、能力强的学生会干部队伍是学校学生工作建设的重中之重。

**关键词**：国防教育；入学训练；学生会干部；队伍建设

## 一、活动回顾

2016年8月22日至8月31日，我校开展了为期10天的"2016级新生国防教育和入学训练"活动。在校领导指导以及参训教师和全体学生会干部的辛苦付出下，"2016级新生国防教育和入学训练"活动取得了圆满成功。

由于此次新生国防教育和入学训练是在校内进行，打破常规，从军事训练到课程安排，从学生管理到开学课程衔接，从学生干部服务活动到队伍建设均进行了大胆尝试，并取得了显著成果。

取得良好的工作效果与校领导的正确领导和全体参训师生的共同努力息息相关外，另一重要原因便是我校为教育集团成员校。2016年时，我校仅仅成立两年。虽然为一所新建校，但拥有着得天独厚的优势，我校是某百年教育集团老树上长出的新枝，但有百年教育营养的滋润，"正志笃行，成德达才"的教育理念渗透于这所新建校的各项工作中。

我在学校担任团委书记一职，新生国防教育和入学训练与团委、学生会工作密不可分。"2016级新生国防教育和入学训练"在学校进行，所以在学生干部队伍建设方面许多工作方便开展，最初的目的是想以"2016级新生国防教育和入学训练"活动为契机，锻炼一下学生会干部的工作能力，充分发挥学生在学校的主体地位和学生干部的榜样示范作用。所以，从全体新生于2016年8月21日清晨报到开始，校门迎新、新生报到统计、分班考试引导、后勤保障（食堂饭菜摆放和饮用水供给）均由学生会完成，不但极大地减轻了教师的工作负担，同时还对学生会进行了最有效、最具影响的宣传。看到学生们如此充满成就感和工作欲望，我又临时决定每天出一篇新生国防教育和入学训练报道，让学生协助管理、让学生领导学生、让学生的无限潜力得到发挥。相信在我校"成德达才"教育理念的指导下以及"某区教育共青团公众号"这个广阔平台的报道和支持下，定会激发学生更好的工作态度和创作潜力，从而达到学生会干部队伍建设教育目的。

然而，让我和学生意外的是第一天的报道点击量在短短两小时内突破1000次，在第二篇报道发稿时，第一篇报道的点击量已突破2000次，这极大地激发了学生干部们的工作热情。就是在这样强大的工作动力和工作热情的驱使下，我校9篇"2016级新生国防教育和入学训练"系列报道横空出世，平均每一篇的报道阅读量在1100次左右，在区教育界和家长群中产生了极大的影响。意料之外的工作成果也极大地激发了我撰写分析报告的工作热情，在新生国防教育和入学训练后，我认真整理了相关材料，一段段学生干部们发自内心的心得体会，一张张辛勤工作的照片，一幕幕与同学们共同奋斗的热烈场景犹如时光穿梭一般将我带回了那充满幸福感的10天，我也渐渐明白"2016级新生国防教育和入学训练"在学生服务、新闻宣传以及后勤保障等方面工作之所以能取得前所未有的突破，与"学生会干部队伍建设"的提升和完善有着至关重要的关系。

## 二、活动影响

首先，在学生服务方面，学生干部热情主动地为新同学服务，不仅打开了与新同学之间的交流之窗，又在服务同学之中树立了威信、形成号召力和凝聚力。其次，在新闻宣传方面，新闻每一天的时效性和及时性对撰稿者和图像采集者都是巨大的挑战，但工作的挑战性和艰巨性又恰恰促进了相关学生干部的写作能力和图像处理能力。最后，在后勤保障方面，虽然全体学生干部每天只是重复完成全体新生一日三餐打盛、摆放以及消暑绿豆汤的运送、供应工作，但工作的连续性强、室外温度较强、体能消耗量大对学生干部的意志品质和价值取向提出了很高要求。功夫不负有心人，付出终有收获，这种"从同学中来，到同学中去"的工作方法使学生干部懂得了既要有开拓进取的激情，更要有脚踏实地的作为的重要性。

此次活动的实践性和实效性使得大家明白当好学生干部不容易，要富有奉献精神。在遇到困难、受到委屈的时候，要善于反思，自我调整，学会理解、包容和等待，要把每一次成功作为激励，把每一次挫折作为财富。而这些总结、感悟犹如"星星之火，可以燎原"般又反作用于学生会干部队伍建设，有效促进了学生干部更好地融入集体生活，在学生活动和工作实践中成长、成才，获得更加丰富的人生体验，最终达到了学生干部个人综合素质能力的全面提升，从而完成"学生干部队伍建设"理想目标。

## 三、成果分享（新闻稿6篇）

**2016 级新生国防教育和入学训练系列报道之一：誓师大会。**

2016 年 8 月 22 日上午 9 点，我校 2016 级新生国防教育和入学训练誓师大会在成达楼阶梯教室隆重举行。海军军事训练大队领导、校领导、高一和初一年级组长、班主任、各连队军训教官以及 2016 级 218 名新生参加了国防教育和入学训练誓师大会，大会由教育副校长主持。

誓师大会在雄浑有力的《中国人民解放军军歌》中正式拉开帷幕。海军军事训练大队孙处长首先宣读了"我校 2016 级新生国防教育和入学训练计划"，孙处长指出此次军训工作的目的是通过组织学生参加国防教育和入学训练，增强学生的组织纪律观念，培养艰苦奋斗的作风，提高学生的综合素质和思想政治觉悟，激发爱国热情，增强国防观念和国家安全意识。

随后，来自高一（1）班的新生代表王硕同学在发言中郑重承诺：时刻秉承"自觉、勤奋、求实、创新"8字校训，勇敢地迎接入学训练和未来生活挑战，训练中一切行动听指挥；服从教官的管理，保持良好的连队秩序，认真训练，努力完成军训任务；全面认知校规校纪，迎接挑战，高标准高质量地完成本次军训！

海军军事训练大队李政委也向参训学生及教官提出了要求，并鼓励广大学生以饱满的热情投入入学训练生活中，服从指挥，通过军训提高思想觉悟，发扬吃苦耐劳的优良传统。希望全体新生在参加国防教育和入学训练中，刻苦训练，保持顽强的毅力，展现出新时代青少年昂扬奋发、不畏困难的精神风貌。

最后，校长向入学训练营授旗，庄严的授旗仪式也标志着我校为期10天的"2016级新生国防教育和入学训练"全面展开。授旗仪式后，校长发表了热情洋溢的动员讲话，他代表学校对新生的到来以及承训本次军训的海军军事训练大队的10名教官表示最诚挚的敬意和衷心的感谢，并向全体新生提出5点要求：一是态度正，目标明；二是尊教官，听指挥；三是严要求，高标准；四是讲团结，重大局；五是守纪律，保安全。希望同学们在军训号角吹响之际，不负教官辛苦付出、家长嘱托、学校厚望，穿上蓝色海军迷彩，敞开怀抱去迎接军训的洗礼，唱响嘹亮军歌，启航梦想征程！！！

**2016级新生国防教育和入学训练系列报道之二：你若军训，便是晴天。**

2016年8月23日，我校2016级新生开始了第二天的国防教育和入学训练。在第二个训练日里以呼喊口号、站立军姿、三面转法、队列队形等一系列练习为主，以内务学习、加强队列纪律和连队拉歌练习为辅。全体新生秉承"自觉、勤奋、求实、创新"的校训，在校长对2016级新生提出的5点要求的指导下，高效率高质量地完成了第二天的军事训练任务。

在军训号角吹响之际，我们穿上蓝色海军迷彩，心怀五彩青春梦想，磨砻淬砺、驽马十驾，定不负教官的辛苦付出、家长的日夜牵挂、学校的深切厚望，长风破浪会有时，直挂云帆济沧海。

"庭院岂生千里马，花盆难养万年松。志存胸内跃红日，乐在天涯战恶风。"我们不要做温室里的花朵，我们要出去历练，要在更广阔、更艰苦的环境下磨炼意志品质，"为有牺牲多壮志，敢教日月换新天"。在正确的时间，在最美的地方，遇见最好的自己。

**2016 级新生国防教育和入学训练系列报道之四：知之深，爱之切。**

2016 年 8 月 25 日，首都北京天空一碧如洗，悠悠白云浩瀚绵延万里。我校 2016 级新生第四天的国防教育和入学训练就在这"无边蓝锦俯山河，点点棉絮形如车"的瑰丽画卷中徐徐展开。

下午 14 时，我校 2016 级新生国防教育培训课在成达楼阶梯教室隆重举行，主讲人为海军军事训练大队王上校。王上校从"国防的基本含义和类型、现代国防的基本要素、中国国防历史回顾、公民的国防权利与义务、我国国防历史启示"5 个方面向同学们阐明了国防教育是建设和巩固国防的基础，是增强民族凝聚力、提高全民素质的重要途径（图4-9）。

图 4-9　入学训练 1

"一番磨炼一重关，悟到无生心自闲。"我们于世上行走，锤炼是青春的驿站，虽"一度欲离别"，但"千回结衣襟"，只因知之深，爱之切。

**2016 级新生国防教育和入学训练系列报道之七：静待花开。**

当秋日悄悄降临大地，当晨光轻柔拥抱校园，当晨跑的嘹亮口号伴随哨声响起，当早读的琅琅读书声萦绕成达广场，看天边云霞，诠释今朝，听秋风蝉鸣，畅谈海阔天空（图 4 - 10）。

图 4 - 10　入学训练 2

窗内书生意气，窗外指点江山。春去秋来，年复一年。

看庭前花开花落，赏学海烟云浩渺。唱一首青春之歌，谱一曲人世繁华。

笑谈今昔，情深意浓，乘风破浪，潇洒青春。

踏一程年华，拥抱青春气息。

看云卷云舒，慨叹时光飞逝。

倾志学豪情，付豆蔻年华。

拼搏惊艳时光，磨炼温柔岁月。

润物无声，静待花开……

**2016 级新生国防教育和入学训练系列报道之八：风华绝代。**

夕阳浸染烟霞，浪淘千沙，书香溢谁家?

流年一纸年华，笔下生花，飞白墨朱砂。

一骑绝尘潇洒，年少风华，扬眉笑天下。

莘莘首师学子，莫负春夏，纵峥嵘年华。

素袂当风少年骑，鲲鹏自去目难及。

回首又是芳歇尽，风华绝代百世传（图 4 - 11）。

图 4 - 11　入学训练 3

**2016 级新生国防教育和入学训练系列报道之九：继往开来**。

2016 年 8 月 31 日上午 9：00，我校 2016—2017 学年开学典礼暨新生国防教育成果汇报在我校体育场隆重举行。

开学典礼在雄浑激昂的国歌声中拉开帷幕，校长随后发表新学期致辞，在致辞中校长首先向建校两年来关怀、指导我校建设和发展的各级领导表示崇高的敬意，向信任、理解、支持我校工作的全体学生家长表示衷心的感谢，向辛勤打拼、呕心沥血的全体教职员工表示亲切的慰问，向218 名初一、高一年级的新同学表示衷心的祝贺，向新加盟我校的 27 名教师表示热烈的欢迎。他希望全体新生秉承"正志笃行，成德达才"的教育理念，全面发展，学有所成；初二、高二年级的同学，认真审视自己一年来的成长足迹，懂得自己肩负的责任重量，辛勤耕耘，努力创造美好未来；全体初三同学要有"天生我材必有用"的坚定信念，要有"吹尽狂沙始到金"的坚强毅力，更要有"直挂云帆济沧海"的恢宏气魄（图 4 - 12～图 4 - 13）。

同时，也与全体教师共勉做一位富有责任心的好教师，做一位善于学习的好教师，做一位奉献进取的好教师，做一位团结协作的好教师，让我们携手共进，精益求精，将我校努力建设成为某教育集团名副其实的成员校，让我们的教育质量更加优质、教学特色更加明显、校园文化更加彰显、发展内涵更加深厚。

图4-12　学生表演1

图4-13　学生表演2

最后，区委教育工委书记发表讲话，她高度赞扬了我校建校两年来所取得的优异成绩，肯定了我校传承百年的办学理念，并希望我校充分发挥名校的示范辐射作用，培育阳光学子、培养名优教师，办出特色、办成品牌，为某区建设国际一流的科教新区做出积极贡献！

## 四、活动思考

随着9篇我校"2016级新生国防教育和入学训练系列报道"，在某区教育共青团微信公众平台每日刷新的阅读记录，不难发现"学生会干部队伍建设"的成效以及学生干部个人综合素养的提升是显而易见的。

我认为，每日刷新的阅读量不仅得益于某区教育共青团微信公众号这个优质平台，更重要的是与学生会 9 篇系列报道的高标准、高质量密不可分，无论读者是否了解我校，但当看到报道标题时一定会不由自主地点开阅读，想通过报道了解这所新建校的教育理念、教学设施、校园文化以及师资力量和学生动态，而报道的全部文字和图片均来自学生干部的编辑和制作，一所学校对于学生能力的培养和塑造跃然纸上，这就是最好的教育成果，也是某教育集团"成德达才"百年育人理念的具体展现。因此，以"2016 级新生国防教育和入学训练"活动为契机，卓有成效地锻炼学生干部的工作能力，充分发挥学生在学校的主体地位和学生干部的榜样示范作用的尝试是成功的，这种尝试也为我校德育课程的完善和创新证明了正确方向。未来，学生干部们将会在各个班级、年级、学生组织中发挥积极引领作用，从而为学校的美好明天和自身的良好发展种下希望的种子，教育，就是静待花开。

# 铭记历史承遗志　强我中华肩大任

## ——纪念"一二·九运动 80 周年"远足活动

顾洪来

摘　要：首都师范大学附属中学昌平学校是在北京市发改委，昌平区委、区政府的大力推动下，为优化义务教育阶段学校布局结构，促进区域内义务教育均衡发展，充分发挥优质教育资源的辐射作用而建成并投入使用的完全中学。首都师大附中昌平学校与附中本部一脉相承，始终践行"正志笃行，成德达才"百年育人理念。纪念"一二·九运动"远足活动是具有 30 年历史的主题教育活动，作为首都师范大学附属中学教育集团的成员校，首都师大附中昌平学校根据学校实际，因地制宜，在继承优秀传统的基础上不断创新，创造了具有本校特点的爱国主义教育活动。

关键词：一二·九运动；学生会干部；队伍建设

## 一、活动回顾

时间地点：2015 年 11 月 22 日至 2015 年 12 月 14 日

活动主题：铭记历史承遗志　强我中华肩大任

参加人员：高一年级全体师生

活动过程：

### （一）宣传发动阶段（11 月 22 日—12 月 7 日）

由校团委向高一年级全体师生发出主题为"铭记历史承遗志　强我中华肩大任"纪念"一二·九运动 80 周年"远足活动的倡议书，各班团支部委员会干部和学生会相关职能部门做好远足活动的宣传和部署工作，最终确定纪念"一二·九运动 80 周年"远足活动的现场任务和安全疏导点。活动现场任务如下：

1. 活动简介

开展方法：班级内部根据给定的地图资料和路线，在活动当天通过实际辨认，按指定路线前进。走在远足队伍最前列的班级举校旗和团旗，随后三个班级各举一面团旗，每班由三名教师和两名学生会干部带队并担任活动联络员。

2. 交通安全疏导站点

本次远足活动共设有 4 个安全疏导站点，每一个安全疏导站点都有相关教师和学生会人员在疏导点确保学生的交通安全。

（1）一站点：国防大学东门口公交站南侧

各班乘坐大巴车陆续到达后，在学生会成员引导下到杨树林空地整队，以此为起点开始 10 千米远足。

（2）二站点：红山口与红山路交界处（五环桥下）

线管工作人员在此保证各班安全通过的同时，清点人数，并确认至下一站点的路线（红山路—丰户营大桥）。

（3）三站点：丰户营大桥

保证此路段行走通畅，清点人数，确认至下一站点的路线（丰户营大桥—香山环岛—香山植物园正门）。

（4）四站点：香山植物园正门

确认到达，清点人数，按顺序依次买票进入植物园。

（5）终点："一二·九运动"纪念亭

3. 评分细则

（1）每班基准的起评分：100 分。

（2）中途因病或身体不支上学校的收容车者以 10 分/人次为标准进行减分。

（3）中途严禁骑车、坐车等一切违纪行为（凡一切不正当手段均属违纪），各班级相互监督、掌握证据（如照片），一经举报该班将扣 50 分。

4. 奖项

（1）全勤奖

获奖资格：每次清点人数时都与上报人数相同。清点人数时若与上报人数不同则取消该班评奖资格。

（2）最佳演讲团支部书记

获奖资格：以《我心中的"一二·九运动"》为题目，内容兼具史实和个人远足感想，立意新颖又具有强烈的爱国主义情怀，声音洪亮，表达清晰，感情真挚。

**（二）组织实施阶段（12月8日—12月11日）**

校团委教师、各团支部书记和学生会主席搜集"一二·九运动"相关历史材料，实地勘察、甄选远足活动路线并制定纪念"一二·九运动80周年"的远足活动方案手册，远足活动全程严格按照活动手册实施方案进行。

1. 授旗仪式

11：30　　各班准时在成达广场集合，授旗仪式由团委书记主持。

11：40　　校长分别向校旗手和四个班级的团旗手授旗并发表讲话。

11：55　　各班按次序依次上车前往远足活动起始站——国防大学东门。

　　　　　预计（视当时情况可临时调整时间）

13：15　　到达国防大学东门开始远足活动（黑山扈路—红山路—香山路）。

15：10　　到达植物园"一二·九运动"纪念亭，参观"一二·九运动"纪念亭。

15：30　　宣布纪念"一二·九运动"主题团日活动开始。

2. 纪念一二·九主题团日活动

校学生会副主席路子骏主持活动

15：30　　校学生会主席沈李毅致辞。

15：35　　各班团支部书记致《我心中的"一二·九运动"》远足有感。

16：00　　全体团员重温入团誓词。

16：05　　德育校长暨全勤奖颁奖仪式。

16：20　　香山植物园门口集合，清点人数，各班乘车依次返校。

周末时间  撰写"纪念一二·九运动"远足活动收获与体会。

**（三）总结表彰阶段（12 月 12 日—12 月 15 日）**

按照一二·九远足活动手册评分细则对在纪念"一二·九运动 80 周年"的远足活动中获得全勤奖的班级以及在主题为《我心中的"一二·九运动"》演讲比赛获得奖项的团支部书记颁奖，同时由校团委书记、学生会主席以及各班代表做活动总结。

## 二、活动背景与特色

### （一）活动背景

"九一八"事变之后，东北沦陷，日本帝国主义加紧侵略中国，利用南京国民政府的不抵抗主义，将侵略魔爪一步步伸向华北，民族危机日益严重。1935 年 5 月至 6 月，日本侵略者密谋策划，在天津和河北等地制造事端，并以武力相威胁，先后迫使南京国民政府接受达成了"何梅协定"和"秦土协定"，把包括平津在内的河北、察哈尔两省的大部分主权奉送给日本。之后，日本帝国主义积极策动所谓华北五省"防共自治运动"，策划成立由其直接控制的傀儡政权，全面在华北进行政治、军事、经济、文化侵略。处在国防最前线的北平学生，痛切感触到"华北之大，已经安放不下一张平静的书桌了"。1935 年春夏之交，中共河北省委特派员李常青抵达北平，建立由彭涛等组成的中共北平临时工作委员会。在中共北平临时工作委员会的领导下，1935 年 11 月 18 日，北平市大中学校学生联合会成立。随后，学联决定以请愿的方式，发动一次抗日救国行动。12 月 6 日，北平学联召开代表会，通过并发表了《北平市学生联合会成立宣言》，随即北平 15 所大中学校发表宣言，反对华北"防共自治"，要求国民党政府讨伐殷汝耕，宣布对日本的外交政策，动员全国对敌抵抗，切实开放人民言论、结社、集会自由。这时，传来冀察政务委员会将于 12 月 9 日成立的消息。北平学联党团决定在这一天举行抗日救国请愿。12 月 7 日，北平学联召开各校代表会议，议定请愿游行的集合时间、行动路线和口号等。会后，各校学生自治会紧张地进行动员和准备工作。12 月 9 日，寒风凛冽，滴水成冰。

在黄敬、姚依林、郭明秋等共产党员的组织和指挥下，参加抗日救国请愿游行的爱国学生涌上街头。上午 10 时许，城内一两千名学生冲破军警的阻拦，汇集到新华门前。他们高呼"停止内战，一致对外！""打倒日本帝国主义！""反对华北五省自治！""收复东北失地！""打倒汉奸卖国贼！""武装保卫华北！"等口号，表达了全国人民抗日救国的呼声。各校临时推举董毓华、宋黎、于刚等 12 人为代表，向国民党政府军事委员会北平分会代委员长何应钦递交请愿书，提出 6 项要求：①反对华北成立防共自治委员会及其类似组织；②反对一切中日间的秘密交涉，立即公布应付目前危机的外交政策；③保障人民言论、集会、出版自由；④停止内战，立刻准备对外的自卫战争；⑤不得任意逮捕人民；⑥立即释放被捕学生。何应钦避而不见。请愿不成，群情激愤。各校代表当即决定改为示威游行。

为了纪念 1935 年 12 月 9 日在北平爆发的由学生阶级用鲜血缔造的爱国运动，让学生了解、认识"一二·九运动"，学习具有进步思想的学生们的光荣精神，树立伟大的爱国心，向学生宣扬这种涌现于同龄人的高亢如烈焰般的爱国情怀和不畏强暴不惧强权的伟大意志，弘扬爱国主义精神，同时为培养学生的社会生存能力，增强集体凝聚力，让学生更好地融入集体，培养学生的集体意识和爱国情感。我校团委针对新高一同学组织爱国主义教育活动"铭记历史承遗志　强我中华肩大任——纪念'一二·九运动 80 周年'远足活动"。

**（二）活动特色**

纪念"一二·九运动"远足活动是首都师范大学附属中学最重要的传统活动之一，是每个首师大附中人 3 年学习生活中最重要且难忘的部分之一，今年恰逢"纪念世界反法西斯战争暨中国人民抗日战争胜利 70 周年"和"一二·九运动 80 周年"，有责任也有义务将这一具有强烈爱国主义意义的活动做好并一如既往地坚持下去。

## 三、活动效果

首都师范大学附属中学昌平学校通过开展主题为"铭记历史承遗志

强我中华肩大任"纪念"一二·九运动 80 周年"远足活动，学生们不仅对 80 年前由广大思想先进的进步青年领导的爱国主义运动有了新的认识，更用远足 10 千米的实际行动对先辈的英雄事迹进行了缅怀和纪念，同时也主动地肩负起属于我们这个时代的历史使命。以下为同学纪念"一二·九运动 80 周年"远足活动的优秀代表作品：

# 远　足

### 高一（2）班　郭晟昕

在雾霾假期结束后，我们迎来了首都师大附中昌平学校成立以来的第一次远足，同学们怀着激动欣喜的心踏上了未知的旅程，他们不知道 10 千米的概念，他们也不是很了解远足的意义，对于"一二·九运动"的体会恐怕也只是知晓罢了。

在周五下午，我们迎着太阳，从国防大学东门出发；我们走过"安逸"，懂得了"坚持"，体会了责任，克服了苦难；我们在途中，有着欢声笑语，也有着学习与感悟。然而简单的远足，却给我留下了除了累，还有对于过程的体会，漫长而又匆匆的远足，随着北京植物园的指示牌映入眼帘而即将结束，自己认为是幸福即将来临之际，不曾想却是暴风雨即将降临之时。我们开始了艰难的爬山之路，这对于从未受过如此大运动量消耗的我们来说，既是一种磨砺，更是一种挑战。最后我们所有同学都成功地到达了北京植物园"一二·九运动"纪念亭。在那一刻，让我们这群远离那血雨腥风的年代久远的学生们对于"一二·九运动"，对于历史的态度，对于远足的意义拥有了全新的体会。

我想说，远足教会了我什么是承担，教会了我什么是责任，也教会了我什么是坚持。路途遥遥但沿路的风景很美，到达终点之时，全部的疲惫与劳累均已化为烟雾，留下的只有轻松和欣慰。

感谢首都师大附中昌平学校为我们组织的这次远足活动，给了我们一次锻炼的机会，相信全体同学会珍惜于此，牢记于此，铭记历史承遗志，强我中华肩大任！

## 铭记历史　眺望未来

高一（1）班　巩昳婷

周五，在告别了几天的雾霾之后，随着午后的微风，我们踏上了征程，我们走过的地方，无一不留下欢声笑语，但更有着认真的神态，我知道，那认真是为了纪念，为了追念那在80年前的爱国学生们。我们走过他们走过的路，脚下站的土地是他们曾经宣誓的地方，想到这我收起玩味的心情，认真踏好每一步。

经过那一个多小时，长达10千米的跋涉，我们都怀着崇高而敬仰的神情，登上香山植物园樱桃沟"一二·九运动"纪念亭，那时太阳即将余晖洒向山脊，初冬的灌木早已没有叶子，却依旧让干枯的树枝在寒风中轻曳，植物园中透着一股凄清。到达纪念亭后，先经过学生会主席讲话和团支书演讲。然后团员宣誓，当举起右拳时，我的心灵受到了更大的触动，想想革命先辈们，他们是那般无私奉献，每个人为华北危机做出了多大的努力，光阴荏苒中80年的时光都已悄然消逝。岁月催人老，当年那些意气风发的学生，如今几乎都已不存在，但他们的精神与灵魂永留我们心中。时间那么久，都过去了，不变的只有信仰，而在现代社会的我们呢？不用去抛头颅洒热血，但要有一颗爱国之心，认真学习，不要轻易放弃自己的信仰与我们在"一二·九运动"纪念亭所立下的壮志！

**注释：**

首师大附中昌平学校通过开展主题为"铭记历史承遗志　强我中华肩大任"纪念"一二·九运动80周年"远足活动，在遵循中学教育教学规律和学生成长规律的基础上，不仅有效地全面贯彻了党的十八大和十八届四中、五中全会精神，认真落实了党的群团工作会议精神，同时还面向高一年级全体学生和青年教师积极地培育和践行社会主义核心价值观，并且大力地推动了学校团干部队伍、学生会建设和发展，对构建适应中学教育教学规律、适应学生成长发展需要的中学共青团组织，培养中国特色社会主义事业的合格建设者和可靠接班人做出了有意义的探索、大胆的创新，以及积极的贡献。"功崇惟志，业广惟勤。"中学共青团工作任重而道远，需要锲而不舍、驰而不息地艰苦努力和积极探索，道路不可能一帆风顺，蓝图不可能一蹴而就，梦想不可能一夜成真，只要我们共青团工作者勠力同心、坚持不懈，我们的中学共青团工作必将到达光辉彼岸！！！

# 综合实践活动培育学生法治素养的实践探索

王雪芬

摘　要：“成德达才”的教育思想历久弥新，在学校“正志笃行，成德达才”的育人理念指引下，我们积极探索如何在综合实践活动中培育学生法治素养。以习近平法治思想和社会主义核心价值观为统领，在综合实践活动中融入法律知识，观察法治生活，探究法治问题，积极进行法治实践，努力将法治素养培育目标转化为学生的实际获得，增强学生公民意识，培育学生法治素养，促进学生全面发展。

关键词：综合实践；法治素养；全面发展

“成德达才”的教育思想历久弥新，在学校“正志笃行，成德达才”的育人理念指引下，我们积极地探索如何在综合实践活动中培育学生法治素养，促进学生全面发展。法治素养的高低直接关系到个人的事业发展和生活幸福，而且关乎全面依法治国的实践进程和社会治理成效，关乎中国特色社会主义事业大局。综合实践活动中培育学生法治素养，更加突出学生的主体地位，面向学生实际生活，注重学生亲身体验和积极实践，是学生法治素养培育的有效途径。

综合实践活动强调学生通过实践在亲身体验中进行学习。综合实践活动有着综合性、自主性、探究性、生成性、实践性等特点，在综合实践活动中培育学生法治素养，更有利于激发学生对法治知识的学习兴趣，调动学生用法治视角观察社会现象的积极性，在实践探究中增强法治意识，从而提升法治素养。

在综合实践活动中培育学生法治素养可以从法治认知、法治思维、法治意识和法治信仰几个层面设计活动目标、活动形式和活动内容。综合实践活动中培育学生法治素养，可以更好地进行道德教育与法治教育的双向渗透，这样的双向渗透，让学生的法治素养培育更鲜活、更有温度、更有境界。

## 一、在综合实践活动中融入法律知识，提高法治认知水平

无论综合实践活动是否为法治主题，教师都可以灵活地在活动学案、任务单中设置学法条的内容。引导学生自主学习法律法规，丰富学生的法律知识，从而提升法治认同感。学生在具体的活动情境或社会生活情境中学习法律知识，更利于增强对法治的理性认知和认同情感，把这种理性认知和情感转化为自身的行为选择和具体行动，从而培育法治素养。

如在"走进北京植物园""社区垃圾分类调查""奥森远足"等活动中，布置学生查找有关环保或垃圾分类的相关法律规定，学生可以从环境保护法中了解到"一切单位和个人都有保护环境的义务""公民应当增强环境保护意识，采取低碳、节俭的生活方式，自觉履行环境保护义务"等法律条文的要求。在学法条的过程中认识法，认识公民义务，从法治的角度理解规范自我行为和履行义务的意义。

在参观美术博物馆、电影博物馆等时，请同学们查找有关保护知识产权的法律法规。学生根据自己的兴趣了解《中华人民共和国著作权法》《中华人民共和国商标法》和《中华人民共和国专利法》等内容。同学们会感受到公民的知识产权受法律保护，同时也要尊重和不侵犯他人的知识产权，将法律知识融入综合实践活动中，帮助学生知法、守法。

学生法治素养的培育需要一定的知法基础，在综合实践活动中学习法治知识符合初中学生的年龄特点和认知规律。将法律知识的学习与综合实践活动相结合，构建以实际生活为基础的法治学习模式，法律知识的学习更加灵动和生活化。在综合实践活动中丰富学生的法治知识，提高法治认知水平，在潜移默化中培育学生的法治素养。

## 二、在综合实践活动中观察法治生活，增强法治认同

人人都可以做法治观察员。在综合实践活动中，学生可以轮流做法治观察员，引领学生用法治眼光观察生活或社会事件。每个人都有不同的观

察视角，都有着自己想要探寻的社会领域，法治观察之网络信息乱象、法治观察之保护野生动物、法治观察之交通、法治观察之校园霸凌等。

制定法治观察员职责，组织法治观察员小组，布置一定的法治观察任务，指导学生做观察记录和报告。学生在观察、记录、分析、报告的过程中，主动了解法律知识，并积极探索社会生活或社会事件中的法律问题，有利于提高实践能力和培育法治素养。

当今社会，价值观多元化，影响着学生的价值判断和价值选择，引导学生用法治视角观察社会生活可以帮助学生感受和理解法治价值，进而学生通过法治的方式做出行为选择，从而追求理性的社会行为。学生通过自身的主观判断，且寻求外在理性行动，把自身与外在社会联系起来，提升法治认同和法治思维，法治素养逐渐提升。

### 三、在综合实践活动中探究法治问题，深化法治思维

探究法治问题提升综合实践活动培育法治素养的实效。综合实践活动中的法治问题就是用法治思维观察问题、分析问题和解决问题。法治思维是基于对法治的遵从，自觉运用法治观念、原则和逻辑来认识、分析和解决问题的思维方式。通过培养学生法治思维，进而提升学生法治素养。

在综合实践活动中通过问题引领探究性活动，更真实、开放和自主。比如，在实践活动中设置这样一个问题："在参观过程中破坏了公共设施有什么后果?"学生就破坏公共设施问题从不同情况、不同层面进行分析，故意破坏和无意破坏的后果，道德层面和法律层面要承担的责任等。再如，"在活动中，随意给同学拍照并发到朋友圈这个事你怎么看""我们在活动中应该如何正确使用小国旗"等。同学们通过对问题的分析，查找相关法律依据，然后进行判断和评价，在一系列探究活动中，法治认知和法治思维得到提升。

综合实践活动中的法治问题可以是老师提前设计的，也可以是活动过程中寻找或发现的。综合实践活动中的探究性问题，更真实和生活化，学生探索兴趣高。在问题探究中学生思索、辨析、认知重组，法治意识不断增强。

## 四、在综合实践活动中进行法治实践，弘扬法治精神

尊法、守法、护法等都是法治实践，人人都是法治践行者，在综合实践活动中的法治实践更有情境感和体验感。"普法志愿者"活动，成立普法小组，志愿者们通过"以案说法""法治故事""观图学法"等向同学们宣传各种法律知识，分析法治案例，介绍维权方法，使学生在"普法志愿者"的普法活动中受到启发，达到了教育他人和自我教育的效果。

法治文化节是综合实践活动为载体的法治教育的积极探索。以学校某届法治文化节为例，法治文化节已经成为学校的传统法治教育活动，每年12月4日那周都会开展法治文化节活动。其中一届法治文化节的内容为线上线下答题竞赛、大学生志愿者进校园、模拟法庭等。以法治文化节为主题的综合实践活动，其法治主题更突出，内容更丰富，形式更多样，法治文化节让法治实践更具仪式感。

实践体验具有过程性、亲历性的特点，是充满个性和创造性的过程。在综合实践活动中融入法律知识、观察法治生活、探究法治问题、进行法治践行。学生在亲身经历的学习与探究活动中提升法治认知，获得法治认同，提高法治思维，从而提升法治素养。

总之，我们要以习近平法治思想和社会主义核心价值观为统领，努力将法治素养培育目标转化为学生的实际获得，探索法治素养培育途径，为培养社会主义的建设者和接班人助力。

# 缅怀革命先烈　弘扬爱国精神

## ——走进抗日战争纪念馆实践活动

侯晓宇　武德娇　王雪芬

## 一、活动背景

### （一）指导思想与理论依据

以《中共中央 国务院关于进一步加强和改进未成年人思想道德建设的若干意见》《关于培育和践行社会主义核心价值观的实施意见》《中小学开展弘扬和培育民族精神教育实施纲要》《爱国主义教育实施纲要》的要求为行动指南，以爱国主义教育为核心，以培育和弘扬中华民族伟大的创造精神、奋斗精神、团结精神、梦想精神为主体，通过重温红色经典、制作花环挽联、唱响革命歌曲、走进抗战场馆、祭奠英雄先烈、朗诵爱国诗歌等活动，激发学生的学习兴趣，丰富历史知识，增强爱国情感。坚持活动育人的指导思想，运用情境教学理论，通过仪式、规则教育等途径，培育学生良好的行为习惯、积极向上的情感，引导学生成为民族精神的传播者、弘扬者和建设者，共同续写民族精神的新篇章。

### （二）课程资源背景

中国人民抗日战争纪念馆是全国优秀爱国主义教育示范基地。本次参观活动突出爱国主义教育主题，抓住清明节这一传统节日的传统文化教育契机，举办清明节祭英烈活动。引导学生认识到继承和弘扬中华优秀传统文化是我们每个公民义不容辞的责任。

本活动的设计和实施通过融合多学科爱国主义教育资源，参观抗日战争纪念馆，回顾历史、重温历史，了解革命烈士的英雄事迹，了解日寇侵华暴行，以及中国军民英勇顽强的抗战，从而激发学生的爱国主义情感，增强学生的历史责任意识和担当意识，提升学生的综合能力，努力使教育效果落地，最终实现知行合一的教育目的。

（三）学生背景

通过问卷调查发现，初一年级学生对中华传统文化、中华民族精神的认识和理解存在局限性，用自己的实际行动弘扬民族精神的意识比较淡薄。受多元文化的影响和初一年级学生年龄偏小的特点，观看革命历史电影和电视的学生比较少，而喜欢娱乐类节目的学生比例明显偏多。

参观中国抗日战争纪念馆实践活动，实现与多学科的融合和渗透。语文学科结合七年级下册《黄河颂》一课，从文学作品的角度感受民族精神的内涵；历史学科结合抗战历史的相关内容，引领学生深入认识和感受民族精神形成的过程和深刻内涵；劳技学科从学习清明节习俗的角度，带领学生制作花环，向革命先烈表达缅怀之情；道德与法治学科从学习先烈事迹分析和认识民族精神。利于学生从多角度深入地理解伟大民族精神的内涵，认识到中华文化的力量集中表现为中华民族精神的力量，从而增强学生的民族使命感和责任感。

## 二、活动目标

### （一）总体目标

（1）激发学生学习兴趣。在参观、分享、提问、交流与研究的过程中，学生是活动的实践者，教师是活动的指导者。在研究和学习抗战史的过程中，学生改变以往被动学习的模式而完全变成主动学习，他们能够充分发挥主动性和创造性。与此同时，他们的研究热情和学习兴趣也被激发出来。

（2）培养学生学科素养。在准备阶段，学生需要了解抗战背景。在参观过程中，学生需要与讲解员有顺畅的沟通和良好的互动，采访完毕后要学会整理材料、撰写活动感受。在这一过程中，学生的判断能力、应变能力、口头表达能力、逻辑思维能力、与人沟通能力、分析资料能力、写作能力、与人合作的能力得到了充分的锻炼。此外，学生在这一过程中，能够体会到厘清抗战历史要有时空观念；整理材料要有史料实证的精神。

在整个过程中，学生的时空观念、史料实证、历史理解、历史解释和历史价值观的历史学科素养都能得到初步的培养和锻炼。

（3）增进学生的爱国情怀。学生在参观过程中，抗战历史很容易激发学生的爱国情怀，学生能够感受到中国人民曾经遭受的苦难，认识到中国共产党在抗战过程中起到了中流砥柱的作用，加强对党与国家的认识，增进爱国情怀。

**（二）具体目标**

1. 知识与能力

（1）掌握"九一八事变"的起因、经过、结果及东北人民的抗日斗争史。

（2）了解卢沟桥事变和南京大屠杀的历史事实，认识日本帝国主义在侵华过程中屠杀中国人民的滔天罪行。

（3）了解台儿庄战役、武汉会战、长沙会战的经过，了解中国人民尤其是中国军人抵抗日本侵略的可歌可泣的历史故事。

（4）了解抗日战争时期的第一次胜利——平型关大捷，主动出击日军的最大规模战役——百团大战，及抗日根据地的建设，使学生进一步了解抗日战争时期共产党领导的敌后战场的抗战情况。

（5）了解全民坚持抗战的基本史实；识记中国共产党第七次全国代表大会召开的时间、地点及会议的主要内容，抗日战争胜利的时间和历史意义，分析抗日战争胜利的原因。

（6）能够从古典史籍、历史史实和现实生活中，体会中华民族精神的深刻内涵及其伟大作用。

（7）通过对"九一八事变"或"西安事变"的讲述，培养学生讲述历史事件的能力。

（8）通过探讨东北迅速沦亡的原因，培养学生阅读历史材料的能力。

（9）在新的时代条件下，提升弘扬和培育民族精神的能力。

2. 过程与方法

（1）通过对历史资料的分析、归纳，学会分析、归纳史料的方法，发现历史与现实的联系，初步掌握史论结合的方法。

（2）通过分组导学的学习模式，掌握收集历史资料的方法。

（3）通过设置小组讨论活动，学会合作探究方法。

（4）通过教师问题引导，学生进行理性思考，分析抗日战争敌后战场抗战取得的战绩及原因，从而能够运用综合分析问题的方法。

3. 情感态度价值观

（1）通过介绍"九一八事变"，使学生认识到"九一八事变"使中华民族陷入严重危机，反抗日本帝国主义的侵略成为中华民族的历史责任，从而激发起学生对日本帝国主义野蛮侵略中国行径的仇恨和对蒋介石不抵抗政策的义愤，认识到日本对华战争是一场残酷的侵略战争，激发仇恨法西斯的情感，树立为人类和平、民主、进步事业而奋斗的精神。

（2）通过学习卢沟桥事变中爱国将领和军民英勇抗战的事迹，珍惜今天来之不易的和平生活。

（3）认识到在中国共产党的领导下，根据地不断发展壮大，抗击日本侵略者，显示了中华民族反侵略、反压迫的巨大力量。

（4）通过讲述抗日战争的最后胜利和中国人民对世界反法西斯战争的贡献，树立学生的民族自尊心、自信心，培养学生的爱国主义情感。学生通过对抗日战争胜利原因的分析，懂得正义终将战胜邪恶的道理，认识到世界是一个整体，明白人类只有相互支援、团结一心，才能战胜共同的敌人，赢得进步。

（5）引导学生懂得每一个中华儿女都有责任、有义务弘扬和培育民族精神，并在新的时代条件下，要结合时代和社会发展的要求，不断为之增添新的富有生命力的内容，使之在保持优秀传统的同时更具现代气息和时代风貌，努力成为民族精神的传播者、弘扬者和建设者。

## 三、设计思路

本次活动围绕"缅怀革命先烈　弘扬爱国精神"一条主线，将参观抗日战争纪念馆实践活动与语文、历史、政治、书法、劳技等多学科整合，重视情感激发和实践体验。

第一，准备阶段。教师需要经过至少一两个月制定活动方案和协调统筹多学科实施活动计划。此阶段，各学科确定相应的学习和活动内容。

第二，实施阶段。这一阶段分为行前培训、实践参观、行后总结 3 个阶段。行前培训，结合抗战历史和革命先烈英雄事迹的学习进行参观的动员和准备，教师要引导学生明确参观活动的目的和意义。在去抗战馆进行实践参观时，除了完成馆内的学习体验内容，同时进行花环的敬献仪式和"缅怀革命先烈　传承红色精神"宣誓和诗词诵读活动。

第三，总结评比阶段。这一阶段分为班级小组评比、年级评比和学科教师评价 3 个部分。一方面对认真和努力的学生是一种鼓励；另一方面，学生在评价其他同学学习成果的过程中，也能发现自己在学习和展示等活动中存在的欠缺和不足，会激励他们更好地参与活动，获得更多的锻炼和成长。这一阶段学科教师会根据学生的作品进行评奖，比如，语文学科爱国诗词朗诵的评奖，历史学科开展抗战史知识竞赛评奖，劳技和政治学科会开展优秀手抄报评比等。

## 四、活动过程

### （一）准备阶段

1. 在活动之前教师需准备

（1）学科教师共同研究制定活动方案。

（2）各学科教师结合学科特点确定活动内容及形式。

（3）进行抗战馆参观活动中仪式的设计策划和活动准备。

（4）教师编制抗战馆参观学案。

（5）教师向学生和家长做动员工作。

（6）教师为学生讲解活动细则。

2. 在活动之前学生需准备

（1）在语文学科活动中，品析爱国诗词的意境和情感，确定各个班级在抗战馆诵读评比中的诗词，做好诗词朗诵评比的准备。

（2）在劳技学科活动中，学习清明节由来和习俗，制作纸花和花环，准备参观抗战馆时缅怀敬献活动中所用的纸花和花环。

（3）在书法课上，书写挽联，表达对革命先烈的缅怀之情，并粘贴在花环上，准备在参观抗日战争纪念馆时敬献给革命先烈。

（4）道德与法治课上学习民族精神的内涵，知晓如何弘扬伟大的民族精神。

（5）历史课上学习中国的抗战历史，进行知识竞赛活动，为参观抗战馆做好知识储备。

**（二）实施阶段**

1. 行前培训

（1）重温红色经典《红岩》。以红色经典《红岩》为主线，由语文老师主持，与同学们交流读《红岩》的意义，介绍《红岩》中的主要人物和历史原型。为鼓励同学们阅读经典，年级组为《红岩》知识竞赛中获奖的同学颁发奖状，并请学生分享了读《红岩》的感受。革命文学经典激励着师生们，更加努力，珍惜当下。

（2）召开主题班会。初一各班班主任以主题班会的形式，组织学生集体观看中国近代以来的民族英雄事迹，缅怀那段逝去的峥嵘岁月。在观看过程中，同学们进一步了解了反侵略战争的艰难曲折。在班会中，追忆革命先烈在斗争中英勇奋战、可歌可泣的英雄事迹，激发同学们学习先烈艰苦奋斗、不屈不挠的精神，鼓励同学们在新时代下担当责任、自主力行。

（3）开展博识课。在学校的博识课上，师生们共同探索学习，为先烈默哀，并认真为先烈制作花环、挽联，以表达对烈士们的缅怀与敬仰。

（4）举行专题讲座。参观前日，学校老师开展了以"坚强与勇敢——中华民族的优秀品格"为主题的专题知识讲座，向同学们细致地解读了在抗日战争时期中华儿女表现出的优秀品格，并提出新时代中学生更应当认真体会和践行我们伟大的民族精神，肩负起实现中华民族伟大复兴的历史使命。

2. 实践参观

（1）走进场馆　铭记历史

初一年级全体师生到达中国人民抗日战争纪念馆。进入馆内，按照讲解老师的安排和指导，同学们认真聆听讲解并完成学习单，在学与做中对抗日战争的史实有了更进一步的认识。

"南京屠城　罪恶昭彰"介绍发生在抗日战争中一段惨绝人寰的历史，同学们了解到1937年侵华日军攻占南京，6周之内屠杀30万中国同胞，其罪行罄竹难书。"得道多助　国际援华"介绍了中国人民抗日战争得到国际社会的广泛支持。同学们了解到苏联、美国等国对中国提供了大量援助，白求恩等国际友人也来到中国帮助中国人民，还有部分日本战俘自愿留在中国加入反战同盟中，参加对日反战的宣传工作。"中日关系面向未来"介绍新中国成立以来中日关系的发展。中国人民和政府一直致力于和平发展，中日两国于1972年实现了邦交正常化，两国签署了4个政治文件，成为中日关系发展的压舱石。但与此同时，日本右翼势力屡屡在慰安妇、钓鱼岛等问题上提出错误的言行。

（2）学唱歌曲　爱我中华

为了让学生进一步体会中国人民同仇敌忾、奋勇抗敌的魄力和中华民族的生生不息的精神，同学们跟随场馆老师一起了解国歌背后的历史，学唱抗战爱国歌曲《长城谣》。同学们认真熟悉曲调，把握歌词内涵，在歌唱中感悟中国人民誓死抗敌、收复失地、共筑新长城的决心，增进了同学们的爱国情怀。

（3）敬献花环　缅怀先烈

在了解了先烈们的事迹以后，同学们安静有序地在展览大厅集合，在烈士纪念碑前致敬、默哀。同时，同学们恭敬地为先烈们献上自己亲手制作的白花和花环（图4-14），沉痛哀悼先烈，表达自己的缅怀之情。

图4-14　敬献花环

（4）薪火长传　大任当肩

馆内参观完毕后，师生齐聚广场，组织开展"追念红色记忆　弘扬革命精神"的教育活动。活动由少先队大队长王璐琪同学主持。初一学生代表侯帅琦进行"缅怀革命先烈　传承红色精神"主题演讲，号召同学们传承和弘扬抗战精神，珍惜和平生活，勇敢肩负历史使命。同学们激情澎湃地朗诵爱国诗歌，表达自己热爱祖国、积极进取的决心。团委书记顾洪来老师做总结，希望同学们热爱祖国，步武前贤，大任当肩，为实现民族复兴的中国梦而努力奋斗。

3. 行后总结

（1）整理参观收获。学生将参观过程的收获、各学科的学习成果用视频、文字、照片等资料整理成 PPT，进行汇报展示，并根据自身情况撰写活动感受。

（2）学生总结。"前事不忘，后事之师"，历史是最好的教科书，也是最好的清醒剂。在抗日战争纪念馆同学们看到了珍贵的文物资料，学习了抗战历史，深切体会到了抗战英雄顽强不屈的精神，坚决立誓努力提升自我，树立责任意识，为祖国发展贡献力量。

## 五、活动效果

本次活动增强了学生的爱国情感和继承弘扬民族精神的责任感。活动过程主题明确，特别重视情境的创设和情感氛围的营造。参观纪念馆时的诗歌诵读和宣誓仪式，激发了学生情感体验。亲手书写挽联和制作花环，表达了学生对革命先烈的崇敬与缅怀之情。情感的激发和体验贯穿活动全过程，增强了学生民族责任感。

本次活动使学生的综合素质得到锻炼。在爱国诗词的诵读活动中提高了学生对文学作品的赏析能力。在挽联书写与花环制作的过程中，提高了动手实践能力。在小组展示和班级评比过程中提高了语言表达能力与合作能力。学生通过多学科的实践学习，综合能力得到锻炼和提高。

本次活动提高了学生对民族精神的认识并增强了学生学习的主动性。本次实践活动中，将多学科进行有机整合，帮助学生从多角度深入认识和理解民族精神的内涵。同时在参观抗日战争纪念馆的实践活动中近距离认识和感知历史，在参与缅怀和宣誓仪式的过程中增强体验。懂得传承民族精神体现在自己的实际行动中，激发学生的民族责任感，增强了学习的主动性。

尊重学生差异，锻炼学生思维，拓宽学生视野。从多学科的角度认识和理解伟大的民族精神，考虑和尊重学生的个性特点，有的学生喜欢从文学诗词角度感受和理解民族精神，有的学生喜欢动手实践，有的学生则喜欢学习历史等。多学科的融合，为学生提供了不同的学习体验方式。整个活动具有开放性、实践性、体验性等特点，锻炼了学生的思维，拓宽了学生视野。

# 以校园法治文化节为契机的法治教育实践

李丽艳

**摘　要**：基于本校开展的两届法治文化节，思政学科积极探索综合社会实践背景下的法治教育实践。通过对法治文化节举办历程的介绍，我们了解学生对系列活动的评价，同时我也在思考如何在教育实践中将"正志笃行，成德达才"的育人理念、校本博识课程以及德育课程进行落地，并在实践中积极贯彻思政学科的核心素养。另外，在未来学科建设中，我们要致力于将法治教育实践活动系统化与常态化。

**关键词**：法治文化节；法治教育；学科核心素养

自2014年起，国家通过立法的形式将每年的12月4日确定为国家宪法日，2019年起每年的12月1日至7日确定为宪法宣传周。学校在这样的契机下，立足校情与学情开始探索本校政治学科带领下的法治宣传与教育实践，在2018年和2019年举办了两届法治文化节。接下来围绕两年的实践探索进行法治教育的反思。

## 一、校园法治文化节的举办历程

### （一）活动背景

学校的政治学科随着3年建校的历程不断完善，本校政治教师一直在积极探索学科特色的综合实践活动，我们致力于将学科核心素养落实到学生的平时课堂授课、校本课程、实践活动等方面。因此，我们积极寻求资源，并在集团校政治学科的大力支持下，秉持着"正志笃行，成德达才"的育人理念，开启了本校的法治文化节探索。

### （二）活动过程

1. 第一届法治文化节

本次活动持续一周，主要包括以下3部分。

第一部分：老师们联系相关的公司制作宪法宣传的展板，周末进行展板布置和准备学习任务单。周一初中学生观看展板完成学习任务单，通过完成情况获得相应的奖品。为了确保学生们有序地参与高质量学习，高中学生周二参与展板学习与答题。

第二部分：在本部政治组的组织下，集团6所兄弟院校通过直播的方式，共同观看中国人民大学法学教授张翔的"宪法与公民生活"主题讲座，学生们手持宪法文本，倾听讲座，感受宪法带给我们的温暖。

第三部分：周四、周五开启宪法文本诵读，并进行线上答题，周末及时统计学生答题情况，并于周一对学生进行反馈与奖励。

2. 第二届法治文化节

本次活动将校内校外资源有机地整合和使用，活动持续一周，主要包括以下3部分。

第一部分：周一早读阅读宪法文本，班主任在班会课期间进行宪法知识普及。周二高中学生进行模拟法庭展演，并组织全校学生观看直播。

第二部分：周三组织初一、初二的学生走进北京警察博物馆和中国法院博物馆。通过参观展馆，学生们了解我国的公安和法院的发展史，初步知晓我国依法治国的历程。

第三部分：周四组织初高中部分学生走进昌平区人民法院，并邀请部分家长共同参与，大家在法官的带领下实地了解少年法庭的职责，以及感受法律对未成年人的保护。周五学生们针对一周的学习进行总结和手抄报的绘画。

（三）活动成果展现与效果评价

1. 第一届法治文化节

本次法治文化节学生们通过诵读、线上线下答题、听讲等方式，不仅获得了奖品，还了解了我国的宪法发展历程以及英美国家的宪治历程，收获知识的同时还获得自信。

通过对学生的回访，我们了解到初中学生非常喜欢在主展板上签下自己的姓名，他们认为在第一届法治文化节的展板上签字，非常有成就感，内心深处对宪法的崇敬油然而生。高中学生认为聆听中国人民大学教授的讲座让他们收获颇丰，讲座中手持宪法闭目感受宪法的"温度"这一环节让人印象深刻。学生们认为高校教师的讲座不仅开阔了视野，还使他们对自己未来的职业规划有了新的认识。

2. 第二届法治文化节

本次法治文化节学生们通过自主展演、走进博物馆学习、与家长共同参观法院等方式，学习了相关的法律知识，同时感受到法律与我们的生活密切相关。

我们从家长的反馈了解到，家校共同参与活动对于学习任务繁重的初高中来说非常有意义，学生学习效果得到保障，家长了解学校的教育理念并理解支持我们的活动设计和实施过程。

这次法治文化节中，初中学生非常喜欢博物馆参观学习这一环节，他们表示自己作为北京的学生从未来过这两个博物馆，在学习中不仅增强了班级凝聚力，还开阔了视野。高中学生非常想去昌平区人民法院参观，他们表示踏上神圣的法院，看到真实的未成年人案例，不仅觉得自己现在的生活非常幸福，还纷纷表示未来希望从事法律工作，捍卫公平正义，保护弱者权益。

## 二、校园法治教育的反思

### （一）教育实践中信息手段的应用与教育资源的使用

综合性的社会实践开展需要各种条件支持，通过两年的法治文化节的举办，可见在教育实践中信息手段的应用如此重要。在第一届活动中，本校与集团校利用网络直播开展同步讲座与讨论，另外利用网络进行宣传和线上答题统计。在第二届活动中，利用网络平台直播学生的模拟法庭展演，并利用学校新安装的电子屏和电子展板进行校内宪法知识宣传。本次活动中参观昌平区人民法院是充分使用德育校长的人脉资源，提前联系法院工作人员，设置学习任务单。另外，参观北京警察博物馆和中国法院博物馆是充分使用北京市的教育资源，并结合学校的情况设计学生的学习任务。由此可见，学校德育和学科综合社会实践要开发身边的教育资源，将"走出去"与"请进来"相结合，精心设计符合本校学情的任务单，让学生在体验中收获知识，真正有获得感。

## （二）法治教育与校本课程相融合

本校自建校以来，初高中非毕业年级每学期开展 10 余次博识课程，该课程秉持集团校"博闻广见、卓有通识；内外兼修、知行合一"的基本理念，以构建学习、情境教学、综合探究等理论为指导，实施"走出去"与"请进来"相结合，校内外教育相结合的课程探索。每周安排半天时间，年级老师带领学生走进各类场馆，进行现场教学活动。两届法治文化节积极探索如何将法治教育和校本博识课程相结合，第一届活动请进专家开展讲座，第二届活动走出去参观学习；一系列活动的举办不仅可以让学生爱上校本课程，还将法治教育与综合社会实践相结合，让法治理念深入人心，并在生活中去崇尚、遵守宪法。

## （三）德育工作与学科核心素养的落实

2017 年，新课标里明确提出初高中思政学科的核心素养是政治认同、科学精神、法治意识、公共参与，学校的德育活动也在积极落实学科核心素养。两届法治文化节活动的举办不仅让法治意识的培养通过具体的活动来落实，同时还让学生了解我国的法律发展史，从历史的视角对国家的法治建设产生认同。另外，通过对宪法文本的晨读，学生亲身感知宪法文本的神圣和权威，他们表示手握宪法时内心充满安全感。

## （四）综合社会实践活动下法治教育的系统化与常态化

现今中高考改革中注重学生的动手参与，强调综合社会实践活动的重要性，比如，初中政、史、地的中考中赋予"社会实践"10 分，各高中学校积极开发自己的研学实践。我校的思政学科将校本"博识课"和德育课作为研发对象，将学科核心素养融入活动中，并且致力于将社会实践活动常态化，适应每届学生的需求。这两届法治文化节就是学科组的一个探索，首先在每年的宪法宣传周开展特色的法治教育活动，其次深刻研究学校的德育课程，将每学年德育课程中的法治教育内容进行整理，与初高中思政课相融合，分别设计符合初高中不同学段学情的社会实践活动。比如每年的国家安全日，思政学科教育与学校校本德育就可以有机融合，探索出本校法治教育的系统化与常态化模式。

　　总之，法治教育实践探索还存在不到位的地方，思政学科需要在未来的学科建设上不断完善，不断开发独特的学科综合社会实践活动，不仅涉及法治教育，爱国主义教育、传统文化教育等也有待开发。

# 第五章

# 我与母校共成长

忘不了那清脆悦耳的铃声，

唤醒曾经的蒙昧、贫乏，

叩开一扇又一扇渴望的心窍；

忘不了那宽敞明亮的教室，

前辈也曾在这里学习、致知，

琅琅书声再次从这里响起……

亲爱的母校，

你那悠久的历史，灿烂辉煌，

你赐给我们智慧、骄傲。

无论我走到哪里，

我都记住你的容貌，

犹如永远记住

童年的摇篮和妈妈的微笑！

　　母校承载了我们无尽的欢笑和泪水，既然我们选择了它，就让我们来好好爱它、呵护它！我们一起在这片乐土上拼凑起曾经属于我们的那美丽的回忆，留下我们成长的足迹！

# 我的三位"挚友"

2019 届毕业生　郅鑫磊

离别高中校园已经有两年之久了，我曾无数次回忆起高中的点点滴滴，以及所遇到的人和事情。因为，高中是我青春的开始，也是我人生最宝贵的回忆。它助力了我的成长，使我变得愈加成熟，同时让我变得更加自信，潜移默化地走进了我的心中和我的脑海中。

在此，我十分感激学校和老师们对我的呵护和教导，学校给予我发展的空间，为我提供了展现自我的平台。特别是顾老师可以说是为我指明了人生的发展方向，他把我一步步带到了学生会，是我成功道路上的引路人。步入高中的我，本是一个话不多、没有自信的孩子，想法比较幼稚，不是很想加入学生会。直到后来，顾老师在食堂找到了我，了解我的想法，那一刻，我不知所措，感觉身边的一切都静止了。但在顾老师的鼓励下，我最终还是填写了申请表，决定加入学生会。后来的演讲竞选当中，我十分紧张，因为要面对台下众人，害怕自己出错。但没想到我居然发挥得如此自然，顺利完成了演讲竞选，并且以选票第九的名次当上了骨干。在这之后，我变得自信阳光，发现了自己的闪光点。但有时也自信过了头，在"一二·九纪念活动"之后，顾老师要求我们每个人写一份感想，但我觉得比较麻烦，于是产生了懒惰心理，在网上摘抄了一份，结果受到了顾老师的批评。被顾老师狂轰滥炸之后，我既自责又难受，因为这件事情我能做好，但我却犯了懒，于是我重新写了一份感受，2000 多字的真情实感。这件事情之后，我再也没有犯过懒，任何事情都会认认真真地执行，时刻保持自己的大脑运转，学会自己领悟，自己做事，不受外界的干扰和影响，一直到现在，我变得非常自律，每天规划的时间合理有效，可以做到事半功倍，这就是克己的力量！

如果说顾老师是我人生道路的指引者，那么我的班主任王老师和年级主任尚老师则是我的助推器。第一次见到两位老师的时候，第一反应就是真的好年轻，我们之间没有任何代沟，任何事情都可以去分享，有困难和问题他们都能帮助我解决。来到高一（4）班的时候，当时需要竞选班干部，班长这个职位一直没有人去竞争，每个人都沉默了好久，没有人愿意挑起这个大梁，于是我举起手想要当班长，当班级的"领头羊"，之后我也成功地当上了班长。开始的时候，我也很迷茫，工作和学习上都出现了些许问题，王老师及时地找到了我，跟我谈心，教会我如何正确处理好学习和工作的关系，我从中受益匪浅，慢慢地开始适应这样的生活。于是，我开启了新的生活，拿到了各种各样的奖项以及得到了老师们的认可，这使我感觉特别有成就感，自己得到了质的蜕变。就这样我在忙忙碌碌的生活中享受自己的快乐和"小确幸"。尚老师则是我高中的榜样，也是我一直想要成为的人——一名优秀的政治老师（高中的想法）。我特别喜欢他的讲课，在他的课堂上我从来没有睡过觉，遇到困难我总是向他询问，尚老师非常细心地为我解答。直到今日，他的一句话仍让我历历在目，永生难忘。他说过："高中的列车已经到达终点，如今你们已经到站，但是你们的路还有很长很长。"那一刻，一股酸楚涌上心头，马上要与自己的母校告别，离开自己最亲密的老师，就像成熟的蒲公英，一阵风吹过，我们飞向属于自己的彼岸，开启新的篇章。

我非常怀念高中的 3 年时光，忘不掉清晨的第一缕阳光，忘不掉教室里的琅琅读书声，忘不掉高考前的挑灯夜战，忘不掉对我们谆谆教诲的老师们。他们不仅仅是我的老师，更是我的 3 位挚友，为我前进的道路上扫除障碍，教会我求学的奥义以及成长过程中的人生真谛。3 年的时光我学习了很多，收获了很多，也成长了很多，使我变得成熟稳重，脱离了过去的稚嫩，迎来了新的自己。"正志笃行，成德达才"，我始终铭记母校的教育理念，在大学当中绽放光彩。感谢我的母校——首都师范大学附属中学昌平学校的 3 年陪伴，最后祝母校在发展建设的道路上砥砺前行，不断创新，为更多的学子指引前进的方向！

# 化"朽"成才

2018 届毕业生　张自洁

时光飞逝，蓦然回首，我离开母校——首都师范大学附属中学昌平学校已经 3 年。我步入新的校园，开启了新的篇章，然而念念不忘的依旧是我的母校。犹记得，清晨时分，从致远楼传来的琅琅读书声；早操时，同学们充满朝气的面庞，整齐嘹亮的口号声；傍晚，迎着夕阳，走过文化长廊，三三两两地结伴回家的身影；也有着高三夜晚，那片属于校园美丽星空的回忆。这星星点点的片段在我的心中深深烙印，欢乐和拼搏充实了我的高中时光。

初入校园，正当我独自面对全然陌生的环境时，老师与我谈心，鼓励我勇敢面对未来，相信自己一定能在这里找到前行的方向。我清楚地知晓自己不属于聪明那一类人，高中的知识对我来说有很大的难度，我需要付出更多才能实现我的梦想——成为一名医生。每每在我对自己失去信心的时候，总有老师对我说"你能成"；每每在我懈怠的时候，总要老师鞭策我前进。高三时，我的成绩距我的目标院校还差很远，正当我打算放弃，选择一条轻松、不必付出更多努力的路时，班主任与我谈心，告诉我："永远不要否定自己，不要放弃梦想。一切努力都是有用的，现在能做的就是奔着你所想的目标努力前进，让自己不会后悔。"高中这 3 年，老师们教会了我学习方法，也教会了我永不放弃的精神，是他们给予我力量，让我一步步突破自己，最终步入医学神圣的殿堂。

对于那些热爱美术和体育的同学们，学校也为他们找来了专业的辅导老师，帮助他们顺利通过相关专业的考试，为他们创造出一个属于自己的未来。因材施教，学校唤醒了我们在心中沉睡已久的梦想，提供一个又一个助我们成功的机会。

"正志笃行，成德达才。"我们是中华青年，肩负着祖国未来的发展。

学校为此组织了许多活动，敬先贤，追思英烈，学红军，体验长征，缅怀历史。母校教我德行，让我能成为一个三观正，德才兼备的人。

古人云"朽木不可雕"，但是，同时又存在一句"化腐朽为神奇"。我是一方"朽木"，而我的老师们，有一双点石成金的手，是我的母校成就了我，让我拥有步入更高学府、学习自己喜欢专业的机会。

五载华章，我们与您共同成长。有幸成为高中部第一届毕业生，我尤为自豪。祝愿在今后的时光中，您能培养出更多对国家有益的全方面人才，再创佳绩。今后，我也必定更加严格要求自己，变得更加优秀，为您增光添彩。

# 青春之梦

2019 届毕业生　李牧俊

那些漂泊的记忆，带着远逝的昨天，追风流浪，依旧颠沛流离，窗外的风，在安静中推开我的心门，看过往流光，问谁为云客，千帆过尽的往事一幕又一幕，悄然跃动在灵魂的指尖，在我步履蹒跚的漫漫长路上，消磨出一道又一道岁月沧桑的印记。

时光荏苒，岁月如梭。转眼间我已经离开首师大附中昌平学校近两年的时间了。有时候往往直到离开，在回忆里，才能知道自己曾经有多喜欢那个令人敬爱的学校。我永远忘不了 5 年前第一次踏进首师大附中昌平学校的大门，永远忘不了 3 年里和同学们的点点滴滴，也永远忘不了 3 年来老师们的谆谆教诲。

月光一如 5 年前的皎洁，但却缺少了那一年的纯净。高一入学前的军训是刻在记忆里的夏天，是我们一起流下的汗水。那年的军训，是我对师大附中的第一印象，也是与同学老师的第一次交集。那个盛夏，让我在炙热的阳光下找到了久违的坚强意志，让我在队列中体会到了合作与团结的快乐，让我完成了人生最艰苦但也最骄傲的一段经历。所以，我感谢附中，感谢它让我有了一段困苦却又快乐的时光，为我的人生增添了丰富多彩的一笔。

3 年岁月如梭，载满了过往，在嬉笑打闹中，在知识书海中，太多的熟知留在身后。忘却了具体的日期，却忘不了每一场考试前的紧张和考后的放松。每日晚自习的奋笔疾书，老师办公室求学学子的摩肩接踵。那时的我们每天都在盼望，都在畏惧，都在呼唤，都在祈祷高考。但真的当高考来临，经历并成为过去后，一切都显得那么值得和怀念。

现如今，我已经理解了附中"立足于优秀文明之根；面向世界、面向现代化、面向未来"的办学宗旨。同时也一直履行首师大附中昌平学校"正志笃行，成德达才"的育人理念。我相信，在母校观念文化的教育下我们一定能越走越远！

燕子去了，有再来的时候；杨柳枯了，有再青的时候；桃花谢了，有再开的时候。一批批师大附中人走出校园，又一批批新人走进来。这其中唯一亘古不变的是首师大附中昌平学校的精神和信仰。在此，衷心地祝愿附中在未来的道路中越走越远。听从你心，无问西东。

# 成长在附中摇篮

2019 届毕业生　王禹萱

时光荏苒，岁月匆匆。转眼间我已从母校毕业两年，可 3 年高中点点滴滴仍历历在目。

2016 年，我乘着夏季的尾巴第一次踏入校园。虽然谈不上惊鸿一瞥，但仍被绿萝攀爬的小亭、淡雅庄重的红楼所吸引。一时心想，这般环境也能带给学业繁重的学子们一丝关怀吧！我暗自点了点头，从此梦想和未来便在这里扎了根。那时候没想过，少年的梦就像窗外的绿植一样旺盛地成长着。

校园是个小社会，每个人都在其中扮演着各自的角色，在人生道路上为我指路。学校封闭式管理，不仅使得校园井然有序，而且使这个大家庭中的每一员之间的感情更亲密，更无间。我仍然记得，同我们一起吃饭、住宿舍的老师在晚 12 点的办公室陪我们改错，给我们讲题。少年们的问题总是问不完，错误也总是出不完。老师总是耐心地讲着、引导并启蒙着。现在回想，尽管我们这些"笨鸟"未能先飞，却有人总在你的飞行中呵护你、指导你、陪伴你，鞠躬尽瘁而不图回报，想必我们也会在无垠的天空中展翅翱翔。

好的教育一定是唤醒的教育，唤醒启于心、止于理。生活中的烦恼是厚重的，让人喘不过气来的。有来自学业的压力，有来自同学之间的矛盾，怀揣心事的少年们总会有一个乐意倾听的老师。与学生的朝夕相处，使同学和老师之间的距离前所未有地近。老师们几乎也都是从少年阶段过来不久的人，他们有经验，总能轻叩开少年们的心门，拥抱并抚慰这颗心脏，用温柔卸下他们所有心里的负担。我觉得这一点是我在其他学校所不能感受到的。在首师大附中的 3 年生活，让我真正明白了什么才叫亦师亦友，老师们竭尽全力地付出，将知识和道理全部传授给我们，我们也体谅

257

老师的辛苦，用心尽力地去学习。这种心与心的沟通是比任何沟通都有效率的，我们与老师之间毫无隔阂。我们不仅可以直言自己的困难，还容易和老师达成共识，找到最优的解决办法。尽管我们生活的校园不大，但正因为小才容易凝聚起来，无论是感情还是精神。

正如校歌所唱的那样："你给我强健的体魄，你是我成长的摇篮。"未曾进入社会的我们在首师大附中的襁褓里接受知识与道德的熏陶，享受老师的谆谆教诲，才成就了一个现如今完整的我们。即使现在，我的心里依然闪耀着那些字——"成德达才　社会中坚"。

# 我与母校共成长

2020 届毕业生　金凯旋

我想念的母校，你还好吗？教室窗外的玉兰花还开着吗？广场上的长亭中依旧有读书人吗？南归的大雁又经过了头顶那片天空吗？

我苦想了很久应该用怎样的语言才能表达我对这流逝的中学生活的感叹，也只能借用《目送》中的一句话来表达此时的心情："时间是一只藏在黑暗中的温柔的手，在你一出神一恍惚之间，物走星移。"

7 年前的早秋，那是我们第一次相见，阳光洒向大地，温热的风微拂，树叶沙沙作响，一声"叔叔好"，便踏进了这陌生又新鲜的校园。此后的 6 年间，我怀揣着梦想，在这里学习、生活、成长，秉持着协同创新、优质发展的首师大附中昌平学校也便成了我真正的家……比起青涩懵懂的初中生活，高中的经历更令人刻骨铭心，也更让人留恋。慢慢地，这 3 年便成了我心中最宝贵的时光，一切过往仿佛还历历在目。

新生军训是这一切的起点，那时的我们昂首挺胸、整齐划一，那时的我们不畏艰苦、怀揣梦想，那时的我们高呼"自觉、勤奋、求实、创新"的校训，熟唱"舍我青年，大任更谁肩"的校歌……那时的我们虽不懂校训校歌中蕴含的深意，不知未来如何，但却充满了希望与憧憬，因为我们相信自己，相信我们敬爱的老师，更相信承载着我们梦想的首师大附中昌平学校！

"我和我的祖国，一刻也不能分割……"还在耳边响起，思绪也如同收线的风筝一般，被拉回到高二那年——校园里回荡着悠扬的旋律，悦耳的歌声，随处可见飘扬的红旗，纷飞的树叶，还有唱着歌的风华正茂的我们。一种使命感油然而生，这时我才真正地体会到大任当肩，而"正志笃行，成德达才"也正是对我们青年人的殷切希望！

高三啊，是追梦的一年。我们追着那所理想的大学，而老师们在追着育才的信念。他们时刻关爱着我们，用心去唤醒我们，严谨生动地教导我们。记得每个夜晚的办公室中都有一道背影，他仿佛是在告诉我们："'道阻且长，行则将至'，在未来的日子里，我们互相陪伴，一起去追逐自己的梦想！"

青春啊，真是个短暂的美梦，范泽木说："生活就是这样，一边回忆，一边继续，从来不肯真正停留。"就如同那绽放又凋零的玉兰花，出现又离开的读书人和仅仅只是经过的大雁……但春天到了，万物复苏。花又开了，大雁也回来了，从这里走出的读书人是不是也该回家了。

# 我与首师大附中昌平学校共成长

2020 届毕业生　金凯歌

礼堂中，同学们熙熙攘攘，热闹非凡，一张张青春的面庞洋溢着喜悦与憧憬，那清澈的眸子中藏着的是清风明月，也是星辰大海，更是乘风破浪的决心与勇气。青年们意气风发，朝气蓬勃，举手投足间都散发着无限的活力。校园中的桂花还开得正盛，淡雅的清香沁人心脾，恰好一缕清风拂过，窗外三五片树叶徐徐飘落，提醒着我此时已是金秋时节。望着此时大学中的一幕幕场景，中学时期的往事不由得浮上心头，忆起与母校的初次相遇。

2014 年，12 岁的我与如新生婴儿般稚嫩的首师大附中昌平学校相遇了。我们纯净得犹如两张白纸，彼此为对方画下了浓墨重彩的一笔。他在我心上刻下"正志笃行，成德达才"的信念，我为它增添了许多绚丽的色彩。我们就这样相互扶持，共同成长，彼此依靠。时光荏苒，行色匆匆中，初中时光从指缝溜走，我却从未想过离开这陪伴我许多年的母校。因为它协同创新、优质发展的理念与实践，中考后我毫不犹豫地在报考志愿表上写下首师大附中昌平学校，一切都如我所愿，于是我留了下来，以新的身份在这里迎接了又一个 3 年。

又是金秋九月，再踏入校园时心中自有一番天地，想伸手揽月，想乘云登天，一颗梦想的种子也在我心底悄悄冒出了枝芽。周围是熟悉的环境，身边是陌生的同学，但都令我感到无比的亲切与温暖。忘不了同学们清晨的琅琅读书声、堆积如山的书本试卷和累到昏昏欲睡的背影；忘不了老师在黑板上的奋笔疾书、教室中传出的谆谆教诲和办公室中疲惫的面庞；更忘不了朋友间课余时的嬉笑打闹，迷茫时的互相帮助，闲暇时的操场漫步，虽日复一日年复一年，却也乐在其中。记忆中的我们晚饭后时常在安静的教室完成着课后作业，老师们则在办公室中辅导着遇到困难的学生，走廊中只回荡着阵阵脚步声。保尔·柯察金曾说："一个人的生命应当这样度过：当他回首往事的时候，不会因虚度年华而悔恨，也不会因碌碌无为而羞愧。"没错，我们做到了！

除学习外，我们也有丰富多彩的课余活动，在学校"正志笃行，成德达才"的育人理念引领下，母校开展了"红五月"歌唱比赛、"学雷锋"以及参观各类博物馆等活动，以此来多方面培养我们的能力。希望走出校园的我们都能如同那铭记于心的校训一般，做"自觉、勤奋、求实、创新"的新时代青年。

在母校 6 年的时光都付于烟雨中，从这里已先后有三届学子圆梦大学，去追求那片更广阔的天地。而我，也正是其中的一位，我如愿以偿地步入心仪的大学，开启新的人生。两千多个与母校手牵手、心连心的日夜使我与它共同成长。日后我也定不忘初心，不负母校，不负韶华。

# 在迷茫与憧憬中成长

2019 届毕业生　朱雅庄

2016 年，初次来到首师大附中昌平学校的我，和这所几乎刚刚建立、连高中毕业生都没有的学校一样，对于未来，憧憬而又迷茫。

高中以前，我都在湖南读书。在高手云集的省份，在好不容易才挤进初中的我，从来都不觉得自己有多聪明。那时候，有人问过我，我有什么梦想，我的答案就是好好当一个平凡的普通人，会淹没在人海中的茫茫众生而已。

虽然中考失利的沉痛打击让我以为自己的人生或许只能甘于平凡，但是我还是努力地学，即使会成为一个普通人，即使对未来的希望渺茫，也要把普普通通的事情做好，就像所有刚刚任教的老师们一样。

由于前几次月考成绩比较优秀，学校的老师决定带我去参加一个市级的活动——"翱翔计划"，一个学校也从来没见过的活动。虽然最后没有被选上，但是我在高手云集的地方学到了很多知识，也意识到了自己的不足。

第一学期期末考试取得区前三百的好成绩时，我忽然觉得或许有机会考上一所比较好的大学。年级主任常说，设立的目标不要伸手就能够到，最好是踮起脚才能够到。然而当得知我设了一个跳得很高才能够到的目标——南京大学的时候，班主任也没有建议我改掉，反而鼓励我，甚至借给我专业书看。

在老师们的鼓励下，我的成绩也越来越好，屡次获得奖学金。高二的时候我被物理老师介绍进了一个区级培优班，在那里我学到了不少创新思维。当自己为实现存在意义而努力时，幸运的巧合就会自然出现，而这些幸运的巧合，又促使我们向前继续走。

我曾以为老师的教龄与其水平呈正相关，然而首师大附中昌平学校的老师让我改变了这一想法。比我们大不了多少岁的他们，对于教授的学科有着与老教师不同的认知，并且在我们之间的代沟也有明显地减少。有一次我由于周末追剧而没写完作业，当周一我顶着挨批评的风险去找老师说明，并表示一定会在第二天上交作业时，老师反而笑了，还问我追剧追到了第几集。我想，这种情况在老教师身上大概是不会出现的吧。

一切的一切都是偶然，这个世界就建立在无数的偶然之上，所以我们经历的每一件事，遇到的每一个人，或许都是独一无二的宝藏。感谢在首师大附中昌平学校的三年，短暂的时光却留下了无限的回忆。

# 首师附的春夏秋冬

2018 届毕业生　东　汇

春夏秋冬该很好，你若尚在场。蓦然回首，才发现我已经在大学的校园中度过了半年多的时光。可是那群人在首师大附中昌平学校奔跑的样子、谈笑风生的样子、埋头苦干的样子，我仍历历在目。那群人，喜欢称我的母校为：首师大附中昌平学校。

在母校的那 3 年时光是我终生宝贵的记忆。从第一天校长那一副立志要将我们培养成人才的模样，到最后一天老师们看我们的眼神满是不舍和期待。我希望我能记住这里发生的每一帧每一秒。

春天，我们被埋入首师大附中昌平学校的土壤里，种子发芽，被校长泼洒阳光，被老师浇灌露水。我们将"自觉、勤奋、求实、创新"刻入脑海。带着这样的精神走向未来。记忆犹新的是高一那次游学。我想那是六十多个种子开始茁壮成长的开始，仅仅 4 天时间，我们从相识便成了相知。母校给予我们的契机，不但让同学之间更有默契，还在南京体会到了书本上没有的知识。

夏天，我们长成了一棵小树。许多枝丫都不知道自己的取向。母校更加细心地照看我们，在选择学科上力所能及地给我们帮助。首师大附中昌平学校总能像一座灯塔一样照明大家前进的方向。成德达才刻在学校红墙上闪耀着光芒，成德达才也刻在学生的心底，扬帆起航。每个人将心中的盛夏变为脑海中奋勇前进的动力。夏日不光有蝉鸣，还有首师大附中学子奋笔疾书的身影。

秋天是收获的季节，秋天也总是能让人觉得悲凉。可每每看到那被火灼红的叶，被金洒过的枝，一股希望在胸中冉冉升起。历史书上以"三个面向"为指导的教育方针被同学们作为答案写在纸上，也被首都师范大学附属昌平中学贯彻执行。高三是一切的结束，也是一切的开始。我们受教育的成果上了战场。结束的那一刻每个人对未来的憧憬都写在了脸上。面向世界、面向现代化、面向未来。那一刻我们开始回忆起首师大附中与我们发生的种种。

冬天只剩下了回忆，偶尔与三两好友再次踏入首师大附中，到了校园才深刻体会到什么叫作物是人非。她没变，有关爱、唤醒、严谨、生动的教师；有尊师、乐学、责任、善行的同学。她依旧如同我初次与她见面的样子。我爱首师大附中昌平学校，无论走到哪里我都能骄傲地说出我是从那里毕业的学生。我爱她的谆谆教诲，爱她教我们爱国敬业的模样，爱她自强不息的精神，爱她全面发展地提供。

而今我正就读于南京财经大学。时常念起在首师大附中昌平学校发生的种种。每每回忆起我都会更加坚定我的信念，要将自觉、勤奋、求实、创新贯彻下去，在未来的某一时刻发光、发热！

我由衷地祝愿首师大附中昌平学校和在那毕业的每一位学生都有着美好和光明的未来。